U0598008

中国矿冶考古

唱响大型文化遗址保护的主旋律

大冶市铜绿山古铜矿遗址保护管理委员会　编

长江出版社
CHANGJIANG PRESS

图书在版编目（CIP）数据

唱响大型文化遗址保护的主旋律 / 大冶市铜绿山
古铜矿遗址保护管理委员会编 .
一武汉 ： 长江出版社，2022.10
（中国矿冶考古）
ISBN 978-7-5492-8551-8

Ⅰ．①唱… Ⅱ．①大… Ⅲ．①铜矿床－古矿井遗址－
文化遗址－保护－研究－大冶 Ⅳ．① K878.54

中国版本图书馆 CIP 数据核字 (2022) 第 197878 号

唱响大型文化遗址保护的主旋律
CHANGXIANGDAXINGWENHUAYIZHIBAOHUDEZHUXUANLÜ
大冶市铜绿山古铜矿遗址保护管理委员会 编

责任编辑： 李海振 龚妍薇
装帧设计： 刘斯佳
出版发行： 长江出版社
地 址： 武汉市江岸区解放大道 1863 号
邮 编： 430010
网 址： http://www.cjpress.com.cn
电 话： 027-82926557（总编室）
027-82926806（市场营销部）
经 销： 各地新华书店
印 刷： 武汉市首壹印务有限公司
规 格： 787mm×1092mm
开 本： 16
印 张： 17.5
彩 页： 12
拉 页： 2
字 数： 290 千字
版 次： 2022 年 10 月第 1 版
印 次： 2023 年 2 月第 1 次
书 号： ISBN 978-7-5492-8551-8
定 价： 139.00 元

谨以此书纪念中国考古百年

铜绿山古铜矿遗址博物馆

春秋早期遗址

现代露天采坑

铜绿山古铜矿遗址新馆

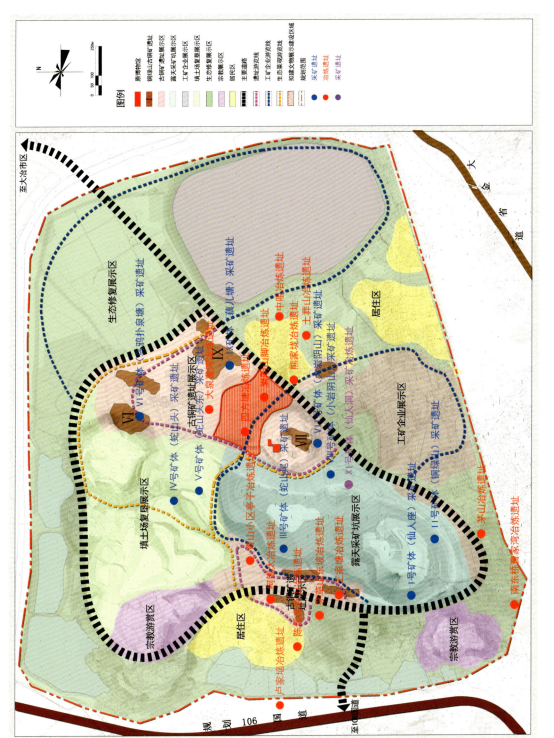

铜绿山古铜矿遗址保护图与规划

开展社交活动

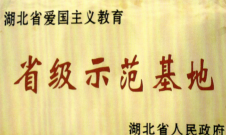

中国矿冶考古

编辑委员会

《唱响大型文化遗址保护的主旋律》

组织编写单位

大冶市铜绿山古铜矿遗址保护管理委员会

本书编著者

胡永炎　　张茂林　　吴宏堂

序

为纪念中国考古百年，中国考古学会、湖北省文物局、中国文物报社、武汉大学历史学院、湖北省文物考古研究所、大冶市人民政府联合主办，铜绿山古铜矿遗址保护管理委员会承办了"中国考古百年——青铜文明与铜绿山古铜矿遗址研究学术研讨会"。会议取得了丰硕的成果，共收到了来自全国考古、历史、冶金、文博和地质方面专家学者的论文 30 多篇。与会学者分别从不同的角度阐述了中国青铜文明、铜绿山古铜矿遗址与中国青铜文明之间的关系，彰显了铜绿山古铜矿遗址在中国青铜文明中的地位和作用，有力地推动了中国青铜文明与铜绿山古铜矿遗址的研究，对于启航新征程，增强民族文化自信具有十分重要的作用。会议举办者决定将与会学者发表的论文结集出版，并请我作序。考虑到这是一件很有意思的事，加上我因工作关系曾多次去铜绿山，比较了解情况，便欣然应允。

说到考古百年，我们不能忘记 1921 年深秋，瑞典地质学家、考古学家安特生先生首先发现了北京周口店遗址。同年 10 月，他又与中国地质学家袁复礼、奥地利古生物学家师丹斯基等一道，开启了发掘仰韶遗址的工作。这一年，被认为是以田野发掘为标志的现代中国考古学之始。中国第一位现代考古学家是被誉为"中国考古学之父"的李济先生，他先后 14 次主持安阳殷墟发掘，让殷代历史重见天日。不能忘记的还有 1928 年，蔡元培命傅斯年先生等三人负责筹建了"中央研究院历史语言研究所"。

特别不能忘记的是中华人民共和国成立后，中共中央和国务院为了加强文物保护和考古工作，出台了一系列方针政策，采取了一系列重大举措：1950 年 5 月 24 日，中央人民政府政务院颁发了第一个法规《禁止珍贵文物图书出口暂行办法》；1951 年，苏联列宁格勒大学东方系赠还中国政府的第一笔 11 册回归重要文物《永乐大典》；1952 年，北京大学历史系开设了第一个考古学专业；1956 年国务院领导的第一次全国文物普查；1961 年 3 月 4 日，国务院公布的 180 处第一批全国重点文物保护单位；1982 年 11 月，第五届全国人大常委会审议通过了第一部《中华人民共和国文物保护法》，此后又历经 5 次修正和 1 次修订，使文物保护法由原来的八章 80 条增加到现在的九章 107 条；2020 年 9 月 28 日，中央政治局还就我国考古最新发现及其意义为题举行第二十三次集体学习；最近，习近平总书记又在仰韶文化发现和中国现代考古学诞生 100 周年时发贺信等等，使中国考古事业从无到有，从小到大，从弱到强，从一元走向多元，出现了一些考古行业，矿冶考古就是其中的典型。

矿冶考古是 1973 年始于湖北大冶铜绿山古铜矿遗址的发掘，当时的夏鼐先生就认为它"是中国考古学新开辟的一个领域"，此后，中国矿冶考古如雨后春笋，一发不可收。有些大学开设了矿冶考古或冶金考古等相关的专业，北京大学考古文博学院专门编写了"冶金考古讲义"。全国先后考古调查发现和发掘的古矿冶遗址更是数不胜数，典型的有安徽铜陵金牛洞、江西瑞昌铜岭、湖南麻阳九曲湾、湖南桂阳桐木岭、新疆尼勒克、内蒙古林西、山西中条山、内蒙古霍各乞、宁夏照壁山、辽宁牛河梁等一大批古矿冶遗址。此外，还出版了一大批有关古矿冶的研究成果：有北京科技大学韩汝芬、柯俊先生的《中国科技史·矿冶卷》，有铜绿山管委会主编的《中国矿冶考古·铜绿山古铜矿遗址发现与研究》的著作 13 本，有反映新石器时代至商周时期遗址的矿冶遗址考古发掘报告《阳新大路铺》，有被著名冶金史专家华觉明先生誉为"有较高学术性而又深入浅出的著作"唐际根先生的《矿冶史话》等。

夏鼐先生还认为，铜绿山古铜矿遗址"是中国古代青铜器研究的一个新领域"。从 1974 年至 2017 年，经过多次考古调查和发掘，铜绿山古铜矿遗址共完成发掘面积 10923 平方米，出土和征集文物标本 21308 件（套），其中 16 千克重的大铜斧被我国著名考古学家张忠培先生称为"中华第一斧"；从发现的商周时期露天采矿坑 7 处，地下采矿区 18 处，冶炼遗址 50 多处的情况看，说明铜绿山古铜矿遗址就山采矿、就地炼铜的生产布局已经形成；从发掘的 302 口商周至西汉采矿井（含盲井）、128 条平巷（含斜巷）、地下采矿最大深度达到 60 米左右，并能成功解决井下的支护、通风、排水、照明、运输等情况看，其采矿技术与列入的《世界文化遗产名录》的同类遗址比，早于挪威的勒罗斯矿和波兰的维耶利奇卡盐矿两千多年；从对 18 座春秋战国鼓风冶铜竖炉的发掘和古炉渣含铜量平均仅为 0.7%，粗铜纯度高达 93% 以上的情况看，说明其冶炼水平在当时世界上处于遥遥领先的地位，特别是 2012 年和 2014 年四方塘遗址的发掘，在古代炼炉旁，先后发现的 35 枚春秋时期矿工脚印和四方塘古墓葬区，使古铜矿遗址"见物不见人"的问题迎刃而解，说明铜绿山古铜矿遗址的产业链已经形成。因而，铜绿山遗址被国务院公布为全国重点文物保护单位、两次列入《中国世界文化遗产预备名单》，并获评中国 20 世纪 100 项考古大发现、国家遗址考古公园、"2015 年度全国十大考古新发现"、"持续开采时间最长的古铜矿"大世界吉尼斯之最、2021 年中国"百年百大考古发现"，并把铜绿山古铜矿遗址年代上推至殷商。

综上所述，不难看出铜绿山古铜矿遗址是迄今为止世界上发现采冶延续时间最长、采冶规模最大、采冶链最完整、采冶技术最高、遗址保存最完好的古铜矿遗址，解决了中国青铜文化铜原料的来源问题，以无可辩驳的事实证明中国青铜文化是一部完整独立的发展史，彰显了她在人类冶金史、科技史和文明史中的重要地位。铜绿山古铜矿遗址的铜魂精神，在奋战第二个百年的新征程中将绽放出新的光彩！

　　是为序。

中国考古学会理事长
中国社会科学院考古研究所原所长
中国社会科学院学部委员（院士）

2021 年 12 月 10 日

前　言

　　2021 年是中国现代考古学诞生 100 周年，100 年来，经过几代考古人的不懈努力，一系列重大考古发现，明晰了华夏悠久文明的历史脉络，实证了我国百万年的人类史、一万年的文化史、五千多年的文明史。包括著名的北京周口店遗址、浙江河姆渡遗址、良渚遗址、湖北屈家岭遗址、天门石家河遗址、西安半坡遗址、秦始皇兵马俑、湖南马王堆汉墓、武汉盘龙城遗址、曾侯乙编钟、郭店楚墓竹简和铜绿山古铜矿遗址等等。

　　但是，在经济建设中，也有很多文化遗址和文化遗物在生产建设中不断遭到人为破坏，生产建设和文物保护之间的矛盾一直十分尖锐。为了加强文物保护，留住文化根脉、守住民族之魂，让宝贵文化遗产绽放新的光彩，更好滋养人们的心灵，中国政府从 1949 年中华人民共和国成立至 2016 年，先后制定并颁发了文物保护规范性文件高达 500 多件，其中法律 1 件、行政法规 5 件、部门规章 8 件、国家标准 6 项、行业标准 33 项、法规性文件 150 余件、地方性法规 80 件、地方政府规章 20 余件、地方政府规范性文件 160 余件、军事规章 1 件，加入有关国际公约 4 项，签署双边协定 15 项等，这些不同时期的法律法规不仅使祖国的文化遗产免遭破坏和损失，也为建设有中国特色的社会主义文物保护法律体系打下了坚实基础。

　　一是 1950 年，中华人民共和国刚刚成立，中央人民政府政务院就颁发了《禁止珍贵文物图书出口暂行办法》，明确了出口许可证制度和禁止出口的文物种类，从根本上结束了中国文物大量外流和无人管理的历史。

　　二是 1953 年我国开始实施第一个五年计划，国务院又颁发了《关于在农业生产建设中保护文物的通知》，并第一次提出了文物普查和建设文物保护单位的制度，确保了在经济建设中的文物安全。

　　三是 1961 年国务院颁发了《文物保护管理暂行条例》，明确了“两重两利”（重点发掘，重点保护，既要有利于经济建设，又要有利于文物保护）的文物保护原则，规定了文物保护的对象、范围以及文物保护单位“四有”制度，为我国文物保护法律体系奠定了基础。

　　四是“文革”期间，党中央、国务院为了加强文物保护，1967 年以中共中央的名义颁发了《关于在无产阶级文化大革命中保护文物图书的几点意见》。1974 年，国务院又下发了《关于加强文物保护工作的通知》，进一步强调了革命文物、历史文物和地下埋藏文物的保护原则和措施。

五是改革开放不久，国务院于 1980 年 5 月颁发了《关于加强历史文物保护工作的通知》，这是改革开放以后关于文物工作的一个重要文件。文件针对文物频遭破坏的现象和文物工作面临的严峻形势，提出了一系列关于加强文物保护工作的措施。

六是 1982 年 11 月，全国人大常委会通过了《中华人民共和国文物保护法》，取代了实施 20 多年的《文物保护管理暂行条例》。新的文物保护法第一次以法律的形式，确立了文物工作方针。标志着我国文物保护管理工作进一步纳入法制化轨道。此后，文化部、国家文物局通过制定颁发《文物保护工作实施细则》等一系列法规规章和文件，对文物保护法的相关条款的实施作出了更为明确、具体的解释。

七是 2002 年新修订的文物保护法更是为依法行政揭开了新篇章。文物保护法的条文从原来的 33 条增加到 80 条，并把长期实践中行之有效的"保护为主、抢救第一、合理利用、加强管理"的方针写进了总则，上升为法律，作为文物保护工作总的指导方针。

八是 2020 年形成的文物保护法修订草案（征求意见稿）已于 2021 年 2 月，由文化和旅游部国家文物局向国务院报送。文物法从 1982 年颁布第一部《中华人民共和国文物保护法》之后，又历经 5 次修正和 1 次修订，将 2002 年的文物法的八章 80 条增至九章 107 条。修订的主要内容重点反映在六方面：第一，提出以国际通行的 100 年年代线认定不可移动文物。第二，强化了政府的责任，鼓励社会参与。规定将文物安全工作纳入地方政府考核。第三，加大了不可移动文物保护力度。提出不可移动文物降级撤销制度。增加地下文物埋藏区、水下文物保护区制度。完善建设工程考古管理制度，明确考古经费由政府保障，完善考古出土文物移交制度。 第四，加强了馆藏文物保护利用。增加支持文物收藏单位文创产品开发作为发挥馆藏文物作用的举措，鼓励提高馆藏文物利用率，并加强文物展览管理。健全文物收藏单位馆藏文物调拨、借用、交换等制度。提出馆藏文物降级退出制度。第五，进一步规范了文物流通，加强市场监管，强化文物进出境管理。为方便市场监管和执法，细化禁止买卖的文物类型。提出公益、市场、司法三种文物鉴定途径，并明确鉴定经营服务实行许可管理。完善文物流通领域监管措施。第六，增设专章，加强文物保护监督检查。建立国家文物督察制度和文物安全风险等级管理制度。明确文物部门和有关执法部门的行政检查措施和行政强制措施。新的文物法为保护我国丰富的历史文化遗产提供了强大的法律保障。

在党中央和国务院的正确领导下，在全国广大文物保护工作者的艰苦努力下，在一系列文物保护法律法规的保障下，全国普查登记的不可移动文物 76.67 万处、国有可移动文物 1.08 亿件（套），全国重点文物保护单位累计达 5058 处。这些文化遗产承载着中华民族的认同感和自豪感，代表着中国悠久历史文化的"根"与"魂"。保护和传承文化遗产，就是守护民族国家过去的辉煌、今天的资源、明天的希望。铜绿山古铜矿遗址就是这些文化遗产中的典型代表之一。

铜绿山古铜矿遗址是 1973 年在矿山生产剥离时被发现的。为了探寻这处遗址的奥秘，揭示这处遗址承载的历史信息，了解这处遗址的科学内涵，考古工作者在这里进行了长达四十多年的辛苦发掘，叩开了通往 3000 年前中华青铜文化的大门。1975 年，第一期考古发掘成果公布后，立即引起了史学界、冶金界的高度重视，原因在于，这处遗址证实了史学家们的一个猜想，即中国青铜时代的铜料可能来自南方。这个史学领域的"哥德巴赫猜想"一经证实，很多历史疑团也就迎刃而解。在随后多年的考古发掘中，又陆续发现了商代晚期、西周时期、春秋时期古代先民们开凿的采铜井巷，以及西周晚期至春秋早期的鼓风炼铜竖炉，其中很多遗迹和遗物在世界上都是独一无二的。特别是 2012 年至 2017 年考古发掘发现的 35 枚古代矿工脚印和四方塘古墓葬区发现的 258 座古墓葬，更是解决了古铜矿遗址"见物不见人"的问题。

在铜绿山古铜矿遗址的发现和发掘过程中，曾经也遇到过文物保护与生产建设的矛盾，但矛盾的解决比较理想。遗址是在矿山生产建设中发现的，如果从单一的文物保护角度出发，当然是矿山停止开采，让矿产资源和古代遗存永埋地下。然而，铜绿山矿是全国重要的有色金属生产基地，大冶有色金属公司所冶炼的矿石绝大部分都来自铜绿山矿，该矿生产的多种有色金属都是国家建设急切需要的资源，因而矿山生产与文物保护之间的矛盾十分尖锐突出。从中央到地方，面对厚重的历史文化遗产，面对国家建设宝贵的矿产资源，各级政府以及文物部门和矿山生产部门的领导、专家、学者，以高度的历史责任感和科学严谨的思维，探索出了一条文物保护与矿山生产"两不误""两有利""两兼顾"的新思路，妥善解决了文物保护与矿山生产之间的矛盾，虽然这是一个漫长的、艰难的探索过程，但给我们留下了很多难忘的记忆。作为这一过程的亲历者，我们有艰辛、有痛苦、有彷徨，也有喜悦和感动。特别是在铜绿山古铜矿春秋采矿遗址原地保护的问题上，中国政府舍弃十几亿元资源不开采也要保护文物的决策，充分反映了中国政府对保护文化遗产的重视和决心，充分体现了中国人民高度的文化自信和自觉。于是，1992 年 5 月，国家文物局局长张德勤在全国文物工作会议上指出，全国大型遗址的保护工作开始取得实质性进展，例如大冶铜绿山遗址的就地保护问题争论多年，相持不下，去年终于在国务院的协调下得以解决。张德勤强调，铜绿山古铜矿遗址的文物保护工作，是全国大型文化遗址文物保护的典范。

2009 年，为了进一步理顺铜绿山古铜矿遗址的管理体制，湖北省文物局在《关于调整铜绿山古铜矿遗址管理体制的批复》中决定：从 2009 年 11 月 26 日起，正式将铜绿山古铜矿遗址管理权移交大冶市人民政府管理。2010 年 6 月 3 日，大冶市编委根据黄编发〔2010〕17 号文件精神，决定设立"大冶市铜绿山古铜矿遗址管理处"。2011 年 5 月 5 日，大冶市编委又根据黄编发〔2010〕17 号文件精神，同意将"大冶市铜绿山古铜矿遗址管理处"更名为"大冶市铜绿山古铜矿遗址保护管理委员会"。铜绿山管委会成立后，根据"保护为主，抢救第一，合理利用，加强管理"的文物工作方针，坚持一手抓文物保护，一手抓打击违法采矿犯罪，在正确处理文物保护与经济社会发展上取得了新的突破。不仅使铜绿山古铜矿遗址保护范围扩大到 555.7 公顷，而且严厉打击了铜绿山古铜矿遗址地下的违法采矿导致遗址地面开裂的犯罪行为，确保了遗址安全。2013 年铜绿山古铜矿遗址被列入"十二五"时期全国 150 处大遗址和国家考古遗址公园。2016 年，铜绿山古铜矿遗址被列入"十三五"时期全国 150 处大遗址。2018 年被授予国家文物工业遗产称号。铜绿山古铜矿遗址迎来了文物保护和利用的又一个艳阳天。

目 录

第一章 铜绿山矿的开发

一、矿区地理

铜绿山矿区位于湖北省大冶市城区以西 2.5 千米（图 1-1），地处长江中游南岸，地理坐标：东经 114° 53′，北纬 30° 05′。矿区面积 7.8 平方千米。区内地形属南高北低的低山丘陵及湖盆地区，其山前丘陵包括仙人座、铜绿山、蛇山、破钟山、大岩阴山、小岩阴山等，北临大冶湖。据清修同治六年《大冶县志》记载："铜绿山在县西马叫堡，距城五里，山顶高平，巨石对峙，每骤雨过时有铜绿如雪花小豆点缀土石之上，故名。绵延数嶂，土色紫赤，或云古出铜之所。"[①]矿区交通方便，东北距黄石市 30 千米，西北距武汉市 99 千米，均有铁路、公路相通。水路可由大冶湖出韦源口进入长江，上溯湘鄂之荆楚，下及江浙之吴越，北上可由汉水进入中原，是古代铜运的通途。

图 1-1 航拍铜绿山矿大露天采矿坑

二、矿区地质

铜绿山铜铁矿床地处鄂东南，隶属于长江中下游铜铁矿床成矿带的西部。该矿床形成之前，这里是一个以前震旦系为基底的江南古陆。从震旦纪开始至三叠纪的数亿年间，由于海浸活动，使其岩系的坳陷带中，发育了一套海相和陆相的软定沉积岩。这些岩系在印支运动、燕山运动等多旋回构造运动的影响下，形成了结构复杂的盖层褶皱带。燕山运动中期，由于岩浆岩活动强烈，岩浆在上升的过程中，当与覆盖层中的灰岩相接触时，在热液作用下，形成众多的以接触交带型为主的多金属矿床。铜绿山矿床即是其中之一。

铜绿山矿的地质勘探工作，1949 年新中国成立之前就有地质学者在此作过地质调查。从 1952 年起，先后有地质部 429 地质队、中国有色金属管理局大冶普查大队、中南地质局 414 地质队在矿区作过地质调查，1957 年冶金工业部华东地质局 813 地质队在此进行磁测及地质填图。1959 年湖北省地质局鄂东地质队在前人工作的基础上，在铜绿山进行综合找矿，初步肯定了铜绿山铜铁矿床的工业价值。1959 年 5 月至 1982 年，该地质队用 20 余年时间，分阶段在铜绿山矿区进行地质勘探，完成钻探工作量 121953 米，以及其他地质工程。1983 年，鄂东南地质队（原鄂东地质队）把历年来勘探中所获得的地质资料进行了全面系统的分析，整理编写成《湖北省大冶县铜绿山铜铁矿床地质勘探总结报告》。报告资料表明，铜绿山矿区共发现 11 个矿体，矿藏储量丰富，系一多金属矿床，除了主要金属铜，还共（伴）生有铁、金、银、钴、铅、硫，以及钼、硒、碲、铼、镓等稀有金属元素（图 1-2）。该矿是一个大型铜矿，中型铁矿，特大型金矿，中型银矿，大型钴矿。

三、矿区建设

铜绿山矿床的开发利用和矿山建设，随着地质勘探工作的深入，由曾经的无序开采逐渐转变为有计划地设计开采。1958 年到 1959 年，由大冶县、黄冈地区、大冶钢厂、湖北钢厂等在此进行定点开矿，由于多层次、多隶属关系并存，生产建设没有规范设计，基本上处于乱采乱挖状态。1959 年 10 月，由湖北省冶金厅接管。1961 年 9 月改属大冶铁厂（现大冶有色金属公司），不久即奉命暂停建设。1965 年根据冶金工业部的决定重新开始进行一期工程建设，1971 年正式投入生产。1982 年开始二期工程设计，首先由冶金部长沙有色冶金设计研究院提出《铜绿山铜铁矿二期建设可行性研究报告》，主张采用地下开采方案。与此同时，北京有色冶金设计研究院总院则倾向于铜绿山二期工程应进行全露天开采。对于以上两种设计方案，在大冶有色金属公司以及铜绿山矿内部也发生分歧，意见不能统一。1983 年中国有色金属工业总公司成立后，总经理贡子文于同年 12 月在铜绿山主持召开"《铜绿山矿二期工程开采方案》论证会"，初步确定铜绿山铜铁矿二期工程采用全露天开采方案（图 1-3）。

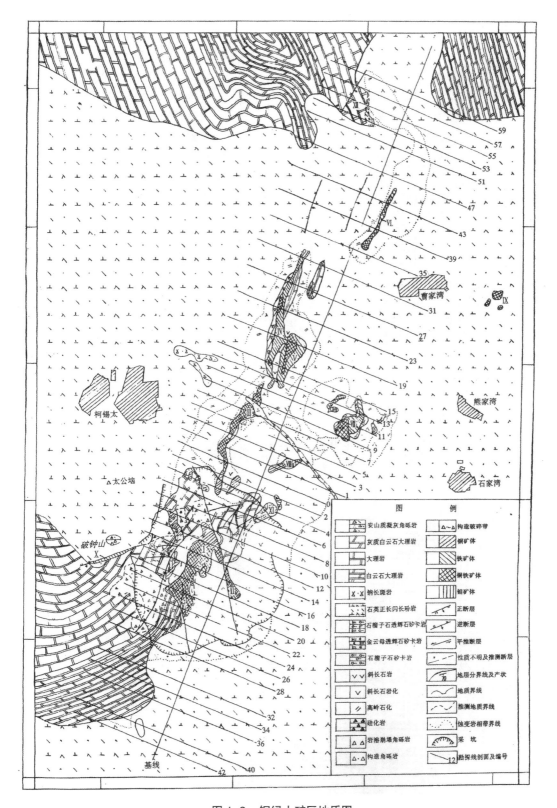

图 1-2　铜绿山矿区地质图

图 1-3　铜绿山矿大露天生产建设场面

第二章　揭开尘封的历史

中国是享誉世界的文明古国，各族人民在漫长的历史进程中创造了宝贵的文化遗产，包括古文化遗址、古墓葬、古建筑、石窟寺、石刻、壁画、近现代重要史迹和代表性建筑等。其中古文化遗址、古墓葬等都埋藏于地下，被尘封，尤其是古代采矿之类的地下文物保护工程则更不容易被发现，以致很多历史疑团无法破解。铜绿山古代采矿工程所开凿的井巷，数千年仍沉睡于地下即为其中一例。尘封的历史终于在1973年铜绿山矿的现代化建设中，展现在我们面前。

一、石破天惊

铜绿山铜铁矿于1971年在完成一期工程设计后，即投入正式生产。按设计要求，铜绿山矿区的Ⅰ号、Ⅱ号矿体采用露天开采，而露天开采则需要将覆盖在矿体上的废石全部剥离。1973年，在铜绿山矿南露天采场从海拔+89米向下剥离的过程中，陆续发现了大量"老窿"，即古矿井。根据当地民间传说，岳飞当年曾经在铜绿山炼铜铸剑，用以抗击金人入侵，因此，当地群众认为这些老窿可能是宋代采矿时留下的，因而没有引起人们的足够重视。在这种情况下挖掘出土的大量老窿坑木都被当地农民和矿山工人捡回家当柴火烧了。这些古坑木碳化程度高，燃烧时又无烟尘，一旦挖出后，即被抢夺一空。与老窿坑木一并出现的还有大量生产工具，如木铲、木桶、木瓢、木斗、木轴、竹筐、竹篓等等。真正引起铜绿山矿领导和工程技术人员重视的原因是，陆续发现了13把铜斧。这些铜斧有的在露天采场被发现，有的随废石运往排土场被捡回，有的则被送往选厂，在选矿时回收。难能可贵的是，矿山工人师傅将捡得的一把把铜斧都交到了矿办公室。

面对黄灿灿的铜斧，铜绿山矿的领导及工程技术人员在一起琢磨，这是什么时代留下的遗物呢？如果是岳飞当年采矿时留下的，似乎不太可能，因为宋代早已进入铁器时代，怎么可能还用铜工具进行采矿生产？为了寻求答案，他们派人把铜斧带到黄石市，请文物部门予以鉴定，遗憾的是当时黄石市博物馆建制早已取消。于是，他们又把铜斧带到黄石日报社，想请报社的同志帮助鉴别，由于文物鉴定的专业性太强，报社的同志也不能给予正确的答案。回到铜绿山后，时任铜绿山矿革委会副主任的齐会彬决定，让办公室制作一个木箱，将一柄最大的铜斧从邮局直接寄送至中国历史博物馆（今国家博物馆），并以大冶有色金属公司铜绿山铜铁矿革委会的名义致信（图2-1）说："我矿露采工人在今年开

采海拔 +5 米平台（实际上从 1965 年开始开采至今已下挖 50 米左右）Ⅰ号矿体时，挖出这种铜斧和各种木槌、木锹等多种古代劳动人民开矿时用的工具……，为了保护历史文物，现将其中的一把铜斧寄来，看对研究我国历史是否能起到一点作用，请你们收下吧。"

图 2-1　信函和铜斧

　　中国历史博物馆收到铜绿山矿寄来的铜斧，立即电告铜绿山矿："保护好现场，将派考古人员前来矿山调查。"1973 年 11 月 7 日，中国历史博物馆孔祥星、范世民和湖北省博物馆李天元来到黄石市，黄石文化局派市群艺馆一同志与大冶县博物馆余为民同志陪同他们到了铜绿山矿。第二天，矿广播站就不时播放欢迎考古专家和要求广大矿工在生产中要主动保护文物的宣传，一时间，"保护文物，人人有责""保护文物有功，破坏文物可耻，盗掘文物犯罪"的口号在矿区蔚然成风，矿工们纷纷将手中的铜斧、铁锤、木桶等文物交到矿办公室。同时，矿党委书记黄华臣、工程师杨永光等亲自陪同考古工作者到矿山一线进行实地调查，凡发现有古矿井的地方，黄书记果断要求保护好文物现场，调整生产方案，考古调查组的工作进展十分顺利。2020 年 10 月 20 日，铜绿山古铜矿遗址博物馆布展顾问吴宏堂、铜绿山古铜矿遗址管委会副主任胡幺琼、馆藏科科长柯秋芬在国家博物馆研究员郝国胜陪同下采访孔祥星、范世民先生时，二人回忆说（图 2-2），他们两人坐火车到武汉后，先到湖北省博物馆，湖北省博物馆派李天元先生陪他们一起到大冶铜绿山矿后成立了考古调查组，经过一周的考古调查和部分遗址的局部试掘，大家一致认为：铜绿山矿区 2 平方千米，分布的 11 个矿体都有老窿存在，说明古代均进行过开采。矿区内堆积着大量古代炉渣，面积达 14 万平方米，估算在 40 万吨以上，表明古代不仅在此进行采矿生产，并且就在矿区内将所采的矿石就地冶炼，此其一；其二，从遗址地表采集的陶片特点看，不是宋代的遗存；其三，从古坑木的碳化程度，以及对铜斧等生产工具的特征分析，他们初步认定，铜绿山是一处春秋战国时期的矿冶遗址，距今已经二千余年，十分重要。要求矿山领导立即采取果断措施保护好这一珍贵的采矿冶炼遗址。并表示返京后立即向国家文物局领导汇报，尽快组织考古工作者配合矿山生产进行抢救发掘。不久，他们将调查情况写成了《湖北古矿冶遗址调查报告》于 1974 年在第四期《考古》杂志发表，报告一经刊出，震惊了国内外考古界。

图 2-2　2020 年在北京采访孔祥星、范世民先生
（左一胡幺琼、左二孔祥星、中间吴宏堂、右二范世民、右一柯秋芬）

二、文物抢救

铜绿山古铜矿遗址发现近半个世纪，正式考古发掘工作分为两轮，第一轮考古发掘工作从 1974 年 7 月至 1985 年 7 月，历时 11 年，先后由王劲、王善才、黄景略、殷玮璋先生负责，考古队成员有中国社科院考古所、湖北省博物馆、河南省博物馆、黄石市博物馆、大冶市博物馆和铜绿山矿的有关技术人员。考古工作者重点对铜绿山矿区及有色金属公司所属的龙角山矿、铜山口矿、丰山铜矿、赤马山铜矿、石头嘴矿进行了考古调查，对铜绿山古铜矿遗址保护区内的Ⅰ、Ⅱ、Ⅳ、Ⅶ、Ⅺ号矿古代冶炼遗址、柯锡太村冶炼遗址、铜绿山矿停车场等进行了抢救性发掘、研究、保护和展示工作。发掘面积约 4923 平方米，揭露古代采矿竖（盲）井 231 个，平（斜）巷 100 多条，冶炼炉 12 座，出土和征集各类文物标本 1 万多件，其中珍贵文物 3000 多件（套）（图 2-3）。可以分为三个阶段。

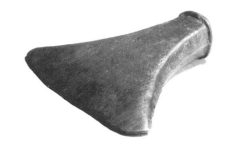

图 2-3　最重铜斧 16.3 千克，春秋时期，Ⅺ号矿体出土

图2-4　王劲先生在考古现场（后排中、女）

第一阶段为 1974 年 2 月至 5 月，主要是为配合矿山生产而进行的抢救式发掘。1974 年 2 月，铜绿山矿在生产中发现了一处采矿遗址，矿领导当即调整了生产方案，并配合考古队做好发掘工作。考古队由湖北省博物馆考古队队长王劲负责（图 2-4），参加考古发掘的还有王善才、李天元，黄石市博物馆周保全、潘红耘、祁少斌，大冶县博物馆余为民以及铜绿山矿有关工程技术人员。他们先后对矿区南露天采场Ⅰ号矿体 24 线和Ⅱ号矿体 12 线进行考古发掘。发掘面积分别为 150 平方米和 50 平方米。清理竖井 5 个、平巷 10 条、斜巷 1 条，出土了铁斧、铁镢、铁耙、木钩、木溜槽、木撮瓢、竹筐等采矿工具，揭开了我国古代铜矿开采的神秘面纱，拉开了中国矿冶考古的序幕，发掘清理工作结束后交矿山生产，降低了矿山生产的损失。

第二阶段是 1975 年 1 月至 1979 年夏，考古工作主要是为了配合铜绿山"百万方"生产而进行的。1975 年 1 月至 4 月，由湖北省博物馆考古队的王善才、李天元，黄石市博物馆的祁少斌、吴宏堂、苏长旺，大冶博物馆的余为民组成考古队，目的是进一步了解铜绿山古铜矿遗址的年代。主要在Ⅶ号矿体顶部布方进行考古发掘，出土了一批春秋时的灰坑、石器、陶器等遗物，为 1 号点春秋采矿遗址的断代提供了珍贵的实物资料。1975 年 8 月至 1979 年夏，发掘工作转由黄石市博物馆主持，特邀了铜绿山矿的庄奎胜，铜山口矿的王宝明，龙角山矿的余红兵，柯锡太村的柯立善，赤马山、丰山铜矿等一批工人参加考古工作，当时被称为"工农兵占领上层建筑"，由黄石市博物馆吴宏堂同志负责，完成了Ⅶ号矿体 2 号点 1000 多平方米的发掘面积（图 2-5），清理出竖井、盲井 101 个，平巷、斜巷 36 条。根据矿井支护形式、井巷打破关系及碳 14 测年资料，遗址年代分属于商代晚期，西周至春秋。之后，黄石市博物馆的王富国、卢本珊、张潮、周百灵、龚长根、黄功扬、曲毅等先后完成了 1、3、4 号点采矿遗址以及Ⅺ号矿体冶炼遗址的发掘和清理，出土了一批珍贵的文物标本。

第三阶段是 1979 年 11 月至 1985 年 7 月。为支持矿山生产，国家文物局在铜绿山矿开展了考古"大会战"。参加考古大会战的有中国社会科学院考古所、河南省博物馆、内蒙古昭乌达盟文化站、湖北省博物馆、黄石市博物馆等单位，先后完成了Ⅶ号矿体 1 号、2 号点，Ⅳ号矿体古矿井和Ⅺ号矿体冶炼遗址的考古发掘任务。其中由中国社会科学院殷玮璋先生主

图 2-5　Ⅶ号矿体 2 号点

持的Ⅶ号矿体 1 号点的春秋采矿遗址是这次考古会战中的最大亮点（图 2-6、图 2-7）。古代深井采矿的井巷掘进、支护、提升、排水、照明等一系列复杂技术在这里清晰可见。由黄石市博物馆王富国、卢本珊主持发掘的冶炼遗址也完成了 1700 平方米的发掘任务。铜绿山矿冶遗址发掘出土的古代炼炉，是目前世界上发现的唯一一处保存完好的冶炼区，距今 2700 年左右，时代当在两周之际，受到国内外考古学、历史学、科技史学界权威专家们的极高评价。

图 2-6　Ⅶ号矿体 1 号点发掘初期

　　1976 年 5 月，考古调查时在矿区附近的柯锡太村发现了两座炼炉残体，根据出土陶片判断其时代为战国晚期。为了进一步了解铜绿山古代冶铜的更多信息，黄石博物馆的考古人员经过分析和研究后决定，在铜绿山西北坡的ⅩⅠ号矿体之上的冶炼遗址，进行有计划的发掘工作，这是因为这里紧邻矿体，而且地表堆积的炼渣很多很厚，炼渣中还夹杂着大量古代陶片。发掘工作始于 1976 年 5 月，止于 1983 年，经过科学发掘，前后共清理出炼炉 10 座，

图 2-7　Ⅶ号矿体 1 号点建馆后

图2-8 6号炼炉，炉基和炉缸保存完好

其中4号、5号、6号炉（图2-8）保存基本完整，只是炉身已经坍塌。炼炉周围还清理出大量与冶炼生产有关的遗迹，如碎料台、和泥池、筛分场等。遗物则有石砧、石球、木炭、孔雀石、铁矿石、炉渣、粗铜块等等，其中粗铜块最为珍贵。冶炼遗址文化层的堆积关系十分清楚，

每一文化层所包含的陶器残片具有明显的时代特征，由此可以断定，这批炼炉的时代应当为西周晚期至春秋早期，距今2700年左右。发掘出土的炼炉外壁选用红色黏土夯筑，内壁选用高岭土涂抹。筑成后的炼炉由炉基、炉缸、炉身三部分组成。炉基的作用是防潮保温，防止炉缸冻结，利于铜液、炉渣排放。炉缸是矿石熔炼的缸体，矿石经高温冶炼后，金属铜会分离出来沉入缸底。炉缸略呈长方形，缸壁上设有一对鼓风口，用于向炉缸内输入氧气，一为助燃，二为氧气可以参与炉内的氧化还原反应。炉缸一侧还设有拱形金门，用于排放炉渣和铜液。炉缸之上是炉身，炉身横截面近圆形，直径125厘米，炉壁厚约40厘米。炉顶敞开，用于加料，入炉的冶炼物料在这里预热，然后进入炉缸。炼炉在没有鼓风口的两侧设有工作台，用于放置鼓风设备。炼炉复原后，全高约2.4米，炉缸缸底至炉顶1.5米。根据炼炉的结构特征，其炉型应为鼓风竖炉。

铜绿山遗存的炉渣经抽样化验分析得知，渣中含铜量很少，平均值为0.7%，而铁的含量很高，在30%左右，有的高达40%以上，这一结果说明，矿石中的铜绝大部分已经提炼出来，而铁仍保留在炼渣之中。由此进一步说明，这批炼炉是古代冶铜生产的遗物（图2-9）。

铜绿山春秋早期鼓风炼铜竖炉的发现引起了考古界、冶金界的关注，因为在此之前，世界各地没

图2-9 古代炉渣

有一个地方发现过年代如此之早、保存如此完好的炼铜竖炉。通过现代科学仪器对遗留粗铜块与炼渣的检测分析，粗铜纯度接近94%，这在当时世界上处于遥遥领先的地位。

炼炉清理出土后，中国科学院资深院士、北京钢铁学院副院长、著名冶金史专家柯俊先生（图2-10），以及由他率领的团队，如韩汝玢、邱亮辉、孙淑云、朱寿康、李延祥等知名专家学者多次到铜绿山遗址考察，并撰写了多篇研究论文，在国内外权威杂志刊出发表。柯俊先生认为："铜绿山古铜矿代表了一个时代采矿冶铜的水平。"

图2-10　1976年6月，著名考古学家、中科院考古研究所所长夏鼐先生（右一）、中科院资深院士、著名冶金史专家、北京钢铁学院教授柯俊先生（右二）第一次到铜绿山古铜矿遗址考察，共同研究古代炼铜竖炉结构。

这次考古"大会战"不仅在考古上取得了丰硕成果，而且也为矿山的生产建设赢得了宝贵的时间，真正做到了文物保护与矿山生产"两有利，两不误"。考古"大会战"期间的1983年8月至1985年7月，黄石市博物馆还对铜绿山矿Ⅺ号矿体进行了科学发掘，发掘面积511平方米，平均发掘深度为5米，共清理竖井58个、平巷10条，出土了一批珍贵文物，年代为西周早中期。

铜绿山古铜矿遗址的第二轮考古发掘始于2011年，止于2017年。铜绿山管委会为了推进铜绿山国家考古遗址公园的建设，报请国家文物局批准了《关于铜绿山古铜矿遗址考古工作计划的批复》（文物保函〔2011〕517号），启动了铜绿山古铜矿遗址的第二轮考古发掘工作。湖北省考古研究所的陈树祥研究员担任这一轮考古发掘工作的领队，先后参加这轮考古调查、勘探、发掘的还有湖北省文物考古研究所席奇峰、唐斑、赵军等，黄石市博物馆的龚长根、曲毅等，大冶市铜绿山古铜矿遗址管理委员会冯海潮、张国祥、柯秋芬、赵艺博、曹中毅、项小波等，湖北省地矿局第一地质大队于庆阳，大冶市博物馆姜胜、陈峻峰等，阳新县文物局程军，随州市擂鼓墩管理所陈晓坤，以及周佳程等。他们在考古领队的带领下，先后对遗址保护区近6平方千米的保护范围进行了考古调查勘探，发现冶炼遗址12处。重点对岩阴山脚遗址、四方塘遗址、卢家垴遗址进行了考古发掘，发掘面积6000平方米（图2-11）。

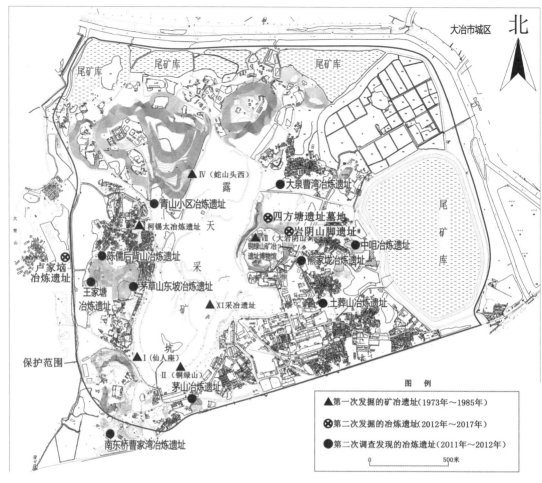

图 2-11 铜绿山古铜矿遗址保护区遗址分布图

图 2-12 十大考古新发现荣誉证书

这一轮考古发掘的最重要成果是发掘了古墓葬 258 座、足印 35 枚，出土了青铜器、玉器、陶器、文物标本等 1 万多件，珍贵文物 258 件（套）。为研究春秋时期铜绿山国属生产流程及管理分工、文化面貌、冶金史等重大学术问题提供了极其珍贵的新史料，填补了中国各地古铜矿遗址没有发现古墓葬的空白。铜绿山古铜矿遗址"见物不见人"的问题迎刃而解。因而被评为"2015 年度全国十大考古新发现"（图 2-12、图 2-13）。

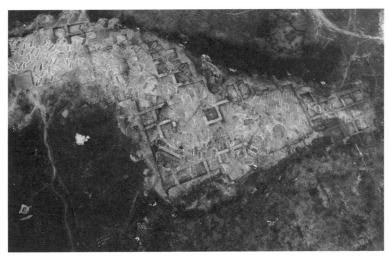

图 2-13　四方塘墓地发掘区航拍图

三、科学研究

习近平总书记对历史文化遗产的研究、传承、保护与利用十分重视，多次强调指出：
"文物承载灿烂文明，传承历史文化，维系民族精神，是老祖宗留给我们的宝贵遗产，是
加强社会主义精神文明建设的深厚滋养。"研究青铜文化，弘扬青铜文明，就要坚持以习
近平同志关于文化遗产保护的一系列重要指示为指导思想，认真贯彻落实"保护为主，抢
救第一，合理利用，加强管理"的方针，去粗取精，去伪存真，古为今用；就要坚持创造
性转化、创新性发展，加强挖掘和阐发、展示铜绿山古铜矿遗址独特魅力，把青铜文化与
社会经济发展有机统一起来，紧密结合起来，保护好、利用好、管理好，在继承中发展，
在发展中传承；就要坚持以人民为中心，千方百计让文化遗产"活起来"，满足人民群众
对美好文化生活的向往。

中国青铜文化的历史之悠久、工艺之精湛、技术之娴熟、内容之丰富、造型之美丽在
世界上都是无与伦比的。中国青铜文化研究的历史源远流长。美籍华裔考古学家张光直先
生曾明确指出："中国已知出土青铜器的种类是世界出土青铜器种类的总和。"中国青铜
时代的起源，据史料记载可以追溯到炎黄时期。《管子·地数篇》记载："葛庐之山发而
生水，金从之，蚩尤受而制之，以为剑铠矛戟，是岁相兼者诸侯九。雍狐之山发而生水，
金从之，蚩尤受而制之，以为雍狐之戟芮戈，是岁相兼者诸侯二十。""金"在这里可能
是金属的泛称，也可能是专指铜。唐司马贞在《史记索隐》中写道，管子说"蚩尤受庐
山之金而作五兵。"关于蚩尤作兵在《山海经》《逸周书》等史籍中也有类似记载。蚩尤
和炎帝、黄帝同是中国古史传说时代的人文始祖，因而可以认为，蚩尤是中国古代矿冶业
的先驱者。但是史学意义上的青铜时代相当于中国历史上的夏商周三代王朝，以夏代二里
头为初始阶段，晚商至西周前期为鼎盛阶段，西周后期至春秋为衰落阶段，到战国初被铁

器取而代之，大约经历了 1600 余年。

令历史学家深感疑惑的是，夏商周三代王朝的统治中心都处在中原腹地的黄河流域，而这一地域仅发现了数量多、规模大的铸造遗址，却没有发现能够供给铸造大量青铜器的矿冶遗存。那么，铸造青铜器的铜料来自何方？有"西来说""北来说"，这一直是历史学家困惑和需要破解的研究课题。

20 世纪 30 年代，郭沫若先生在深入研究中国青铜文化时，曾经推测：中原地区商周时

期青铜器所用铜、锡和青铜冶铸技术可能是由南方输入的。他认为："中国南方江淮流域下游，在古时被认为是青铜的名产地。《考工记》云'吴越之金锡'，李斯《谏逐客书》云'江南之金锡'都是证据。金锡的合金即是青铜。在春秋战国时，江南吴越既为青铜名产地，则其冶铸之术必渊源甚古。殷代末年与江淮流域东南夷时常发生战事，或者即在当时冶铸技术输入了北方。"③郭沫若先生关于中国青铜文化所用铜锡及其冶铸技术可能由南方输入的推测，恰似史学研究领域的"哥德巴赫猜想"，等待研究者小心求证（图 2-14）。

图 2-14　盘龙城的铜鼎

20 世纪 40 年代，地质学家赵宗博④根据中国矿产分布的特点认为："初期青铜文化，未必不能孕育于岭南，传于齐鲁沿海一带。"进入六七十年代，随着大批青铜器出土以及对青铜器铭文研究的深入，学者们对南铜北运问题又有了新的认识。古文字学家唐兰先生在《论周昭王时代的青铜器铭刻》的遗著中，根据"过伯从王伐反荆，孚金""驭从王南征，伐荆楚，有得"等，铭文分析认为："昭王南征，在当时奴隶主贵族中是曾经引起掳夺财富的高潮的。"显然西周王室南征的目的，就是为掠夺南方的铜矿资源，以满足王权统治的需要。这一研究成果，从一个侧面印证了郭沫若先生此前的推测。

铜绿山古铜矿遗址的发现和发掘，使得中国青铜文化研究中一大历史谜团终于得到破解，她以无可辩驳的事实证明中国青铜文化铜原料的来源。此后，在长江流域的江西、安徽、湖北、湖南境内又陆续发现和发掘出大批商周时期的古铜矿遗址，包括江西瑞昌古铜矿遗址（图 2-15）、安徽铜陵金牛洞古采矿遗址、阳新大路铺古矿冶遗址（图 2-16）、湘西麻阳战国矿冶遗址等。

图 2-15 江西瑞昌铜岭遗址分布图

图 2-16 阳新大路铺遗址

铜绿山古铜矿遗址的研究工作始于 1974 年，湖北省博物馆李天元执笔完成了铜绿山古铜矿遗址发掘简报的编写。与此同时，黄石市博物馆委托大冶钢厂中心实验室，对出土的铜、铁工具作了金相分析。根据分析结果，蔡恩礼工程师撰写了《铜绿山古矿井遗址出土铁制及铜制工具的初步分析》。为了体现研究工作必须遵循历史唯物主义的原则，黄石市博物馆专门聘请华中师范学院黄石分院的阮国华先生撰写了《奴隶创造历史的光辉见证》一文，与其他文章一起，交由《文物》杂志发表。

国家文物局和文物出版社的领导对铜绿山遗址考古发掘及其研究成果十分重视。为了引起考古学界和史学界的关注，他们特别邀请中国科学院考古研究所、中国历史博物馆、北京大学、清华大学、北京钢铁学院等单位的专家、学者、教授听取考古发掘和研究工作的汇报，并对相关资料和文章进行评审。与会的学者们对铜绿山考古发现与研究给予了很好评价和充分肯定。1975年第二期《文物》杂志在显要位置刊登了上述一组文章。由此，铜绿山遗址让世人瞩目，令史学界惊叹。

1975年，时任国家文物局党组书记、局长的刘仰乔同志（图2-17）在省文化局副局长邢西彬、省博物馆馆长陈国钊、黄石市文化局长汪旭光陪同下考察铜绿山古铜矿遗址考古发掘工作时说："铜绿山考古发掘十分重要，湖北省要加强考古力量配合矿山生产，搞好发掘工作，千万不能让文物遭到破坏。"

图2-17　刘仰乔在铜绿山古铜矿遗址视察工作（前排右二）

1976年6月，著名考古学家、中国社科院考古研究所所长夏鼐先生和著名冶金史专家柯俊先生一起在黄石市博物馆周保权馆长的陪同下第一次到铜绿山进行考察。1980年春，当铜绿山冶炼遗址古代炼炉发掘出土后，夏鼐先生又和全国著名文物专家谢辰生先生一起再次到铜绿山考察（图2-18）。在掌握了考古发掘的第一手资料后，夏鼐先生于1980年6月20日，在美国纽约大都会艺术博物馆召开的中国古代青铜器学术会上，向来自世界各地的学者，作了《铜绿山古铜矿的发掘》的演讲。演讲中夏先生明确指出："今天，我们不仅研究青铜器本身的来源，即它的出土地点，还要研究它们的原料来源，包括对古铜矿的调查、发掘和研究。这是中国古代青铜器研究的一个新领域，也是中国考古学新开辟的一个领域。"

图 2-18　1980 年 4 月，夏鼐先生（左）第二次到
铜绿山考察，国家文物局专家谢辰生先生（右）陪同考察

　　1981 年春，世界著名冶金史专家、美国宾夕法尼亚大学教授麦丁先生，为筹备 10 月份在北京召开的古代冶金技术国际学术讨论会，在北京矿冶研究总院朱寿康先生和黄石博物馆周保权馆长陪同下，到铜绿山古铜矿遗址考察。麦丁教授说："在世界上其他地方看了很多古代矿冶遗物，铜绿山是第一流的。在中东地区虽然很早就开始了铜矿的冶炼，但保存这样大规模的地下开采遗迹，较完好的冶炼用炉，炉渣温度高、流动性好、含铜量低，是很少见的。"同年 10 月，古代冶金技术国际学术讨论会在北京如期召开，国内外约 50 位从事冶金、考古、科技史研究的权威学者参加会议。会议结束后，世界著名冶金史专家、美国麻省理工学院教授史密斯，李约瑟博士的助手、加拿大弗兰克林教授一行 8 人，在柯俊教授陪同下专程到铜绿山考察（图 2-19）。史密斯教授感叹道："多么聪明的人民啊！"并说"我看到了世界上其他地方看不到的东西，这是我一生中永远不会忘记的"。弗兰克林教授对黄石市博物馆的考古人员说："你们经常接触可能不觉得，但对我们来说，这是世界上其他地方所没有的，只可惜时间太短，我们十分留恋这个地方。"

图2-19　1981年10月，世界著名冶金史专家、美国麻省理工学院教授史密斯（右二），李约瑟博士的助手、世界科技史专家弗兰克林（右三）一行八人，在柯俊先生（右四）陪同下考察铜绿山古铜矿遗址。

　　1984年8月1日，美国《巴尔的摩太阳报》在一篇题为《远东文明的第二个发源地在中国南部发现》的文章中写道："在湖北省和扬子江沿岸其他省份，文物宝藏丰富，历史悠久的土地上的发掘成果，开始使我们对以前历史著作中关于中国史前社会和早期世纪的定论产生了极大的疑问。这里的考古学家们在不断发掘出的历史文物中找到了广博例证，说明远东文明有重要的不相上下的早期发源地，一个为长江沿岸地区，一个为黄河沿岸地区……铜绿山发现公元前500年或更早一点时间用木料加固的铜矿开采支护，其中一些最为精心制作的矿井在世界上还从未发现过。具有高纯度和精致特点的青铜铸件，在欧洲直到19世纪才能与之比拟。"

　　1997年3月，日本冶金考古学者神.崎胜、中山光夫、山仲进等人在河南省博物馆李京华先生陪同下到铜绿山考察。回国后，神.崎胜以《中国南部产铜遗迹的见学旅行》为题，在日本东京召开的第七届铸造遗迹研究会上作了专题报告。报告中神.崎胜向日本学术界详细介绍了铜绿山遗址发掘研究的成果。会后，神.崎胜先生在给黄石博物馆胡永炎同志的来信中说："报告引起日本研究者们的极大兴趣，他被接二连三地追问。研究会获得极大的成功。""尤其是铜绿山遗址保存完整，遗物丰富，展示效果很好，真没想到！日本研究者们很希望铜绿山遗址报告出版，祈求很快出版！"

　　为了加快《铜绿山古铜矿遗址发掘报告》的编撰出版，1994年初，黄石博物馆党支部书记吴宏堂在贵宾接待室接待了湖北省文化厅副厅长胡美洲和文物处副处长黄传懿。胡厅长说："铜绿山古铜矿遗址的发掘已经20年了，发掘报告至今尚未出版，这是我的一块心病，希望宏堂同志在报告的编撰出版中多做一些组织协调和排忧解难的工作，争取早日出版。"由于当时没有实行考古工作领队负责制，所以，所有发掘资料都分散在各个发掘者手中，周保权馆长多次做工作，都没能将资料集中让一人主编。宏堂同志只好耐心地做大家的工作，言明出版铜绿山考古发掘报告的重要性与紧迫性。让各人负责编写自己发掘的内容，然后交给博物馆，由黄石市博物馆署名主编，各章节内容由谁编写就署谁的名。最后在国家文物局原副局长和中国社科院考古所黄展岳先生的具体指导下，由张潮馆长、黄功扬同志统一修改定稿的《铜绿山古铜矿遗址发掘报告》，终于在 1999 年由中国文物出版社出版发行。胡美洲和吴宏堂同志的"心病"终于了结。

2013 年是铜绿山古铜矿遗址考古发现 40 周年。大冶市铜绿山管委会冯海潮主任，找到湖北省博物馆吴宏堂理事长，商量落实大冶市政府拟召开的"铜绿山古铜矿遗址考古发现 40 周年学术研讨会"事宜，并希望同吴宏堂理事长一起到北京邀请我国著名考古学家张忠培先生为论文集的出版作序，采访一些为铜绿山古铜矿遗址发现发掘作出突出贡献的老专家、老领导，落实"中国矿冶考古"的编辑出版问题等，同行的还有管委会副主任张国祥、工作人员项小波等。最终在大家的共同努力下，学术研讨会如期召开（图 2-20），并由中国科学出版社出版了"中国矿冶考古"：《铜绿山古铜矿遗址考古发现与研究》（上）（下），《铜绿山古铜矿遗址记忆》《铜绿山古铜矿遗址文学作品集》《铜绿山古铜矿遗址考古发现与研究》（二）。

图 2-20　2013 年学术研讨会

为了加大铜绿山古铜矿遗址的研究力度，铜绿山管委会湖北省考古研究所"中国青铜文化大冶研究中心"分别与北京大学、北京科技大学、武汉大学、湖北师范学院、黄石理工学院等签订了研究学习实训的协议，先后出版了由政协大冶市委员会等单位和个人编撰的《中国青铜古都——大冶》《大冶之火》《铜绿山考古印象》等等。与中央电视台、湖北电视台、黄石电视台、大冶电视台拍摄了《中国 NO.1：铜绿山古铜矿遗址》专题片，出版了《青铜之光》《青铜之魂》《世界文化遗产瑰宝——铜绿山古铜矿遗址》等书籍，推动了中国青铜文明的研究，扩大了铜绿山古铜矿遗址在国内外的影响力。

为了让铜绿山古铜矿遗址"活起来"，在保护好的同时，始终坚持以人为本，采取"请进来"与"走出去"的方式，利用"5·18"国际博物馆日等节庆活动先后接待国内外观众数千万人次。广大观众对铜绿山古铜矿遗址的历史、科学价值给予了极高评价，其中最具代表性的留言是："铜绿山古铜矿遗址不仅是中国宝贵的文化遗产，同时也是世界文化遗产的瑰宝。铜绿山古铜矿不仅是中国的，也是世界的！"（图2-21）

图2-21　北京科技大学考古系学生参观

2021年12月16日，为纪念中国考古百年，由中国考古学会、中国文物报社、湖北省文化和旅游厅作为指导单位，湖北理工学院、武汉大学历史学院、湖北省博物馆（文物考古研究所）、大冶市人民政府联合主办，铜绿山古铜矿遗址保护管理委员会承办，"中国考古百年——青铜文明与铜绿山古铜矿遗址研究学术研讨会"在大冶市隆重召开（图2-22、图2-23、图2-24）。大会共收到来自全国考古、历史、冶金、文博和地质方面专家学者的论文30多篇，他们分别从不同的角度阐述了铜绿山古铜矿遗址与中国青铜文明之间的关系，彰显了铜绿山古铜矿遗址在中国青铜文明中的地位和作用，对于推动中国青铜文明与铜绿山古铜矿遗址的研究，启航新征程，增强民族文化自信都将产生十分重要的作用。论文已经汇编交长江出版社出版发行。

图 2-22 学术研讨会

图 2-23 与会代表参观铜绿山古铜矿遗址

图 2-24 与会代表参观铜绿山古铜矿遗址合影留念

第三章 遗址的原地保护

一、"状元矿"与"国宝"的冲突

铜绿山古铜矿遗址是一座从商代晚期至汉代采矿和冶炼的遗址，年代约为公元前 9 世纪至公元 1 世纪。保护区面积 555.7 公顷，考古工作者在这里发现了商周时期露天采矿坑 7 处、地下采矿区 18 处、冶炼遗址 50 多处，共完成发掘面积 10923 平方米，发现商周至西汉采矿井（含盲井）302 口、平巷（含斜巷）128 条，地下采矿深度 30 米至 80 米，并成功解决了井下的支护、通风、排水、照明、提升等技术问题。清理出春秋战国竖炉 18 座，说明铜绿山古代已经形成了就山开采、就地冶炼的采冶体系。面对如此重要的古代文化遗存，如何进行有效保护是摆在文物部门面前的难题（图 3-1）。

图 3-1 铜绿山古铜矿遗址保护区遗址分布图

铜绿山矿是全国少有的有色金属矿山，产于中生代后期花岗闪长斑岩和三叠系大冶灰岩接触带内，一是矿物种类多，高达 130 多种；二是品位高，大量的自然铜、赤铜矿、孔雀石（图 3-2）和蓝铜矿等矿物的含铜平均品位在 6% 以上；三是孔雀石矿脉最厚可达 10 米，在全国同类矿山中首屈一指，享有"状元矿"的美称。特别是铜绿山矿区所有 11 个矿体，每个矿体古代都有不同程度的开采，矿山采矿的地方也是古矿井分布密集的地方。而且离开了矿山的剥离生产，古矿井也无法揭露。如果每揭露一处古矿井都进行发掘，则矿山生产同样无法进行，因为现代化的矿山生产与精雕细琢的考古发掘，在进度上存在极大反差。如果单纯从文物保护的角度出发，责令矿山停止生产，等待考古发掘完毕再行生产，那么矿山的生产计划怎么完成？不能完成生产任务，三千多名矿山职工靠什么生活？况且，铜绿山矿是国家级的重点矿山，它的停产影响的不仅仅是一个矿山，大冶有色金属公司乃至全国有色金属的产量都会受到影响。

图 3-2　孔雀石

"状元矿"与"国宝"之间的冲突与碰撞已不可避免。针对矿体与古矿井共存的客观现实，文物保护工作者只能有重点地选择一些古矿井遗址进行抢救性的考古发掘和清理，取得资料后交由矿山生产，很多重要文化遗存因为来不及发掘清理，只能眼睁睁地看着它在矿山生产中被损毁。看到这样的局面，不仅仅是文物部门的同志感到痛心和惋惜，矿山领导及职工同样也感到万分无奈，他们能做到的就是尽量为考古发掘创造条件，取得更多的考古资料。

二、扭转两难局面的专家考察

在铜绿山古铜矿文物保护史上，任丰平先生是众多关心遗址保护的关键学者之一，他以其丰富的阅历，洞察出矿山生产与文物保护的矛盾焦点，并提出了解决矛盾的办法，从而扭转了文物保护工作中的"两难"局面。

1979 年 4 月 23 日，时任中国社会科学院《自然辩证法通讯》副主编的任丰平，在武汉参加随州市擂鼓墩出土编钟的学术研讨会，同时参加这次会议的还有北京钢铁学院《中国冶金史》编写组组长邱亮辉教授。邱教授此前曾多次到过铜绿山，对铜绿山考古新发现尤为重视，因此他极力推荐任丰平先生到铜绿山走一走、看一看。武汉会议结束后，任老在邱亮辉教授陪同下专程到铜绿山考察。陪同考察的还有一位国务院政策研究室的同志。当时，铜绿山考古队有两处发掘工地，一处在Ⅺ号矿体，进行冶炼遗址的发掘，已清理出土三座保存完好的冶铜竖炉；另一处发掘点在Ⅶ号矿体。Ⅶ号矿体位于大岩阴山，是铜绿山矿一期工程中又一处露天采场，1975年即开始进行剥离，生产过程中，只要发现了古矿井，铜绿山矿都会为考古发掘留出一定时间，进行清理。1975年曾在Ⅶ号矿体北部发掘出22个春秋时期的竖井。1979年初，为配合矿山生产，考古队又在Ⅶ号矿体南部发掘出密集的古矿井群，后经证实其时代为商周时期。

　　任老一行到铜绿山后，首先参观了考古队举办的铜绿山出土文物展览，周保权馆长向他们详细介绍了考古发掘成果，以及在学术研究中的重要意义，并告知南露天采场发现的古代矿井发掘工作结束，现在已经拆除。随后，客人们又到Ⅺ号矿体冶炼遗址发掘现场，负责这处遗址发掘的王富国副馆长、卢本珊同志向他们详细介绍了冶炼遗址的发掘情况（图3-3），尤其是古代炼炉的结构及其功能。作为冶金史的研究专家，邱亮辉先生特别强调了铜绿山遗址的发现在中国乃至世界冶金技术史上是独一无二的。

图3-3　任丰平（前排左三）邱亮辉（右一）卢本珊（左一）工作照

　　当任老一行到达Ⅶ号矿体时，看见发掘工地上纵横交错、星罗棋布的古矿井，立刻为古代工匠们开凿的采矿工程而震惊。他们小心翼翼地抚摸着一件件古坑木，琢磨当年工匠进行开采的过程，并不时提出各种问题，如古坑木为什么历经二千余年却没有腐朽？这么小的矿井断面工人在井下怎么作业？用什么工具开采？当年地下开采怎样排水，怎样通风，怎样照明等等，我们一一作答，并把我们的初步分析和认识与学者们交流。

正在此时，距离发掘约 40 米处，一台大型电铲正在进行挖掘生产，巧合的是，电铲每挖掘一次都会有大量古坑木出土，挂在岩壁上的井巷清晰可见，但是这些刚刚揭露的古代井巷很快又被电铲铲除。参加考古发掘的工人只能被动地将出土的古坑木捡放在一起，古代采矿遗迹则荡然无存。看到这景象，我们唯有叹息。任老问："为什么不能让他们停下来等待你们发掘？"我们把当前文物保护与矿山生产之间的矛盾，以及产生矛盾的原因作了详细说明。任老沉默良久，感到矛盾的确尖锐，问题的确严重，虽然一言未发，但是他在思索。

在返回考古队驻地的时候，任老说："你们遇到的问题，地方政府是难以解决的，因为铜绿山矿是中央企业，要赶快向中央领导反映，看看能不能找到解决办法。"为此，任老要求黄石博物馆的同志立即写一份材料，由他带到北京，通过新华社"内参"直接向中央领导反映情况。陪同考察的邱亮辉先生介绍说："任老原在新华社工作，曾任新华社驻天津站站长，与新华社的同志熟悉，而且他儿子现在也在新华社工作，送上材料可以做到。"

返回黄石后，任老一行入住海观山宾馆。周保权馆长把写材料的任务交给胡永炎同志，并要求当天晚上必须写好，第二天一早交到任老手中。深夜，胡永炎拟写了题为《大冶铜绿山矿冶遗址出土文物亟待保护》一文。天亮后，文稿交由周馆长审查，略作修改后，他们一起赶到海观山宾馆，将稿件交给任老，并送他们一行离开黄石。

三、《国内动态》的积极反响

1979 年 5 月 12 日，新华社《国内动态》刊发了《湖北大冶铜绿山发现春秋时期古矿井群，考古队建议严加保护和组织力量进行发掘》的文章。《国内动态》是专供中央高层领导内部参考的文件，刊印量极少，而此件增发到冶金工业部和国家文物局。

此前不久，国家文物局还收到了中国科学院自然科学史研究所所长仑孝和先生写的《关于保护铜绿山古矿井的呼吁信》。国家文物局以"〔1979〕文物字第 108 号文"将此呼吁信转往冶金工业部。

国家文物局对铜绿山古铜矿遗址的发掘保护十分关心，时刻关注着铜绿山遗址考古发掘的进展以及文物保护所碰到的困难和矛盾。1979 年 4 月，当国家文物局在收到仑孝和所长的呼吁信后，为了深入了解情况，时任国家文物局政策研究室主任的谢辰生，受王冶秋局长的委托，到铜绿山调查了解情况（图 3-4）。谢辰生是我国资深的文物专家，是中国第一部文物保护法规《中华人民共和国文物保护暂行管理条例》的起草人，同时也是王冶秋局长的得力助手。1979 年 5 月初，谢辰生在湖北省博物馆馆长谭维四的陪同下，第一次到铜绿山考察指导工作。当谢先生一行看完矿山生产现场，了解到铜绿山遗址的规模和特点后，即提出了能不能够"留矿保护"的设想。但是，要实现这一设想困难很大，因为国家建设急需铜材，铜绿山矿又是重要的有色金属产地，作为领导全国矿业生产的冶金工业部，能够采纳这一意见吗？谁的心里都没有底。谢辰生带着问题回到北京。

图 3-4　谢辰生（左）卢本珊（中）夏鼐（右）

　　冶金部的领导对铜绿山遗址的保护问题也十分重视，5 月 15 日，唐克部长批示："此件请李华、泽生、张凡同志阅"。5 月 16 日，副部长林泽生的批示是："李老、张凡部长并王哲、鸿儒同志，我意应重视此事，建议矿山处先派人去大冶摸清情况并会同公司及地方研究出一个切实可行的保护古矿井遗迹的意见，视情况再向有关部门报告如何处理。如何，望酌。"李华副部长："原则上同意林部长意见。在组织这项工作上，还是以科学院为主，冶金部及大冶有色金属公司积极配合。因为我们不懂这门科学。"5 月 17 日张凡副部长表示"同意泽生同志意见"。（见附件 1）

　　1979 年 5 月 31 日至 6 月 10 日，根据冶金部领导的批示精神，冶金部有色金属公司矿山处苏文贤工程师专程到铜绿山调查了解矿山生产与文物保护的有关情况。期间苏文贤工程师先后召集了多次座谈会，分别听取了文物部门、大冶有色金属公司、铜绿山矿的情况汇报，并到发掘现场和生产现场考察。回北京后，他以书面形式向冶金部领导提交了调查报告。6 月 26 日，冶金部副部长高杨文、李华在调查报告上批示。高杨文副部长的批示是："我主张选择有代表性的古矿井、古炉子（冶炼基地）原样保留，即使少采一些矿，减少一些产量也值得。因为这些古迹有重大的科学、文化价值。请立即向国务院写一正式报告，可由中南矿冶学院协同有关单位进行研究。报告要分报国家科委和国家文物局。"李华副部长要求"拟请国家文物局及科学院主管此事，由大冶公司负责执行。在哪里恢复原来状况，报国家定。如在原地恢复有二万吨铜拿不出来也要办"。从冶金部领导的批示可以看出这些从革命战争年代过来的老同志对中国古代文化遗产的深厚感情、处理矛盾冲突事情的谨慎与智慧、解决问题的果断与决心。正是这些远见卓识的批示，铜绿山遗址文物保护工作走出了困境，并为其后保护方案的制定奠定了基础。

四、原地保护Ⅺ号矿体的遗址

国家文物局收到新华社《国内动态》后，一直关注着冶金部对铜绿山文物保护工作的意见。当得知冶金部领导的批示后，立即抓住机遇开展工作。作为国家文物事业的主管部门，对全国文物保护工作面临的严峻形势了如指掌，尤其是在生产建设中文化遗址和文物遭到破坏的事件时有发生。虽然有《文物保护条例》的约束，但在很多情况下，文物保护与生产建设发生矛盾时，往往是文物保护给生产建设让路。冶金部领导在铜绿山遗址文物保护问题上的意见正好与文物部门的设想不谋而合。经过冶金部和国家文物局协商，认为有必要召开一次会议，研究如何解决矿山生产与文物保护面临的问题和矛盾，寻找一种既有利于矿山生产，又有利于文物保护的办法。

1978 年 8 月 15 日，湖北大冶铜绿山古矿冶遗址文物保护座谈会在黄石海观山宾馆主楼召开（图 3-5），会议进行了 7 天，至 8 月 21 日结束。

图 3-5　冶金工业部、国家文物局在黄石海观山宾馆召开铜绿山古矿冶遗址文物保护座谈会

参加会议的有：国家文物局副局长彭则放、政策研究室主任谢辰生、文物处处长黄景略，冶金部副总工程师郑之英、高级工程师苏文贤，湖北省文物局副局长邢西彬，省文化局文物处处长余魁、胡美洲、高仲达，黄石市革委会副秘书长刘道禧，北京有色金属设计研究院总院、北京有色金属研究总院、北京钢铁学院、《有色金属》编辑部、长沙有色冶

金设计院、湖北省冶金局、大冶有色金属公司、铜绿山矿、中国科学院考古研究所、中国科学院自然科学史研究所、中国历史博物馆、内蒙古邵乌达盟文物工作站、湖北省文物局、湖北省博物馆、黄石市及大冶县革委会、黄石市委宣传部、黄石市科委、黄石市文化局、黄石市博物馆等单位的代表共四十人。

会上，黄石市博物馆馆长周保权向与会代表汇报了铜绿山古矿冶遗址考古发掘取得的成果、铜绿山矿领导及职工为文物保护所做的贡献，以及目前文物保护工作存在的问题。会议在讨论保护方案之前，代表们到铜绿山考察了矿山生产情况和考古发掘现场。由于会议在筹备阶段冶金部和国家文物局已就"留矿保护"达成了共识，因此，会议讨论的主要问题是保留哪一个矿体更好。有代表认为，应保留XI号矿体，因为XI号矿体是春秋时期的冶炼遗址，并出土了保存完好的炼炉，地下还有古矿井遗存。有代表认为应保留VII号矿体，虽然VII号矿体没有冶炼遗址，但对矿山生产影响较小。正当两种保护方案举棋难定的时候，7月19日，湖北省委书记韩宁夫（图3-6）在黄石市委书记刘广泉陪同下到会听取会议情况的汇报。听完汇报后，韩宁夫同志反复强调了铜绿山遗址的重要性，他说："这个遗址很重要，有些文物是世界第一，哪里有嘛？这个东西破坏了，我们都有责任，国内国外都要骂我们，不能流芳百世就成了遗臭万年。如果破坏了影响是不可挽回的，怎么向子孙后代交代？"在选择保留矿体的问题上，韩宁夫同志认为，"两处遗址都要保，保VII号矿体，XI号矿体的冶炼遗址丢了；保XI号矿体，VII号矿体的古矿井丢了。上面保留，下面开矿，又保文物又挖矿是总的要求，你们想办法想方案，研究一下。"

图3-6　省委书记韩宁夫（中）在铜绿山考察

根据韩宁夫书记"又保文物又挖矿"的要求，结合铜绿山矿生产的实际需要，经过充分讨论研究和反复比较，协商出了较为一致的保护方案：将Ⅺ号矿体作为矿冶遗址永久保留，不再进行采矿生产。对于Ⅶ号矿体发现的古矿井，以考古发掘为主，力争两年完成考古发掘任务。发掘工作完成后，矿山即可进行正常生产。会议形成了《会议纪要》，上报冶金工业部和国家文物局审批。（见附件2）

会议结束后，冶金部为防止意外情况的发生，于1979年9月13日，以〔1979〕冶色字第2834号文通知大冶有色金属公司：一是在未编制出发掘和保护方案之前，对Ⅶ号、Ⅺ号矿体全部停止开采，并要妥善保护；二是关于铜绿山露天矿扩延及Ⅺ号矿体上部保护方案，及井下二期工程问题，由部组织长沙有色金属设计院及大冶有色金属公司等单位研究后再定；三是为了古矿冶遗址的发掘，希望你们密切配合文物部门搞好这一工作，关于经费问题待部研究后再行通知。由此可以看出冶金部领导在铜绿山遗址保护问题上是极为认真而又审慎的。广大文物保护工作者为此而欢欣鼓舞，并留下了"大冶铜绿山，古矿三千年。莹莹孔雀石，金翠暗峰峦。劳动创世界，工奴血泪填。宝藏待发掘，春意正盎然"的诗文。

1980年2月11日，冶金工业部以〔1980〕冶色字第33号、国家文物局以〔1980〕文物字第34号文，共同对《湖北大冶铜绿山古矿冶遗址文物保护座谈会纪要》进行批复。批复的核心内容是："同意将Ⅺ号矿体的古矿井遗址原地保护，不进行露天采矿。同意对Ⅶ号矿体古矿井进行发掘，搬迁保存，要求在两年内完成发掘工作。"

铜绿山古矿冶遗址第一次文物保护座谈会的召开，充分体现了文物部门与矿山生产部门对祖国历史文化遗产的高度重视。国家为保护文物而放弃一个矿体不予开采，在国内外也是史无前例的，但是作为铜绿山遗址保护的全过程，这仅仅只是开始，更多的矛盾和问题还在考验着人们的智慧与决心。

第四章 保护方案的调整

一、考古发掘与勘探

为了落实冶金工业部和国家文物局的批复意见，加快考古发掘进度，国家文物局决定在全国范围内组织考古力量，在铜绿山进行考古会战，会战期间，由中国社会科学院考古研究所负责Ⅶ号矿体 1 号发掘点的发掘，黄石市博物馆负责Ⅶ号矿体 2 号发掘点的发掘，湖北省博物馆负责 4 号矿体古矿井的发掘。

1 号发掘点位于Ⅶ号矿体北部，选择在这里布方发掘的原因是，矿山在这里剥离生产时，地表平面上已能见到数条平巷和竖井断面。平巷的支护立柱虽被电铲铲断，但仍屹立不倒。平巷上部 1975 年曾清理出 22 个春秋时期的竖井（图 4-1），这些竖井虽在矿山生产中清除，但是与下部平巷应属同一开采系统。

图 4-1 22 个竖井照片（部分）

　　1号点的考古发掘工作由中科院考古研究所殷玮璋先生负责，参加考古发掘工作的还有白荣金、张孝光、韩锐等同志（图4-2）。发掘分两个阶段进行。1979年冬为第一阶段，经过发掘，清理出数十个竖井、盲井以及平巷。这些井巷分布密集，且保存完好。第一阶段发掘工作告一段落后，为了保护发掘出土的古矿井群，并为第二年春季的发掘创造条件，考古所要求黄石市博物馆在其上部搭建临时工棚，工棚中部不能架设立柱，避免出土古矿井遭到破坏。

图4-2　考古所发掘现场

　　要在考古发掘面积已达到400平方米的范围内搭建临时工棚不是一件容易的事情，怎样搭建颇费周折。负责此事的是黄石市博物馆苏长旺同志，他在黄石联系了很多单位，没有一个单位愿意接受这一造价不高、责任重大且有一定施工难度的工程。后来几经打听，武昌有一家竹器生产合作社，他们具备搭建竹制工棚的经验和技术。竹器合作社的几位老师傅听说要为一处重要的文化遗址搭建工棚，感到是一件很有意义的事，虽然造价不高，还是接受了这一任务。为了保证工程的顺利进行，黄石博物馆派人到阳新采购了几车楠竹运抵现场，竹器合作社则派来了十几位有经验的师傅，从武昌来到铜绿山考古发掘工地。经过20余天的紧张施工，一座长约40米、跨度30米的竹制工棚终于建成（图4-3）。施工期间有一位年近六旬的老师傅，还因一次意外事故负了伤。搭建工棚这件事，在铜绿山的文物保护过程中虽然是件不太起眼的小事，却成为后来遗址博物馆建设的开端。

图 4-3　竹工棚

　　1980 年春，1 号发掘点的考古发掘继续由中科院考古研究所负责，6 月，发掘工作结束。通过两个阶段的发掘，它的意义不仅仅在于获取了大量珍贵的文物与历史资料，更为重要的是为今天，也为将来留下了世界仅有的一处可以看得见的春秋时期采矿遗址现场。

　　在Ⅶ号矿体 1 号点发掘的同时，由黄石博物馆考古队负责的 Ⅶ号矿体 2 号点的发掘工作也紧锣密鼓地往前推进（图 4-4）。截至 1980 年 8 月，他们在 1000 平方米的发掘面积内，共清理出竖井、盲井 101 个，平巷斜巷 36 条。2 号发掘点在Ⅶ号矿体南部，距 1 号发掘点约 70 米，是古代的另一处地下采场。经碳 14 测定以及矿井支护方法的排列对比，其年代分属于商代晚期、西周、春秋几个不同时期。

图 4-4　Ⅶ号矿体 2 号点

在坚持考古发掘的同时，Ⅶ号矿体考古勘探工作也在进行，其目的在于探清古矿井的水平分布以及垂直分布的空间形态。考古勘探的传统方法是用"洛阳铲"，一铲一铲地向下提取地下土层，根据土层判断地下遗存的情况。但是这一方法在岩石坚硬的矿区完全派不上用场。要想获取资料，只能进行机械钻探（图4-5）。钻探工作由大冶有色金属公司地质队负责施工，施工费用纳入矿山的生产成本，考古队负责勘探设计和钻孔布置，鉴定工作由铜绿山矿地质工程师严家财、庄奎胜、姚桂椿以及黄石博物馆胡永炎共同负责。至1980年9月，共计完成钻孔12个，累计进尺276.5米，钻探岩芯表明，12个钻孔中有11个钻孔见到老窿坑木或竹片。这些古代矿井的埋藏深度一般在现地表以下10米，最深达20米左右。有的钻孔连续10米均有老窿充填物。（详见附件3，考古勘探说明书）

图4-5　钻探

二、原地保护Ⅶ号矿体

Ⅶ号矿体的发掘以及考古勘探的资料说明，Ⅶ号矿体是铜绿山矿区古代最早开发利用的矿体，从商代起一直延续到春秋战国，而且遗存丰富，保存完好。对于考古发掘取得的成果，不仅参与发掘的考古人员感到兴奋，在铜绿山矿从事现代采矿的领导和工程师们也同样感到光荣和自豪。

在矿山生产方面，铜绿山矿南露天采场底部标高已达 –100 米，如果Ⅰ号、Ⅱ号矿体仍采用露天开采，则需要扩帮，否则只能进行地下开采，而地下开采不仅会损失矿量，而且安全管理也都不如露天开采好。要想扩大露天开采的规模，必须扩大露天采场的上部边界。可是，扩大南露天采场边界的设想受到了限制，原因在于，XI号矿体处于扩帮的范围之内，而XI号矿体已经明确为"原地保留，不再进行露天开采"。显而易见，文物保护严重制约着矿山生产。面对新出现的问题和矛盾，铜绿山矿矿长郭本义、副矿长王国良、生产技术科科长杨永光等来到黄石市博物馆，与博物馆周保权馆长等同志一起商议调整铜绿山古铜矿遗址保护方案，并达成初步共识：考虑到VII号矿体遗存丰富，且具保存价值，而XI号矿体的保留又对矿山生产造成不利影响，建议向有关部门反映，将VII号矿体保留，将XI号矿体交由矿山生产，这样既对文物保护有利，又对矿山生产有利。

为了及时向上级主管部门反映铜绿山文物保护和矿山生产出现的新问题新矛盾，以及解决矛盾的新思路，1981年元月初，铜绿山矿杨永光、黄石博物馆胡永炎带上相关资料和图纸专程到北京，向国家文物局和冶金部的领导详细汇报了VII号矿体考古发掘、考古勘探的情况，以及矿山生产遇到的问题，并提出调整保护方案的建议。国家文物局谢辰生、黄景略等负责同志对于调整保护的建议虽然持有保留意见，因为VII号矿体没有发现冶炼遗址，但考虑到矿山生产的需要，还是认可了调整保护方案的建议。冶金部主管矿山生产的总工程师穆毅听完汇报后，毫不犹豫同意了调整保护方案的提议。虽然汇报工作进行得很顺利，但部、局的领导也强调必须履行严格的审批程序。返回黄石后，市博物馆和铜绿山矿向黄石市委、市政府汇报了国家文物局和冶金部领导同意调整保护方案的意见。

1981年元月，黄石市人民政府向湖北省人民政府呈报了《关于调整铜绿山古矿冶遗址文物保护方案的请示报告》，省政府于同年元月26日，将请示报告转报冶金部和国家文物局。经文物和生产主管部门协商，决定在黄石市召开铜绿山古矿冶遗址文物保护第二次座谈会。

1981年4月6日至9日，铜绿山古矿冶遗址第二次文物保护会议在黄石海观山宾馆召开，冶金部、国家文物局、大冶有色金属公司、铜绿山矿、北京有色设计研究总院、冶金部矿冶研究总院、长沙有色冶金设计研究院、中国历史博物馆、中科院考古研究所、国家文物局文物保护技术研究所、湖北省文物局、湖北省博物馆、黄石市文物处、黄石市博物馆等单位的代表三十人参加了会议。与会领导和专家认为：VII号矿体发掘出土的古矿井有很重要的文物保护价值，考古钻探资料证实其地下埋藏有较密集的古矿井，如果按原定保护方案，在两年内无法完成发掘任务。而在要求XI号矿体长期保存的同时，又要延长VII号矿体的考古发掘时间，势必对矿山生产造成很大影响。因此，黄石市人民政府向湖北省人民政府提出调整铜绿山古矿冶遗址文物保护方案是适时的。经过充分讨论研究，会议达成几点共识。（见附件4）

会议期间，黄石市人民政府建议国家文物局和湖北省人民政府对保护铜绿山古铜矿遗址作出了显著成绩的单位和个人分别给予奖励。

1981 年 8 月 13 日，冶金工业部以〔1981〕冶色联字第 023 号、国家文物局以〔1981〕文物字第 372 号文，对《铜绿山古矿冶遗址文物保护第二次座谈会纪要》进行批复，同意纪要提出的保护方案，以及奖励为文物保护作出显著成绩的单位和个人。（见附件 5）

1981 年 12 月 1 日，国家文物局、湖北省人民政府在铜绿山矿工人俱乐部召开表彰大会，奖励对铜绿山遗址文物保护作出贡献的单位和个人（图 4-6）。国家文物局副局长孙轶青、湖北省副省长李夫全出席大会。出席大会的还有湖北省文物局、省社科院、省地质局、省金属学会、省博物馆，以及黄石市、大冶县党政领导，大冶有色金属公司、铜绿山矿、大冶金湖公社，黄石市有关部、委、局和铜绿山矿的职工代表共一千余人。

图 4-6　文物保护表彰大会

大会由湖北省文化局副局长邢西彬主持，副省长李天全、副局长孙轶青在会上讲话，并向 24 个集体和 37 个个人颁发了锦旗、奖状和奖品。铜绿山矿副矿长王国良、露采车间工程师赵守忠分别代表受奖单位和受奖个人讲话，新华社和省市媒体对这次大会均作了报道。没有报道的是，奖状是由黄石市博物馆吴宏堂从湖北省文化厅背着盖好湖北省人民政府公章的奖状，然后特许坐飞机（当时只有高干才能坐飞机）到北京，加盖国家文物局公章赶回黄石，确保了会议的如期召开。

1982 年 2 月 22 日，铜绿山古铜矿遗址由国务院公布为全国重点文物保护单位。由此铜绿山遗址的文物保护纳入国家级的保护范畴，相当于给遗址的保护加了一层保险。在法律意义上，遗址的任何改变都要报请国家批准，地方人民政府有权行使监督。

三、保护范围的划定

铜绿山古矿冶遗址文物保护第二次座谈会后，黄石市博物馆即着手Ⅶ号矿体出土古矿井文物保护范围的划定工作。由于Ⅶ号矿体的范围包括整个大岩阴山，占地面积约 90000

平方米，而发掘出土古矿井的面积为 1400 平方米，且处于Ⅶ号矿体的西部，东部建有两个庞大的生产水池。按照文物保护的需要，其保护范围划定在Ⅶ号矿体西部，占地约50000 平方米也符合文物法的规定，可以满足文物保护的要求，当然保护范围留得越大，对文物保护则更为有利。但是Ⅶ号矿体东部建有生产设施，土地亦由铜绿山矿征用。为了商议保护范围的划定工作，黄石博物馆馆长周保权约请铜绿山矿王国良、杨永光等负责同志来到现场，征求矿山对保护范围的意见。到达Ⅶ号矿体后，他们和参与踏勘的博物馆考古人员一起，围绕大岩阴山查看了几遍，认为保护范围如果仅限于西部一片，附近村民很可能会到东部一片盗挖矿石，这样对遗址保护会造成危害。因此，王国良、杨永光同志主动提出将大岩阴山全部划入保护范围，并建议修建围墙，以确保文物安全。

遗址保护范围划定以后，黄石博物馆派苏长旺同志负责保护围墙的修建工作，围墙的周长为 900 米，由四棵工程队负责施工。围墙建成后，对于文物保护。防止盗挖盗采矿石起到了不可替代的作用。

经过一个半月的精心施工，铜绿山遗址保护围墙于 1981 年 10 月建成，随同建成的还有考古队用于文物收藏保管以及住宿的一个四合小院（图 4-7）。

图 4-7　四合院前的一家人

四、遗址博物馆建设

铜绿山古铜矿遗址经国务院公布为全国重点文物保护单位后，国家文物局要求，在铜绿山建立我国第一座古矿冶遗址博物馆，以保护在Ⅶ号矿体 1 号发掘点春秋时期的采矿遗址。

遗址博物馆的建筑设计，由黄石市城市建筑设计院卢时圣工程师负责完成。博物馆展览大厅长 36 米，宽 30 米，高 14 米。由黄石市十五冶一建公司承建，被列为"1984 年黄石市人民政府为人民兴办的十件好事"之一，要求10月1日建成开放。为了确保工期和质量，黄石市博物馆派吴宏堂副馆长作为基建工地的甲方代表负责基建工作的内外协调和遗址现场的陈列布展工作。

为了防止在施工中文物遭受损坏，施工前首先撤除了搭建的竹制工棚，然后又用钢管搭盖了一层内空约2米高的保护铁棚，其上铺设薄铁板，这样既可防止雨水浸蚀，又能保证遗址内有良好的通风环境，尽可能减少古坑木的干裂变形，且可对遗址进行长期观测和保养。

记得1983年夏天的一个深夜，突然狂风大作，暴雨倾盆，遗址上部覆盖的薄铁板相继被狂风吹起，遗址面临被毁的危险。驻守在这里的考古队员全部冒雨爬上棚顶，想用身体压住被狂风吹起的棚顶，但因风雨太大太急，加上人手不够，仍然解决不了问题。在危急时刻他们想到向铜绿山矿求援。半夜三更，苏长旺同志的电话打到了副矿长杨永光同志（图4-8）家里，杨矿长得知这一情况后，立即电话通知调度室，派车派人带上粗绳、铁丝等物资赶到Ⅶ号矿体，和考古队的同志一起在狂风暴雨中将棚顶加固绑实。经过大家的共同努力，遗址下方的文物安然无恙，但参与救险的人员浑身衣服均已湿透。这时天已微明，风停了，雨停了，遗址也保住了。这件事过去了近40年，每每想起，我们都会对杨永光同志产生敬意，如果没有他果断的调度，没有铜绿山矿的无私支援，或许遗址上的文物就不是我们今天见到的面貌，甚至可能会遭到灭顶之灾。

图4-8　杨永光副矿长（左一）胡美洲副厅长（左二）韩南鹏副省长（右二）

古铜矿遗址要对外开放的另一个重点是遗址现场的陈列展览，我们坚持一边建房，一边布展，陈列部的潘红耘主任和陈正东、潘艺等同志住进了铜绿山古铜矿遗址小四合院。为了突出遗址展览的特点，分管陈列展览的副馆长吴宏堂决定用矿土与环氧树脂调和代替水泥粉刷遗址馆内参观回廊下的四周墙裙，并按原地质剖面进行复原，这样，大大增强了遗址的现场感。同时在遗址现场的东南角负责布展的同志还复原了一组竖井、平巷，供游客体验古人采矿的艰辛，并设置多个说明展牌，帮助观众对古人采矿技术的认识和理解等。

遗址现场的辅助陈列得到了专家、领导和观众的一致好评。

1984 年 10 月，铜绿山古铜矿遗址博物馆建成，11 月 5 日举行盛大的开幕庆典并对外开放。这是继西安半坡、秦始皇兵马俑之后，我国在遗址现场建设的第三座博物馆，也是中国第一座古矿冶博物馆（图 4-9）。

图 4-9　1984 年开馆

第五章　搬迁保护的提出

一、工程设计引发的麻烦

铜绿山矿的一期工程于 1965 年 4 月由冶金工业部长沙有色冶金设计研究院提出设计，1965 年 5 月 16 日破土动工，1971 年正式投入生产，其中Ⅰ号、Ⅱ号矿体采用露天开采，Ⅲ号、Ⅳ号矿体采用地下开采。经过约十年开采，一期工程的可采矿量逐年减少，生产能力即将消失。为保证矿山生产的持续发展，1980 年即考虑二期工程的设计问题。1980 年 2 月，长沙有色冶金设计研究院提交《铜绿山铜铁矿二期建设可行性研究报告书》，主张二期工程采用地下开采方案。1982 年 9 月，长沙有色冶金设计研究院又提交了《铜绿山铜铁矿地采 3500 吨 / 日规模可行性研究报告补充意见书》。对于地下开采方案，在大冶有色金属公司及铜绿山矿内部曾经引起过争论，一种意见认为地采方案可行，另一种意见则主张二期工程应采用全露天开采。两种意见相持不下，二期工程建设方案迟迟不能确定。

1983 年，中国有色金属工业总公司成立后，即着手部署铜绿山铜铁矿的二期工程建设。为了统一思想认识，对不同的开采方案进行研究评审，中国有色金属总公司发文至相关设计研究院，提交各自的设计方案。对此，长沙有色金属设计研究院仍坚持原来提出的地下开采方案。1983 年 10 月，北京有色冶金设计研究总院则提交了《铜绿山矿二期工程可行性研究的报告》，主张二期工程应采用全露天开采。所谓全露天开采包括两个部分，一是南露天设计坑底标高为 –185 米，开采对象是Ⅰ号、Ⅱ号矿体；二是北露天设计标高 –290 米，开采对象是Ⅲ号、Ⅳ号矿体。

1983 年 12 月，中国有色金属工业总公司在铜绿山矿现场召开"《铜绿山二期工程开采方案》论证会"，确定采用全露天开采方案。1984 年 6 月，有色金属工业总公司向北京有色冶金设计研究总院下达设计任务书。由于Ⅶ矿体处于Ⅲ号、Ⅳ号矿体的上盘，而Ⅶ矿体是保留矿体，且属国家重点文物保护单位，因此，北露天东部临近古矿井遗址一侧的边坡角设计为 61.5 度，并进行边坡的加固处理。1985 年 7 月又以〔1985〕中色基字第 0726 号文批准了二期工程设计。中国有色金属总公司主持召开了《铜绿山矿二期工程初步设计预审会》，并函请文化部文物局共同审查。会议认为，从原地保护古矿井出发，北京院提出的露天陡边坡开采方案在技术上可行，经济上合理。对于这一方案，文化部文物局则持保留态度，并于 12 月 29 日复函有色总公司，建议召开第三次文物保护会议，论证研究遗址的保护问题。

二、古遗址保护马虎不得

"全露天开采方案"提出后，文物部门从上至下对此都存有疑虑，认为61.5度的边坡角，不能保证古矿井遗址的绝对安全，虽然设计中采取了多种边坡加固措施，如用长锚索加固边坡岩体、用钢网和喷浆的办法加固边坡表层、建立边坡稳定的长期监测等等，但边坡上沿距离古矿井最近仅20余米，一旦边坡出现滑落，后果不堪设想，应该说文物部门的忧虑是合情合理的。当时铜绿山二期工程尚在审议之中，设计部门对于陡边坡全露天开采方案是否能够获得通过也存在疑虑，在与文物部门沟通的过程中，曾经提出搬迁保护的设想，即将Ⅶ号矿体发掘出土的古矿井整体向东搬迁400米，离开Ⅶ号矿体，异地保留。

图 5-1 原国家文物局局长吕济民

1984年9月10日，文化部文物局（原国家文物局）局长吕济民（图5-1）、顾问谢辰生，在湖北省文化厅副厅长胡美洲、湖北省博物馆副馆长王劲陪同下，前来黄石检查文物工作。吕济民局长一行上午到黄石博物馆参观了铜绿山古矿冶遗址出土文物陈列展览，下午到铜绿山古铜矿遗址博物馆参观并题写了"考古新篇"的题词。谢辰生同志的题词为："中华民族古代青铜文化的见证，其科学价值是不能以经济数字来衡量的，必须妥善保护，为建设社会主义精神文明作出贡献。"晚上，文物局和省文化厅、省博物馆领导在海观山宾馆和黄石市委副书记宋良瑶、市人大常委会副主任王玉福等同志就铜绿山遗址的保护问题进行座谈。

吕济民局长说："保护铜绿山古铜矿遗址的意义越来越明显，它不仅在国内，而且在国际上都产生了很大影响。中国是一个有着五千年历史的文明古国，其历史是连绵不断、经久不衰的。特别是青铜时代的历史占有更显著的地位，被世界公认为灿烂的青铜时代。但是，有人却说中国青铜文化是外来的，而铜绿山遗址的发现说明，中国青铜文化从开采、冶炼到铸造，有一套完整的技术，正因为遗址重要，国家才将它列为全国重点文物保护单位。因此，进一步作好遗址的保护工作，不只是文物部门的责任，更是全社会的责任。我们祖先遗留下来的这份珍贵遗产，我们要保护好，不能毁在我们这一代人手里。在铜绿山遗址的发掘、研究、保护问题上，黄石市委、市政府和生产、文物部门的同志是有功劳的，我们的工作是很有意义的，其影响是长期的。现在的问题是，文物保护与生产建设有一些矛盾，而处理和调整好这个矛盾，关键在于地方政府。地方政府负有保护文物的重要责任。这个问题处理得是否得当，功过是会有人评说的，这是关系到子孙后代的事，希望当地政府和有关方面协商一下。"

谢辰生先生说："铜绿山遗址能够保护下来，是经过多方面的努力才实现的。现在听说生产部门设想改变以前的开采方案，这就涉及一个法律程序问题，因为全国重点文物保护单位是国务院批准的，根据文物法的规定，生产部门如果要求将遗址搬迁，必须先向市政府提出书面报告，再由市政府研究提出意见，向省政府申报后，由省政府报国务院决定。如果生产部门和文物部门的意见一致也要报国务院，如果意见不一致更要报国务院。可是到目前为止，我们没有看到文字报告。

关于铜绿山古铜矿遗址，我个人意见是不能搬迁。这份世界上独一无二的珍贵遗产，是无法用经济价值来衡量的。我们要两个文明一起抓。铜绿山遗址的影响，已远远超越了国境线。当保护铜绿山遗址的消息发布后，世界舆论认为，中国花这么大代价保护这份遗产很不简单。欧洲很多国家在产业革命过程中，如何保护文物有很沉痛的教训，我们要避免资本主义国家在这个问题上走过的弯路，如果批准了遗址搬迁，不仅我，恐怕还会有不少社会名流、专家、学者出来呼吁。"

中国历史博物馆的研究员，指南车、候风地动仪等科技模型的复原者王振铎先生（图5-2）参观铜绿山古铜矿遗址博物馆展览后说："无与伦比，美轮美奂，美不胜收。"

图 5-2　王振铎（左二）参观铜绿山古铜矿遗址博物馆

省文化厅胡美洲同志说："文化部文化局对我省的文物工作很关心，这次又专程来黄石检查指导铜绿山的文物保护工作，关于铜绿山遗址的保护问题，我完全同意吕济民同志、谢辰生同志的意见。铜绿山遗址保护与生产矛盾的问题，生产部门曾到省文化厅口头谈过，当时我们曾表示过不能搬迁保护。今年初我还到市里就这个问题同市领导交换过意见，他们都同意要认真加以保护。但到现在都未见到文字报告。我同意谢辰生同志的意见，要按文物保护法的规定，履行报批手续。保护好铜绿山古铜矿遗址，市委市政府一直是重视的，态度是明确的，现在的问题是要研究在坚持原定保护方案的前提下，如何保证Ⅶ号矿体目前和长远的安全保护问题。我认为现在确定的Ⅶ号矿体保护方案是经过多方面专家和部门的充分酝酿后经领导部门批准的，这个方案做到了既有利于生产，又有利于文物保护，是实事求是的。"

说实在的，黄石文博事业在 20 世纪 70 年代初很薄弱，现在出现这样好的局面很不容易，我们市博物馆办得很有特色，是全国有数的几个科技博物馆之一，是全省博物馆规划中的一个极为重要的组成部分，在国内外有一定影响。这首先是由于铜绿山这一重要遗址的发现，从这个意义上说，没有铜绿山遗址就没有黄石的文博事业。我们要保护好地上已经发掘的古矿井，更要保护好地下没有发掘的遗址，为我们的后人留一笔珍贵的文化财富。

市委副书记宗良瑶同志说："在铜绿山遗址的保护问题上，目前出现了建设现代文明和保护古代文明的矛盾。市委市政府的态度是立足于保。保护好文物是我们的责任。铜绿山遗址在黄石，做好这处遗址的保护工作，是我们责无旁贷、义不容辞的事。"宗良瑶同志表示，马上将文物局和省文化厅领导同志的意见向市委市政府的主要领导同志汇报，并积极向上反映，最后由国务院决定。

市人大副主任王玉福同志明确表示，市人大常委会就是要维护法律的尊严，一定要按文物保护法处理这个问题，搬与不搬都要按法律程序办事。我们一定要汲取西塞山出土的十万千克铜钱被毁的历史教训，决不能让损害文物的事情重演。铜绿山古铜矿遗址的保护事关重大，马虎不得。

三、依法保护古铜矿遗址

1984 年 11 月 19 日至 11 月 23 日，中国有色金属总公司在铜绿山召开二期工程初步设计审查会议，参加会议的代表共 130 余人。由于文化部文物局对"全露天陡边坡开采方案"持保留意见，没有派人参加这次会议。湖北省文化厅文物处处长孙启康、黄石市政府副秘书长罗涌泉、黄石文化局副局长田震、黄石博物馆馆长周保权、副馆长胡永炎应邀参加了评审会。会议审查通过了北京有色冶金设计研究总院提交的"全露天开采"设计方案。初步设计的露天坑底标高为 −360 米，边坡角为 61.5 度。

针对会议通过的全露天开采方案，湖北省文化厅立即以《大冶铜绿山矿二期工程严重危及古铜矿遗址安全》为题，向湖北省人民政府反映情况，省政府即以《快报》第 52 期通报相关单位。省长黄知真就此批示，湖北省经委进行调查。

1985 年元月初，省经委和省冶金工业总公司王泉等赴黄石，征求黄石市人大常委会、大冶有色金属公司领导的意见，听取黄石市文化局、市博物馆的汇报并与铜绿山矿负责人交换了意见。返汉后，元月 25 日，省经委和省冶金工业总公司联合拟写了调查报告，以鄂经安字〔1985〕020 号文，直接报送黄知真省长，并抄送湖北省文化厅。

1984 年 12 月 29 日，文化部文物局给有色总公司复函内容如下：

〔1984〕中色基字第1640号《关于大冶有色金属公司铜绿山矿二期工程初步设计审批问题的商函》收悉。关于这个问题我们最近提请文化部文物委员会专门召开会议进行了讨论，同时征求湖北省文化厅的意见。大家一致认为，铜绿山古矿冶遗址是全国重点文物保护单位，具有重大的历史科学价值，必须原地保护。但是如何确保文物安全，涉及的方面较多，需要提请各方面的专门研究讨论，进行技术论证。为此我们提议召开第三次铜绿山古矿冶遗址保护座谈会，对古矿井的保护进行可行性研究，确定切实可行的保护方案。特此函复。

黄石市人大常委会通过的决议中也明确表示："铜绿山矿的二期工程设计和建设，必须遵照《文物保护法》第十一条规定，经省人民政府和国家文物行政管理部门同意，在确保铜绿山古铜矿遗址重点文物保护区原址原貌和现有文物保护设施的安全不受任何影响的情况下，方可进行。"这份决议充分体现了黄石市人大依法保护铜绿山古铜矿遗址的立场和观点。

面对文物部门和省市两级政府对二期工程设计方案的担心和质疑，铜绿山矿的领导和二期工程的设计人员，以科学、严谨、缜密的态度，对陡边坡设计及采取的措施又进行了反复研究和论证。

根据湖北省经委的调查报告，1985年2月6日，黄知真省长在调查报告上批示："可以建议国家有色金属公司和国家文物局同我们共同研究，但古铜矿遗址的保护是我们自己的责任，由经委带头，召集冶金文物两单位确定措施，立即制止破坏，不必等。此件请田英同志阅。"2月9日，田英副省长批示"请省经委按知真批示办理"。

1985年6月由湖北省经委主持，在铜绿山召开铜绿山矿二期工程陡边坡开采与古矿井遗址保护技术论证会（图5-3）。参加会议的有：中国有色金属总公司，文化部文物局，湖北省文化厅，大冶有色金属公司，铜绿山矿，黄石市政府、经委、文化局、博物馆以及

图5-3 陡边坡加固方案暨文物保护会议

科研院所的专家、教授等 70 余人。会议通过了北京有色冶金设计研究总院的"全露天陡边坡开采方案"，该方案与 1982 年的设计相比，不同点在于将露天采坑的坑底标高由 –360 提高到 –290 米，在临近古矿井遗址西部的 300 米地段仍采用 61.5 度边坡角。会议纪要由湖北省经委报湖北省人民政府、文化部文物局、中国有色金属工业总公司。

1985 年 7 月 1 日，中国有色金属工业总公司以〔1985〕中色基字第 076 号文，批复同意铜绿山二期工程初步设计。会上，生产及设计部门曾提出搬迁保护建议，未被文物部门采纳。文化部文物局对该设计也一直没有批复。

图 5-4　湖北省省长黄知真

同年 7 月，湖北省省长黄知真（图 5-4）到铜绿山考察遗址的保护状况，听取了有关情况的汇报后说："文物是老祖宗留给我们的宝贵财富，我们要依法保护好她"，并亲笔题词："对历史负责"。

同年 8 月，冶金工业部武汉安全环境研究院高级工程师陆国荣等人联名给黄知真省长发出一封题为《关于铜绿山二期工程开发与古矿井遗址长期保护方案的异议——紧急呼吁信》。这封呼吁信的详细内容我们无法知晓，但在与陆国荣同志的多次交谈中可知，他是极力主张搬迁保护的。呼吁信中的所谓异议，就是不同意通过的二期工程设计中遗址原地保护，用陡边坡进行开采的方案。由于搬迁保护方案遭到文物部门拒绝，因而联名给省长写了这封呼吁信，目的在于能够扭转文物部门坚持原地保护的立场。

9 月 9 日，黄知真省长在这封呼吁信上批示："田英同志，振乾同志，淑芬同志阅。这次到黄石，了解了座谈会的纪要，实地看古矿址，觉得纪要中移动古矿博物馆围墙，对博物馆安全无保证，故省政府不批。现在冶金总公司已经批复，黄石有色公司也不能执行（请经委把关）。至于信中所提的移位方案，技术上有无把握，可召集有关同志论证。此件经田英、振乾两位副省长圈阅。""省政府不批"，"冶金总公司已经批复也不能执行"，充分反映了黄省长对保护铜绿山古铜矿遗址的决心和态度，为基层文物工作者做好铜绿山古铜矿遗址的保护工作打了一针强心剂。

湖北省经委、文化厅接到黄省长的批示后，省经委杨光同志和省文化厅孙启康同志专程到大冶有色金属公司和铜绿山矿传达了黄知真省长的批示原文。

这里需要对黄知真省长批示中提到的"移动古矿博物馆围墙"的问题作些解释。在审议"全露天陡边坡开采"方案时，设计部门为边坡设计需要，将北露天采场的最终境界线划定在Ⅶ号矿体保护围墙之内，距离遗址博物馆及 2 号发掘点约 20 余米。文物部门对露天采场最终境界线的划定虽然心存疑虑，但为了矿山生产需要，还是相信边坡的加固措施能够保证遗址安全。从这里我们可以看出，省政府领导同志对铜绿山遗址文物保护问题的慎重。这里我们可以推测的是，黄省长的批示意见，一定会通过某渠道传达到中国有色金属总公司，湖北省文化厅也将省里领导同志的意见向文化部文物局汇报。在这一点上，省政府和国家文物局对会议纪要不作批复可以说是不谋而合。

四、遗址边坡的分析研究

铜绿山二期工程初步设计经有色总公司批复后，作为中央企业的铜绿山矿，掀起了新一轮的生产建设热潮，他们按照总公司的批复意见及其任务计划书，开始了二期工程的土石方剥离。每天工地上充满了电铲铲石声、汽车运输声、推动机推土声以及人们的喧嚣声，矿山一片沸腾，这是现代矿山生产的景象。

另一方面，矿山设计人员对于61.5度陡边坡是否真正安全也并没有十足的把握，因为通常情况下，露天坑的边坡角一般都设计为45度，这样不需加固边坡即可达到稳定的目的。例如铜绿山南露天采场，在地质条件允许岩石性质稳定的情况下，也有可能设计为56度，例如大冶铁矿露天采场。这种边坡设计国内外均有成功的经验，但是61.5度边坡角在国内没有，国外也极少采用。

为了对古矿遗址的安全负责，也为了对子孙后代负责，生产部门的领导为此不惜花费巨额科研费用，组织全国权威的科研机构分课题进行研究。并聘请世界最负盛名的"加拿大高达土木采矿咨询公司"的专家参与研究和技术咨询。1986年完成露天坑底为 -290 米标高的陡边坡地段的水文地质勘察、地质测绘和岩物料的物理力学试验，1987年共有6个科研单位先后完成陡边坡稳定性分析与加固方案研究报告 21 篇，同年 11 月由大冶有色金属公司汇总为《铜绿山二期工程边坡稳定性分析与加固方案选择研究报告》。这些研究工作既是矿山生产建设的需要，也是确保遗址文物安全的需要。

在取得大量科研成果的基础上，北京有色冶金设计院将原定的二期工程设计进行了调整。1987年8月，重新编制了《大冶有色金属公司铜绿山矿二期工程分布实施方案》设计，将露天坑底标高由 -290 米升到 -185 米，涉及到总体边高垂高由原来的346米降到237米，总体边坡角由原来的61.5度减缓到56度。-185 米至 -605 米标高进行地下开采，为了防止地表塌陷，采用胶结充填法进行坑采。这样可以确保古矿遗址原地保留。

从边坡稳定分析与加固方案研究，到二期工程设计的几次修改，可以看出生产和设计部门的各级领导和从事设计的专家们对古矿遗址的保护是极为慎重的，不仅投入了大量资金，而且花费了他们大量的心智和心血。作为文物工作者，我们由衷感到敬佩。

1988年，中国有色金属工业总公司委托北京、长沙、南昌、武汉等11个科研院所对 -185 米方案的陡边坡稳定性及加固方案再次进行研究，共提交报告 10 篇。同年 9 月，有色总公司科技部在北京召开会议，对科研成果进行审定，会议推举长沙矿冶研究综合这些研究报告的要点，汇报为《铜绿山古矿冶遗址地段陡边坡的试验研究报告》。报告要点认为：一是总体边坡角为 56 度，这样考虑边坡岩体不同工程地质条件和力学条件是合理的。二是考虑古矿冶遗址需要原地保护，因而采取了永久加固方案。加固后，陡边坡安全系数由 1.18~1.20 提高到 1.32 以上，古矿遗址可得到永久保护。三是本方案的工程量和布置位置可顾及多方面的综合效果。四是从研究设计的观点看，是可行的，靠得住的，但代价昂贵。约 5000 万元的加固工程费，施工中可能会受到多方面因素的影响。如果这种可能存在的话，古矿遗址还是以移位保护为好。

五、搬迁保护方案入纪要

1988 年 6 月 18 日至 21 日，由湖北省经委、中国有色金属工业总公司、文化部文物局共同组织，在大冶有色金属公司召开铜绿山矿二期工程陡边坡开采和古矿遗址保护技术论证会（图 5-5）。参加会议的主要领导人有：湖北省经委副主任罗德润，有色总公司基建部副主任徐一龙、矿产地质部副主任郑之英、技术经济委员会副主任穆毅，文化部文物局顾问谢辰生，湖北省文化厅副厅长胡美洲，黄石市政府办公室主任殷光。大冶有色金属公司、铜绿山二期工程指挥部、铜绿山矿、市文化局、市博物馆的负责人，以及生产、文物、设计、科研等单位的专家学者参加了会议。

图 5-5　陡边坡开采和古矿遗址保护技术论证会

会议讨论研究了陡边坡开采方案以及边坡加固技术问题。与会专家认为，露天坑底 -185 米、56 度边坡角的设计开采方案是可行的。所采用的的边坡加固措施可保证古矿遗址安全。为满足工程设计需要，设计部门提出将边坡最终境界线向遗址一侧东移的建议，文物部门对此是有所担心的，但设计部门反复解释，边坡加固措施可以确保文物安全。因此，会议纪要通过了北京院的设计方案。

　　由于边坡加固工程费用昂贵（约 5000 万元），且会损失一部分矿量不能开采，因而生产部门在会上明确提出建议，将遗址内的古矿井整体切块向东搬迁 400 米，这样二期工程则可进行全露天开采设计。

　　这是一个十分棘手的问题，因为它关系到铜绿山古铜矿遗址未来的命运。怎么办？怎样表明文物部门的立场和观点？拿着会议纪要的征求意见稿，国家文物局顾问谢辰生和省文化厅副厅长胡美洲于 6 月 20 日晚召集文化、文物部门同志开会，参加会议的代表有国家文物局黄景略、王卓，省文化厅孙启康，省博物馆谭维四，黄石市文化局田震、宗春梅，黄石博物馆周保权、胡永炎等，大家一致认为原则上同意二期工程设计方案，但边坡线的划定以什么作为基点向外 20 米的问题以及由此引起的博物馆道路和设施的还建问题尚需协商解决。关于搬迁保护的可行性研究，大家认为可行性研究只是研究是否可行，而不是决策，因此同意进行"搬迁保护的可行性研究"。

　　8 月 21 日，会议一致通过了"会议纪要"。由此铜绿山古铜矿遗址的保护问题，由开采方案的争论、边坡角的大小及加固方案的争论转为"原地保护"与"搬迁保护"的持续之争。

第六章　搬迁保护的研究

一、积极探索

1988 年 1 月 23 日，中宣部原部长、原中央政治局委员、原中顾委委员邓力群和时任国家经委副主任袁宝华同志到铜绿山古铜矿遗址参观指导工作（图 6-1），听说要搬迁春秋采矿遗址时说："古铜矿遗址是中华民族的瑰宝，搬迁保护要慎重，要请专家进行论证，不能拍脑袋。"

图 6-1　邓力群（前排右二）、袁宝华（前排左一）等听周保权馆长（前排左二）介绍遗址

1988 年 7 月 21 日，国家文物局在京召开会议，征求部分文物考古专家对"搬迁保护"问题的意见，认为在确保文物安全的前提下，搬迁保护可以作为一种方案进行可行性研究。会后，国家文物局会同中国有色金属工业总公司、湖北省文化厅的有关单位负责人就进行搬迁保护方案的可行性研究交换了意见，并计划组织有关方面的专家出国进行考察。

7 月 22 日，国家文物局副局长沈竹、黄景略、王军，湖北省文化厅胡美洲，有色总公司徐一龙、黄启庚，冶金部武汉安环研究院陆国荣等人在北京开会，就铜绿山下一步的文物保护工作交换了意见。会后，与会同志又与有色总公司总经理黄子文进行了座谈。在听完了情况介绍后，黄子文同志说："谢谢省里同志的合作。要做好可行性研究。可行性研究不是作决定。搬迁的目的是要保护文物的完整性，一定要保证文物安全，达不到这个目的，我们也不会答应，我们都要对文物负责。如果搬迁的代价太大了，不如去买铜，要算算账。搬迁请陆国荣同志牵头，文物部门也要有人参加，徐一龙同志负责组织。搬多大、怎么搬要作补充勘探，勘探要服从文物部门的要求。也可以出国考察。关于共建矿冶文化城的问题，我们不能马虎，这是文化遗产，名字可以商量，要有一个初步方案，规模多大？需要多少钱？经费来源？一次性投入多少？长期投入多少？Ⅶ号矿体的利润拿出来我理解，我们要支持，要算账，要上报国家，因为利润是国家的，要算了账以后报国家定。胡美洲同志返回武汉后，首先向韩南鹏副省长汇报了北京开会的情况。韩省长说：这处文化遗产在我们省里，不要把世界第一变成了世界大笑话。文化部门不要随意表态。作为一个方案可以进行可行性研究与探索，要积极探索一条既对文物保护有利，又对生产建设有利的好方案。世界一流的发现，是中国的骄傲，是民族的骄傲，我们一定要慎重。（图6-2）

图 6-2　韩南鹏副省长（中）考察古矿遗址

二、出国考察

1988年12月，中国有色金属工业总公司牵头，邀请国家文物局、湖北省经委、省文化厅、黄石博物馆、北京有色设计研究总院、冶金部武汉安全环保研究院等相关单位专家，组成两个专家组，分别赴苏联、捷克和西德、法国进行考察。考察组计划解决以下三个问题：一是古矿遗址的整体搬迁技术；二是古矿遗址的长期保存措施；三是搬迁后古矿遗址建成矿冶博物馆的基本要求。

赴苏联、捷克考察组主要考察古建筑的整体搬迁技术，其中有捷克莫斯特圣玛丽亚教堂的整体搬迁，苏联劳动报编辑部大楼的整体搬迁。劳动报是俄罗斯发行量最大的报纸，是俄罗斯主流媒体之一。

赴西德、法国考察组主要考察西德波鸿市德意志采矿博物馆、法国矿都圣玛丽亚市两个古矿遗址和一个矿山博物馆。"当地政府和居民将古矿（距今只有几百年）生产和生活设施都保存了下来，包括矿井、坑道、工具、矿长矿工的住房、教堂等等。""波鸿市德意志采矿博物馆创建于 1930 年，是世界上最大的采矿博物馆，展出面积一万多平方米。在内容上除了德国外，还包括世界上几个采矿历史悠久国家的古代采矿技术，其中包括中国。因此这个博物馆展出的内容可以说是一部人类采矿技术发展史。"

考察期间，考察组在我国常驻联合国教科文组织代表的安排下，与联合国教科文组织以及国际博物馆理事会的有关领导进行了广泛接触，加深了这些组织对我国铜绿山古矿遗址搬迁保护和建设矿冶博物馆的理解，并表示愿意为此提供专家咨询。

考察工作进行了三周，考察组于 1989 年元月上旬回国。1989 年 2 月，考察组提交了《关于铜绿山古矿遗址搬迁保护考察报告》。该报告认为："确信安全地整体搬迁古矿遗址技术上是有把握的，从而一致认为铜绿山遗址应该采取搬迁保护，并希望领导部门早作决定。"

为了促进古矿遗址搬迁保护问题的解决，还对下一步工作提出了以下建议：一是要尽快下达进行古矿遗址搬迁可行性研究任务书；二是关于古矿遗址搬迁保护所需经费的来源，建议从开采压在古矿遗址下面的Ⅶ号矿体所得利润中支付。Ⅶ号矿体可采出铜约 1.5 万吨、金约 800 千克，估计可获得利润 8000 万元左右。三是建议成立铜绿山古矿遗址搬迁保护领导小组。

1989 年 4 月 11 日，中国有色金属工业总公司以〔1989〕中色基字第 0255 号文，将考察报告报送文化部和湖北省人民政府。

三、深入研究

考察工作结束后，有色总公司于 1989 年 3 月以〔1989〕中色基字第 0184 号文下达了进行"可行性研究"的通知，由大冶有色金属公司委托北京有色冶金设计研究总院负责组织并主持这一研究课题。课题负责人为北京有色冶金设计研究院教授级高工、总设计师黄启康。参与该课题研究的有：冶金部武汉安环研究院高级工程师陆国荣及吕乃壁、邓志隆、程惠高级科研人员，中国文物研究所文物保护专家黄克忠，黄石博物馆胡永炎等。

1989 年 5 月，由黄启康先生起草的《大冶铜绿山古矿冶遗址搬迁保护可行性研究报告（讨论稿）》完成，并将讨论稿送达参与研究的科研人员手上。

搬迁保护可行性研究报告有如下结论性意见："世界上古文物和建筑物搬迁或修复已有相当长的历史，积累了丰富经验，铜绿山古矿遗址的搬迁，尽管有它的特点，但在技术上同样是可以做的，是可行的，是有把握的。"

报告中对搬迁遗址作了这样的设想："为了不破坏已发现的古矿遗址，决定 1 号点、2 号点和 3 号点全部整体搬迁到露采的爆破影响范围外和坑采的崩落界线以外。1 号点的搬迁范围是直径 32m，垂深 15.6m，总重量约 42000T；2 号点直径 22m，垂深 14.5m，总重量约 20000T；3 号点为一梯形，垂深为 11m，总重量约 25000T，全部向东北移约 450m，有 43.72‰的下坡。设计中仔细研究了台车搬运方案和滑动方案，两个方案在技术上都是可行的。"

报告中对搬迁费用作了预算："估算 1 号点搬迁约需 3000 万元，2 号点、3 号点搬迁各需 1000 万元，总计为 5000 万元。"

报告中还对搬迁后的古矿井和博物馆建设作了设计和规划。"计划在铜绿山古矿遗址的基础上建立一座国家级的多功能的采矿博物馆，包括研究所及辅助设计等建设约 13000 平方米，总投资约 3000 万元。"

关于搬迁和博物馆建设的所需费用，研究报告认为："由于搬迁后Ⅶ号矿体由死矿变为活矿，用开采Ⅶ号矿体的利润，作该项目的建设资金。Ⅶ号矿体产品销售后的利润约 1.17 亿元。"

研究报告还对原地保护与搬迁保护的优缺点进行了比较分析：

原地保护方案的优点：一是原地保护古矿遗址无可非议；二是不发生搬迁费和博物馆的建设费用；三是不需征购 800~1000 亩土地。

原地保护的缺点：一是安全生产和文物保护的矛盾长期共存，无法保证消除隐患；二是环境景观和水文条件的改变是不可避免的；三是多损失金属产值约 8 亿 ~10 亿元；四是近期没有资金建设国家级采矿博物馆；五是边坡需加固，充填需高质量，给生产带来很多制约条件。

搬迁保护方案的优点：一是彻底解决矿山生产与文物保护的矛盾，古矿遗址一劳永逸地得到长期保护；二是有条件建设一座国家级博物馆；三是简化了矿山生产工艺，使矿山生产安全、可靠；四是节省边坡加固费 3600 万元；五是可多回收铜、铁、金、银等金属价值 8 亿 ~10 亿元。

搬迁保护方案的缺点：一是搬迁保护不符合古文化遗址应尽可能原地保护的总精神；二是搬迁和博物馆的建设约需资金 8000 万元；三是搬迁技术尚属首例缺乏经验；四是大露天方案需多征地 800~1000 亩，约需 3000 万元。

应该说研究报告对两种保护方案优缺点的比较分析是客观的，是实事求是的。但是研究报告主要侧重于搬迁建筑物的实体、搬迁技术的可行性、搬迁资金的来源、搬迁后博物馆的建设及规划等等，而忽略了对搬迁后遗址内涵是否改变等问题的论证。

作为受邀参与该项目科研工作的研究者，黄石博物馆胡永炎于同年 6 月 25 日撰写了《对铜绿山古铜矿遗址搬迁保护的疑议》一文，对研究报告存在的问题提出质疑：

其一，搬迁保护违背了《威尼斯宪章》的精神。1964 年通过的《保护文物建筑及历史地段的国际宪章》（亦称《威尼斯宪章》）中明确指出："一座文物建筑不可以从它所见证的历史和它所产生的环境中分离出来，不得整个地或局部地搬迁文物建筑，除非为保护而非搬迁不可，或者国家的或国际的十分重大的利益有此要求。"显然，铜绿山遗址搬迁不符合古文化遗址应原地保护的原则。搬迁方案的提出，也不是为了保护遗址而非搬迁不可，主要目的是为了加大矿山的露采深度，提高矿产品的回收利用率。那么，多回收 8 亿~10 亿元价值的金属回收量，是不是属于"国家的或国际的十分重大的利益"，值得我们认真权衡。否则，与国际宪章的精神相违背。

其二，联合国教科文组织制定的《保护世界文化和自然遗产公约》拒绝将重建的文物建筑和历史中心列入《世界遗产目录》中。《保护世界文化和自然遗产公约》主旨在于"防止世界各种奇迹的消失，保护古文明的重要见证，保护大自然中最动人的美景"，我国于 1985 年 12 月 12 日参与缔约。缔约国的义务之一是"须保证保护本国领土内公认为具有突出普遍价值的奇迹。向世界提供他们拥有的并应完好无损地留给后代的最美的遗址"。在确定文化遗产列入该目录时明确指出："对那些有可能从不能搬迁的财产变为可搬迁财产的提出，将不予以考虑。"也就是说凡是有可能迁移的文化遗产一律不得提名。因此，铜绿山古矿遗址如果搬迁，那么它就永远不可能列入世界文化遗产目录。

其三，《中华人民共和国文物保护法》第十三条规定："因工程建设特别需要而必须对文物保护单位进行迁移或者拆除的全国重点文物保护单位，由省、自治区、直辖市人民政府报国务院决定。"文物保护法在这里强调的是"特别需要"。铜绿山古矿遗址搬迁能不能算"特别需要"，应由湖北省人民政府认可后，报国务院决定。

1985 年 1 月，黄石市人大常委会在《关于进一步贯彻执行文物保护法的决议》中规定："铜绿山矿二期工程设计和生产建设，必须在确保铜绿山古矿遗址重点文物保护区（即Ⅶ号矿体）原址原貌和现有文物保护设施的安全不受任何损坏的情况下，方可进行。"显然搬迁遗址不符合依法作出的决议精神。从法律程序上讲，如果搬迁遗址，黄石市人大常委会还需另行作出决议，否则遗址搬迁可以认为是不合法的。

其四，搬迁以后将改变遗址的性质。众所周知，遗址的概念是建立在原地未经移动这一前提之下。搬迁以后的遗址将不能称其为遗址，不论搬迁体积的大小，都只能称之为标本。因为遗址搬迁后，即从它所见证的历史和它所产生的环境中分离出来。就古矿遗址而言，如果离开了产生它的矿体，迁移到一个没有矿体的地方，还可以称其为古矿遗址吗？如果离开了它赖以存在的地质、地貌环境，同样也失去了古矿遗址的内在含义。这一点应有别于某些其他类型的文化遗址。显然，搬迁以后，只能认为是三个破碎的土堆，其完整性又从何谈起！

有人说："搬迁以后的古矿井仍在大的遗址范围之内，就仍然可以称之为遗址。"我们知道铜绿山遗址分布面积约 2 平方千米，Ⅶ号矿体保存下来的只是其中很少的一部分，其他大部分均考虑到矿山建设的需要，经考古发掘后交由矿山生产。如果仅有的一小部分再进行搬迁，那么整个铜绿山矿区就不存在一处真正意义上的古代采矿遗址了。

其五，在开采方案的选择上，偏重于考虑矿山生产和经济效益，这不符合"两利"方针。诚然，从经济技术指标衡量，可以多回收 8 亿~10 亿元价值的金属量，在我国资源缺乏、四个现代化建设又特别需要的情况下，其作用是不可低估的。问题在于选择全露天开采方案，必须搬迁遗址，使其历史价值、科学价值、艺术价值，以至遗址的完整性都受到破坏，并改变了遗址的性质，不能不使人怀疑选择全露天开采方案的合理性。如果在我们这一代人手里，因开采方案上有所不慎，将这处重要的遗址搬迁，使它失去了应有的价值和意义，那么，我们对历史、对祖先、对子孙后代将如何解释，如何交待！

鉴于以上原因，文章认为全露天开采方案不是最佳开采方案，铜绿山古矿遗址不应搬迁。如果以上意见不被"可行性研究"课题组认同，请将上述意见与研究报告一起，一并提交评审会议审定。

四、预审会议

1989年7月24日，在大冶有色金属公司招待所召开《铜绿山遗址文物保护可行性研究报告预审会议》（图6-3）。参加会议的有有色总公司、国家文物局、湖北省经委、湖北省文化厅、北京有色设计研究总院、北京钢铁学院、中国文物研究所、冶金部武汉安环研究院、黄石市委市政府、黄石市文化局、黄石市博物馆等单位。

图6-3　铜绿山遗址文物保护可行性研究报告预审会议

这是一次意见颇为对立的会议，是一次上下意见不尽一致的会议。生产和设计部门的领导和专家、国家文物局的领导和专家基本上都同意搬迁方案，并提出了进一步完善可行性研究报告的建议，以及一些尚待解决的问题。而湖北省文化厅文物处处长孙启康、黄石市委副书记盛大礼、副市长余旦奚、黄石市博物馆馆长周保权等却坚持原地保护。同时也有少数专家，如北京钢院的邱亮辉教授、北京有色研究院的教授级高工朱寿康等亦对搬迁保护提出质疑，认为铜绿山遗址太重要了，应当原地保留。

会上还就遗址搬迁后的性质是否改变、是否属于国家的特别需要、搬迁后是否能够申报世界文化遗产、搬迁是否符合《威尼斯宪章》的精神等等问题展开了辩论，双方意见相持不下，谁也说服不了谁，谁也不能作出权威的解释。

作为主管全省文物工作的文化厅副厅长胡美洲一时处于十分为难的境地，一方面，国家文物局沈竹同志在讲话中倾向于搬迁保护，他的意见绝不是他个人的意见，而是代表国家文物局在这个问题上的态度；另一方面黄石市委、市政府、市文物部门坚持原地保护的观点和决心，他又不能不给予支持。他的思想是极为纠结的，过去他曾多次对黄石博物馆的同志说："现在的形势是当生产和建设发生矛盾时，文物部门往往是打败仗，胜的很少。如果国务院决定另选一处遗址保护，这个地方的发掘与保护的难度会更大，到时候就更加难办了。你们好好商量一下，向市领导汇报一下当前全国文物保护形势的严峻性，你们要有思想准备。"

为了做通黄石文物部门负责人的思想工作，沈竹同志在会下对市博物馆参加会议的同志说："你们不要把自己的思想箍死了，要设想多种保护方案，不能只想到一种，就是要原地保护。如果坚持原地保护不搬，矛盾无法解决，遗址安全又得不到保证，一旦被毁，很可能会被摘去全国重点文物保护单位的牌子。事情往往是这样的，退一步海阔天空。搬迁以后可以用基金组织研究，建立一个国家级的博物馆，把资料集中起来，你们可以指导别人的发掘研究，中心地位就起来了（图6-4）。

图6-4　沈竹同志（左一）考察铜绿山出土文物展

搬迁以后同样可以在联合国教科文组织立项，申报世界文化遗产。现在的保护情况很难得到批准，搬迁以后反而有利于申报。如果不搬，当把问题送到国家文物局裁决时，一看两家的矛盾这么对立，可能让你们下去再研究，也可能问，除此之外还有没有可供发掘的古矿遗址，如果有，就可能要你们发掘后再保另一处，到时候就会鸡飞蛋打。"

沈竹同志还说："古矿遗址搬迁在世界上也是首创，那时候是两个世界第一。"

中国文物研究所的黄克忠同志也曾对黄石博物馆的同志说："你们考虑过这个问题没

有？国家文物局的态度是明确的，如果你们坚持不搬，将来文物局可能会撒手不管，让你们自己处理，而矿山也会不满，今后的矛盾会更加尖锐，政府也不会经常为这件事调解，你们怎么办？"

几十年过去了，我们再看这些领导的讲话，仍然感到其良苦用心，他们的目的都是为了让铜绿山古铜矿遗址能得到更好的保护和发展，黄石市的文博事业能再上一个新台阶。

文物部门最基层单位的黄石博物馆馆长周保权"压力山大"，铜绿山古铜矿遗址的命运何去何从，他忧心如焚，怎么办？

第七章　共同的责任担当

铜绿山古铜矿遗址是人类采冶技术和文化的结晶，是人类创造活动的实物遗存，是宝贵的历史文化遗产。对铜绿山古铜矿遗址的保护就是对历史、文化的保护，就是对科学技术的保护，就是对社会共同记忆和利益的保护，也是对优秀传统文化的传承。

但是，保护古铜矿遗址是一个系统工程，不是文物保护部门一个单位的事，而应该是全社会共同的责任。因此，各单位、各部门都要本着对历史负责、对人民负责、对未来负责的态度，采取切实有效措施，共同做好铜绿山古铜矿遗址文物保护利用和传承工作。

一、文物卫士据理力争

《搬迁保护可行性研究报告》预审会议结束以后，黄石市博物馆馆长周保权以及由他带领的一班人并未气馁。在他们看来，国家文物局和中国有色金属工业总公司虽然都倾向于搬迁，省文化厅在这个问题上似乎也产生了动摇，但是他们坚定地认为，"铜绿山遗址不仅仅是黄石的，换而言之，可以说是世界的，是全人类的共同财产，我们既然工作在遗址保护的第一线，就要坚守好自己的阵地，决不能让遗址有丝毫的损失，因为这是历史赋予我们的责任。"

馆长周保权是一个事业心很强的人，在他任黄石博物馆馆长之前，黄石的文博事业几乎处于停滞的状态。1973年铜绿山遗址的发现，为黄石文博事业的发展迎得了新机遇。为了适应新的发展形势，市文化局决定调尚在五七干校劳动的周保权任博物馆馆长。原因很简单，因为他在1955年曾参加过北京大学考古训练班学习，此后又在市文化局文化科任科长多年，有很强的事业心和工作能力。上任之初，博物馆只是一个空架子，百无一有，可以说是"光杆司令"一个。通过多年的不懈努力，1978年黄石市第一座真正意义上的博物馆在黄石沈家营斗笠山建成并对外开放（图7-1），举办的第一个展览是纪念敬爱的总理周恩来同志的专题展，第一个基本陈列是"铜绿山古矿冶遗址基本陈列"。1984年，又在铜绿山建起我国第一座矿冶遗址博物馆。他本人也因此荣获"湖北省文化系统先进工作者"称号，并享受国务院津贴，是湖北省第七届、第八届人大代表。他多次召开馆领导班子会议和全馆职工大会，统一"原地保护古铜矿遗址"的思想，多次向市文化局和省文化厅领导汇报原地保护遗址的意义。另一方面他利用参加湖北省、黄石市人大会议的机会，多次与其他代表一起，向两级人大提交议案，呼吁全社会要重视铜绿山古铜矿遗址的保护问题，从而引起两级政府的高度关注，并产生广泛影响。

图 7-1 黄石市老博物馆全景（沈家营的斗笠山上）

通过参加人大会议，他结识了黄石市人大副主任、湖北师范学院教授、知名作家黄瑞云（图 7-2），他们俩都是湖南湘潭人，在铜绿山的文物保护问题上有很多共同语言。基于认识上的一致，周保权希望借助黄瑞云先生的影响力，向社会发出呼吁，向省市领导反映当前铜绿山遗址文物保护面临的危机形势。

1989 年 8 月初的一天，周保权、胡永炎带上相关资料，到黄瑞云先生家里拜访。没有过多的寒暄，话题立即切入铜绿山的文物保护问题。他们把带来的资料送到黄先生手中，希望他能写篇文章，表明黄石市人大以及他个人在这个问题上的立场和看法。黄先生二话没说，立即同意他们的请求，同时黄先生也谦虚地强调，文章可以写，但最终能起到多大作用，心里也没有多大的把握。（见附件 6）

图 7-2 湖北师范学院教授黄瑞云

二、各大媒体的正面呼吁

从地方到中央的各大新闻媒体对铜绿山古铜矿遗址的发现、发掘曾经给予过积极的报道。特别是新华社、人民日报、中央电视台、中国国际广播电台、人民中国画版、日本 NHK 电视台、光明日报、湖北日报、湖北电视、黄石日报、黄石电视台以及其他报刊杂志等都用不同形式，多角度报导了"湖北大冶铜绿山矿发现了重要文物""奴隶创造历史的见证""铜绿山古铜矿遗址的发现解决了中国青铜文化铜原料的来源""证明了中国青铜文明是一部独立完整的发展历史""可以与秦始皇兵马俑相媲美"等等。

当文物保护与矿山生产发生矛盾的时候，光明日报的著名记者樊云芳、丁炳昌、张祖璜于1984年专程到铜绿山采访，撰写了《铜绿山古铜矿遗址与生产建设的矛盾急待解决》一文，送往光明日报总编室。12月6日，光明日报《情况反映》第252期，以机密件的形式向上反映，试图引起高层领导的重视。（见附件7）与此同时，光明日报在头版头条以《湖北发现春秋时期的矿冶遗址，可与秦始皇兵马俑相媲美》为题予以报道。在随后的几年，这一矛盾一直没有得到很好的解决，并有愈来愈突出的趋势。

新华社记者得知这一情况后，认真阅读了黄瑞云的文章，以及郭振乾省长、黄知真主任的批示，深感事关重大，认为有必要让中央了解这一情况，于是他们在1989年第79期"内参"上全文刊登了黄瑞云教授的文章。文章一经刊出，冶金工业部、国家文物局、湖北省等有关党委与政府的领导同志及时地作出了反应。

三、各级领导的远见卓识

关于铜绿山古铜矿遗址的保护问题，冶金工业部和国家文物局领导曾多次作过批示，书中已经多次作了记录，这里主要反映湖北省领导的一些意见。湖北省人大常委会主任黄知真同志收到黄瑞云教授的文章后，于1989年9月4日在这篇文章上作了如下批示：振乾同志：这件事我曾经过问过，因而看了这份材料深感值得重视。我是同意作者观点的。搬迁遗址谈何容易，遗址下压住的那些矿石暂不开采，铜绿山的其他地方完全有资源利用，过去省文物管理部门同有色金属公司在发现此问题时对遗址保护是重视不够的，我到那里时曾批评过。后来听说可搞一个搬迁遗址的方案，我希望此事能慎重考虑。去年省人大有的代表已提出过询问，更重要的还是这项重要历史遗址如受破坏，影响太大。当否，请酌。

郭振乾省长在看完黄知真主任的批示后，于9月20日亦作出如下批示：读了知真同志的意见，感到很有道理，我亦同意。搬迁方案很难实现。请提案处商经委文化厅等有关单位提出妥善保古矿遗址方案。

1988年8月，湖北省委书记关广富在黄石市委书记袁照臣、市长徐子伦陪同下到黄石检查工作，随行人员有省委秘书长吕乃强、副秘书长张明修、省经委副主任金士朗等。8月22日上午，关广富一行到大冶有色金属公司铜绿山矿，听取了矿山领导关于矿山生产情况的汇报，同时也谈及矿山生产因古矿遗址的保护问题对二期工程的设计和实施造成的不利影响，因而提出搬迁遗址的设想。如果这一方案得以实施，将会为矿山生产带来很大的利润。关书记对这一方案表示了赞同。

同日下午，关书记一行来到古铜矿遗址博物馆，馆长周保权在遗址发掘现场（图7-3），向关书记等领导同志详细介绍了这一处遗址的发现、发掘情况，以及遗址的历史价值和科学价值。与此同时也谈及遗址面临搬迁的危险。关书记问：你们对搬迁有什么想法和要求？周馆长回答：我们认为遗址不宜搬迁，应原地保留。关书记问：原地保留压了多少矿？多少铜？价值多少？铜价现在是多少？周馆长回答：根据生产部门提供的数据是 10 亿~12 亿元人民币。关书记说：必须保证遗址的绝对安全，如果做不到，只算经济账，即便再穷也不能搬。袁照臣书记补充：现在挖不出来，将来是可以解决的，我们的子孙后代有办法解决。关书记说：现在正进行由"河殇"引发的讨论，有一股历史虚无主义的思潮，否定中国的传统历史文化，值得我们高度关注。我们不仅要今天，而且要保护好古代文明，这个事必要慎重。我的观点是，铜绿山古铜矿遗址是稀世之宝，对遗址的保护措施必须是 100%，而不是 99.999%。随行的同志问关书记，您现在的讲话，与上午在铜绿山矿的讲话，以哪一个为准？关书记果断地说，以现在的讲话为准。临走，关书记在签名册上签上了自己的名字。

图 7-3　关广富书记（右一）听取周保权馆长（前左一）汇报

1990 年 1 月 2 日，关广富同志在看到新华社"内参"上刊登的黄瑞云教授的文章后，又作了长篇批示："铜绿山古铜矿遗址，从文物来讲可谓之国宝，它表现我中华民族灿烂之古文化，是世界稀有之物。就采掘冶炼技术在世界和中国的历史上也有非常重要的位置。永世保护供人民观赏研究，不但从经济、技术、文化的角度上是重要的，就是对提高人们的爱国主义和民族自信心也是永不逊色的好教材。古铜矿遗址不是用经济价值所能衡量的。

我近两年到黄石调查研究均问及古铜矿遗址的保护问题，我认为没有万无一失的搬迁方案，绝不可轻易下搬迁的决心，如果一旦有误，毁于一旦，它的损失是无法弥补的，那时将难向国家交待，向党交待，也难以向万代子孙交待。我不懂技术，但对这件事，我总是担忧多于乐观。退一步讲即便是不搬迁，古铜矿遗址周围的开采方法也不利于维护和安全。我建议不论遗址搬迁与否，必须经过专家科学论证，民主论证，经过国家批准，定下来决定取舍。就是维护确保安全问题，也要提到议事日程，研究维护安全办法，如在周围的一定范围建立保卫区制度，确保这一世界罕见的文物得以安然无恙。

以上看法只是我的个人意见，不能定论，还请省政府组织专家、学者、文物保护部门、经济部门和有关地市组织论证，提出中肯意见，报国家决定，但未定之前，我应当提出个人意见供决策的参考，因为这件事太大了。

此件送请振乾、富林、大强、有为、关鹏同志阅处。"

同年1月6日，湖北省常务副省长李大强同志在关广富书记的批示后，作了如下批示：请贤华、维先同志阅。此事广富、振乾、知真等同志极为关注，我理解他们的意见都是"担忧多于乐观"。为了更好更快地为省委、省政府提供决策，请你们组织省经委、省文化厅等部门认真研究，拿出初步意见和具体方案，提请省长办公会议讨论，然后报省委审批，送请关书记、郭省长、赵书记阅示。

1月14日，湖北省副省长韩南鹏同志在收到《"搬迁保护可行性研究报告"审查会议纪要》以后，在该"纪要"上作了如下批示：文化厅对此纪要于八九年十二月三十日提出了意见。广富同志对新华社内参1989年79期关于《铜绿山古矿遗址不应搬迁》一文作重要批示，振乾、知真、因洛等领导同志对此也十分关注。但此问题牵扯到文物保护与生产建设的矛盾，长期没有解决。目前保护古矿遗址的形势严峻。建议：一是请经委会同文化厅认真研究广富及振乾、知真等领导同志的批示，提出落实的意见，特别是当前的开采方法严重危及古矿遗址的安全问题，应提出具体意见。二是省长办公会专门研究一次。

1991年5月16日，中央政治局常委宋平同志视察铜绿山古铜矿遗址时说："古铜矿遗址的价值不能用经济指标衡量，不宜搬迁，实在要搬，不如搬到北京。"（图7-4）

图7-4　宋平同志考察铜绿山古铜矿遗址后题词

四、地方政府的积极作为

1989年11月17—20日，中国有色金属总公司、国家文物局、湖北省经委在黄石海观山宾馆联合召开会议，对搬迁保护可行性研究报告进行正式评审。会议同时还对"二期工程–185 陡坡开采方案"也进行了评审。

中国有色总公司副总经理张健参加了这次会议，他是自 1979 年以来参加有关铜绿山文物保护一系列会议中，总公司最高层级的领导，足见总公司对这次会议的重视。

根据郭振乾省长要求，省经委、省文化厅"提出妥善保护古矿遗址方案"的批示精神，邀请长沙有色冶金设计院向会议提交了《小露天＋坑采，40° 缓边坡的原地保护方案》。

参加会议的主要领导人有国家文物局副局长沈竹、省经委副主任苏国安、省文化厅巡视员邢西彬、黄石市政府副市长余旦奚、黄石市人大副主任黄瑞云。此外，大冶有色金属公司、黄石市文化局、铜绿山矿、黄石博物馆等负责人也参加了会议。于学馥、葛修润、熊传志、朱寿康、殷玮璋、陆国荣、黄树勋、何志真、黄克忠、华觉明、张富民、黄启庚、谭维四、陈中行等等学者专家参加了审查会议。

为了回答文物部门在《搬迁保护可行性研究报告》预审会上提出的质疑以及论证的需要，中科院自然科学史研究所华觉明向会议提交了一份"专家咨询意见"。被咨询的专家有：苏秉琦、谢辰生、黄景略、俞伟超、严文明、孔祥星、黄克忠、张忠培。据"专家咨询意见"的前言中说，采访的专家有十一位，而提交的资料只有八位，其原因不明。

审议过程中，代表们很快在"–185 开采方案，原地保护古矿遗址"上达成共识，但是在审议搬迁保护的问题上，意见产生了分歧。一种意见认为搬迁方案可行，而另一种意见认为不可行。这一点在《会议纪要》中已有所反映。（见附件8）

会议认为，应将《–185 开采方案》和《可行性研究报告》一齐提交湖北省人民政府，会同国家文物局、中国有色总公司进行研究，并请湖北省人民政府报国务院决策。对于湖北省经委、省文化厅提出的《小露天＋坑采，40° 缓边坡的原地保护方案》可以作为附件一并上报，供决策时参考。

审查会议结束以后，湖北省文化厅于 1989 年 12 月 30 日，对《会议纪要》提出了不同意见，并将意见报送省政府。

1990 年 1 月 13 日上午，由湖北省常务副省长李大强同志主持召开省长办公会，听取了省经委副主任苏国安同志关于铜绿山古矿遗址保护问题的汇报（见附件9）。与会者纷纷表示：保护好铜绿山古铜矿遗址是我们湖北省义不容辞的责任。一致同意湖北省经委、省文化厅提出的《小露天＋坑采，40° 缓边坡的原地保护方案》。并于同年 2 月 21 日，湖北省人民政府向国务院报送了《关于大冶铜绿山矿二期工程危及铜绿山古铜矿遗址安全情况和处理意见的请示》，至此，铜绿山古铜矿遗址文物保护与矿山生产之间的矛盾，由省级地方政府直接反映到国家最高的行政机关国务院，而且地方政府明确表示了处理这个矛盾的原则立场和意见。

第八章　国务院一锤定音

国务院领导对铜绿山古铜矿遗址的文物保护工作非常重视。1990 年 7 月 5 日，国务院秘书长罗干同志主持会议，研究湖北省大冶铜绿山古铜矿遗址保护问题。出席会议的有国家计委负责人张玠、文开元，国家文物局副局长沈竹，国家文物局文物处处长李季，有色金属工业总公司副总经理吴建常，高级工程师李织云、黄启根，湖北省人民政府副省长厉有为，省政府副秘书长张维先，省文化厅副厅长胡美洲，省经委栾丽娜等。

会议听取了湖北省和各有关部门关于大冶铜绿山古铜矿遗址保护情况的汇报。罗干秘书长作重要讲话，讲了以下几点意见：一是保护文物，生产和文物部门都是重视的，保护好文物没有分歧，分歧是如何保护？是搬还是不搬？要在保护好文物的原则下发展生产，要对历史负责，这是保护铜绿山文物的基础。二是对已经和正在影响文物保护的施工要求停下来，若拖得太久，文物破坏了，我们后悔也晚了。如何保护，现在还拿不出拍板的意见。二期工程是国家批准的，不能停，但对严重威胁文物安全的生产要停下来。当前，要制定预防文物受破坏的措施，哪些生产要停，请湖北和总公司研究一下，这可以由文物部门首先提出危及遗址保护的不利因素及解决办法。这项工作由湖北省牵头，几家参加研究一个共同意见，再写出报告送国务院，这是当前的应急措施，九月份完成。三是彻底解决生产与文物保护的矛盾，如何办？现在有两种意见：第一，爆破、水文地质变化等因素造成的破坏很大，很难保护，主张搬迁；第二，采取小露天加坑采，就地保护。如何保护？要多少钱？还要论证。另外，为什么非搬不可？搬迁后怎样才能保护好文物，都要深入论证。现在搬与不搬的依据不充分，现在的论证难以决策。两种意见，各自再组织论证，然后由国务院比较、决策。争取明年春，把两种论证搞完。四是可以通过国家外国专家局，请外国专家参加讨论。你们可以提名单，由外国专家局邀请。五是目前对文物保护的措施，若要采取应急办法，需要花多少钱？提出方案后，由湖北省和中国有色金属总公司各出一部分，财政部也拿出一部分。现在的保护措施要与今后的保护措施结合执行。现在世界上都很重视对古矿遗址的保护，希望我们也要保护好。

会议结束以后，将这次会议研究的问题整理成《会议纪要》，经国务院领导同志同意以国阅〔1990〕75 号机密文件下发到湖北省、国家计委、有色总公司等有关单位。（见附件 10）

一、应急保护措施的立项与实施

为了落实国务院国阅〔1990〕75号文中提出的任务，1990年8月2日省文化厅胡美洲副厅长、高仲达，省博物馆陈中行同志来到黄石，与黄石市文化局、博物馆的有关同志一起，研究铜绿山遗址的应急保护措施问题。通过讨论，大家认为目前遗址保护最迫切的任务包括两个方面：一是矿山生产急需解决的问题；二是遗址和遗址博物馆自身急需解决的问题。生产方面的问题主要有：北露天开采愈来愈临近遗址一侧、边坡未加护理，致使地表开裂、垮塌，距离保护围墙最近不足10米，已经危及遗址安全。此外矿山爆破产生的地震波，导致遗址及其建筑物频繁震动，若不减少爆破装置药量，亦会对遗址安全造成影响。遗址自身的主要问题有：古坑木及其围岩开裂变形，地表水对遗址的影响，以及建筑物的渗漏问题等。

针对以上问题，拟定了十一项急待解决的应急保护措施：地表水的引流和排水工程；古矿井坑木及围岩加固；建筑物的检测和维修；划定遗址保护范围和安全控制地带；遗址边坡的维护工程；控制露天开采的爆破药量；合理布置地下开采系统；建立水文、气象观测站和炮震监测站；Ⅶ号矿体2号发掘点古矿井保护设施；古矿遗址的勘探；建立文物保护实验室。

十一项应急保护措施拟定以后，8月3日在海观山宾馆，胡美洲一行向黄石市市委常委、宣传部长柳菊兴，副市长余旦溪及副秘书长陈同等黄石市的有关领导介绍了应急保护措施商议的结果，并在一起进行了交流（图8-1），得到黄石领导同志的认可。会上，责成黄石博物馆完成综合报告的编写，成稿后由黄石市政府报送省人民政府，并抄送省文化厅以及大冶有色金属公司等单位。

图8-1　副市长余旦溪（左一），博物馆书记吴宏堂（左二），
市委副书记盛大礼（左三），湖北省文化厅副厅长胡美洲（右三）会谈

为了使十一项应急保护措施能够顺利实施，湖北省人民政府于 1990 年 10 月 26 日召开《铜绿山古铜矿遗址保护现场办公会》。会议由省政府副秘书长张维先同志主持。出席会议的有湖北省副省长韩南鹏以及国家文物局、中国有色金属总公司、湖北省有关部门和科研单位的负责同志与科技工作者。

韩南鹏、沈竹、徐一龙、余旦溪等领导先后在会上讲话。韩省长在讲话中指出：这次现场办公会议是根据国务院的指示召开的。为了贯彻落实国务院《纪要》的精神，湖北省政府将铜绿山古铜矿遗址的保护工作作为全省文物工作的大事，责成省科委和省文化厅组织湖北省和黄石市有关部门的专业人员，对影响和威胁古铜矿遗址安全，以及在生产过程中为保护文物需要采取的预防措施等进行了实地调查和分析，提出了十一项需要采取的应急保护措施，并分别组织有关科研单位和工程技术部门编制了具体方案和经费预算。形成了《对铜绿山古铜矿遗址采取应急措施的意见（讨论稿）》，省政府研究后，认为这十一个问题都是当前亟待解决的，是符合国务院《纪要》精神和古铜矿遗址保护工作实际的，其中有些项目，不论今后确定采用哪种方案保护古铜矿遗址，都需要立即着手进行。只有搞好了当前的应急保护措施，才能为今后的保护创造条件，打下基础。应急措施意见的讨论稿已经在会前分别送请国家文物局、中国有色金属总公司，以及有关单位征求意见。现在正式提交这次会议讨论，我们希望大家按照国务院《纪要》的要求，本着对历史负责和科学、求实的态度，集思广益，加以讨论、修改和补充，以便尽快排除当前影响古铜矿遗址保护的不安全因素，进一步保护好这一古铜矿遗址，并向国务院报告。

胡美洲同志在会议上分析了当前矿山生产及文物保护存在的问题，以及解决这些问题的紧迫性。同时对十一项应急保护措施立项的理由一一作了说明。为了加深会议代表对遗址保护紧迫性的认识，代表们专程到铜绿山，现场察看了矿山生产的情况和遗址的保护现状。会议期间，代表们重点对十一项应急措施进行了讨论和研究，使得原来拟定的意见更加完善、更加合理、更加科学。10 月 29 日，通过了《会议纪要》。

张维先同志在会议总结时强调：这次会议是执行政令。今天通过的《纪要》，有关单位都要认真执行，执行的情况要上报国务院。这是一次共商、共保、共建的会议，对会议提出的方案取得了一致意见，将以省政府文件的形式报国务院。下一步是执行的问题。黄石市政府要加强领导和监督、协调；省文化厅要做好检查、指导；大冶有色金属公司、铜绿山矿、黄石市博物馆具体组织实施。

会后，大冶有色金属公司和铜绿山矿为了迅速落实其担负的各项任务，公司有关领导多次带领工程技术人员亲临遗址现场调查，和文物部门一起研究措施的落实办法，并经过多方努力，筹措工程经费，为应急保护措施的顺利实施提供了保证。黄石市博物馆馆长周保权和书记吴宏堂就应急保护措施中涉及博物馆所承担的任务进行了分工，明确了各个项目的负责人，以及完成的时间等。

　　根据《纪要》的要求，各单位本着对历史负责、对子孙后代负责的精神，以只争朝夕的作风、以团结协作的态度，于 1991 年 9 月基本完成了绝大部分应急保护措施，黄石市文化局以黄文〔1991〕010 号文向湖北省文化厅报送了《关于铜绿山古铜矿遗址应急保护措施完成情况的汇报》，与此同时，黄石市人民政府向湖北省人民政府书面报告了应急保护措施完成情况。省政府亦根据黄石提供的报告资料向国务院作了专题报告，并抄送国家文物局和有色金属工业总公司。

二、搬迁保护方案的编制与论证

　　按国务院《会议纪要》的指示，中国有色金属工业总公司于 1990 年 8 月召开会议，研究如何贯彻国务院的指示和怎样做好古矿遗址保护方案的论证工作。会上确定由中国科学院自然科学史研究所、北京科技大学、中国文物研究所（今中国文化遗产研究院）、冶金部安全环境研究院、中科院武汉岩土力学研究所、北京矿冶研究总院、武汉工业大学、北京有色冶金设计研究总院和大冶有色金属公司等九个单位，各尽所长按专题分工协作，以严格的科学态度，实事求是和高度负责的精神，拟定搬迁保护方案的论证材料，使其能真正成为国务院决策的依据。

　　论证报告共分九个专题和一份综合报告。专题报告之一为《铜绿山古矿井遗址保护中的主要问题》，由北京科技大学于学馥执笔完成；专题报告之二为《搬迁技术的可行性和安全性》，由北京有色冶金设计研究总院总设计师黄启庚执笔完成；专题报告之三为《铜绿山古矿井遗址搬迁保护的历史科学价值评估》，由冶金工业部安全环保研究院陆国荣执笔完成；专题报告之四为《铜绿山古矿井搬迁保护对遗址性质及其历史价值的影响》，由中科院自然科学史研究所完成（该报告未提交到专家论证会议）；专题报告之五为《铜绿山古矿井遗址搬迁保护的法律依据及其社会效益》，由中国科学院自然科学史研究所华觉明和中国文物研究所黄克忠共同撰写；专题研究报告之六为《搬迁方案的经济效益资金筹措和评估》，由北京有色冶金设计研究总院黄启庚等完成；专题研究报告之七为《对铜绿山古矿井遗址两种保护方案的评估》，由北京矿冶研究总院完成；专题报告之八为《关于铜绿山古矿井遗址陡边坡稳定性评价和保护方案的意见》，由中国科学院武汉岩土力学研究所葛修润、封定祥撰写；专题报告之九为《铜绿山古矿井遗址保护和二期开采方案的评估》，由国家建筑材料工业局武汉工业大学徐长裕等完成。上述九个专题报告，最后整理成一份综合报告一并提交到专家论证会论证。（图 8-2）。

　　仔细研读"搬迁保护方案"，其主要观点是：一是由于古矿井已经发掘，加之矿山生产的持续进展，古代矿井的保存环境已经改变，并不可逆转，因而不能原地保护，唯一的办法是搬迁。二是搬迁后遗址的内涵、性质都未改变，因而对遗址的历史价值并未造成不利影响。三是遗址搬迁在国内国外均有先例可循，因而并不违背《国际宪章》的要求，并

图 8-2　综合报告与专题报告

有法律依据。四是搬迁遗址在技术上是可行的和安全的。五是遗址搬迁以后，铜绿山矿可进行全露天开采，由此可以减少 2133 万吨矿石量的损失，其中铜 33.87 万吨，金 31.73 吨，银 178.85 吨，铁 853 万吨，总价值可达 44 亿元，这是一笔相当可观的经济效益，对增加国家财政收入、支援四个现代化建设具有重要的现实意义。六是遗址搬迁以后，7 号矿的"死矿"变为"活矿"，经开采后，可获税后利润 1.26 亿元，这笔钱可用于遗址搬迁和博物馆的建设，剩余部分可作为研究基金。

报告的结论是："只有古矿井搬迁保护，才是唯一可能的选择。"方案经论证后直接报国务院。

三、原地保护与合理采矿方案的编制与论证

根据国务院《会议纪要》的指示，湖北省人民政府于 9 月 1 日和 9 月 30 日先后在武昌洪山宾馆召开会议，组织中国地质大学（武汉）、武汉钢铁学院、武汉水利电力学院、中科院武汉岩土力学研究所、湖北省鄂东南地质大队的专家学者和省、市文物部门的同志一起，就铜绿山古铜矿遗址原地保护与合理采矿方法开展研究工作，并拟定了八个课题，从工程技术角度进行研究，这八个子课题及承担单位分别是：一是古矿遗址赋存水文地质环境与古矿遗址长期保存关系研究，由湖北省博物馆、黄石市博物馆、中科院武汉岩土力学所、中国地质大学（武汉）负责；二是古矿遗址赋存岩体工程地质特征及岩体结构研究，由中国地质大学（武汉）负责；三是古矿遗址井巷分布状况的地质雷达勘测，由中国地质大学（武汉）负责；四是采矿爆破震动与古矿遗址保存安全度分析，由黄石市地震办负责；五是采矿方法及原地保护可能性研究，由武汉钢铁学院（今武汉科技大学）负责；六是露天和坑采方案引起古矿遗址围岩和地表变形及加固方案研究，由武汉水利电力学院（今武汉大学）负责；七是 –185 陡边坡稳定性及原地保护可能性研究，由中国地质大学（武汉）负责；八是搬迁后大露天采矿引起的环境地质问题的研究，由省地矿局鄂东南地质大队和中国地质大学（武汉）负责。除此之外，还从考古学和社会学的角度，拟定了古铜矿遗址的历史和科学价值以及原地保护的必要性，由黄石市博物馆负责。

1990 年 10 月 8 日，省政府办公厅以鄂政办〔1990〕50 号文下发通知（见附件 11），责成中国地质大学（武汉）牵头，各有关单位参加，开展方案论证的具体研究。通知中邀

请武汉市副市长郭友忠教授为科学顾问。同年 12 月，各子课题提交初步研究成果。

1991 年 1 月 29 日，省政府召开原地保护研究成果汇报会，会议决定由中国地质大学（武汉）潘别桐教授和武汉钢铁学院李征夫教授执笔，将子课题的研究成果汇编成一部完整的论证报告。

此时春节将近，为尽早完成报告的编写任务，两位教授一直工作到大年除夕夜。当黄石市博物馆周保权馆长等人前往省委招待所看望他们的时候，李教授告诉我们，潘别桐教授是在抱病工作。他们对文博事业的支持，对工作严谨认真的精神，值得人们学习。2 月 25 日，省政府在武昌紫阳湖宾馆召开会议，对《原地保护与合理采矿方案论证报告》初稿进行讨论、修改和完善。3 月 9—11 日，省政府再次召开会议，对修改后的论证报告进行评审。韩南鹏副省长、国家文物局副局长沈竹以及省科委、省经委、省文化厅、黄石市政府的有关领导参加了评审会议。受邀参加评审的还有：王田发、侯齐英、王佟清、石泉、杨宝成、徐长佑、张希泉、谭维四、舒之梅、陈振裕、殷玮璋、张正明等专家学者。参与该课题研究的科研人员到会介绍情况并听取评审意见。

定稿后的《大冶铜绿山古铜矿遗址原地保护与合理采矿方案论证报告》得出了以下基本结论：一是古铜矿遗址是不可再生的"资源"，遗址的内涵不仅表现在古矿井的形式、支护、提升、通风、照明、排水等矿山生产技术和工具方面，而且还表现在古代找矿、开采等各种生产活动所处环境的地质条件，以及在不同地质条件的开采方法、矿体与围岩现状对开采的影响、矿井地下水状况及处理等方面。因此，从国际文物保护原则上，规定了古矿井与其赋存的地质环境的统一体，才构造完整的遗址。这是原地保护方案的基点之一。因此，真正的整体搬迁，技术是不可能的。二是古矿遗址之所以在几千年以来基本保存完好的事实说明，赋存的地质环境对古矿遗址长期保存的巨大作用，也证明封存于地质环境中的文物遗存长期保护的基本原则是尽可能不挠动和不改变其赖以赋存的地质环境。因此，原地保护方案的实施，不仅保护了古铜矿遗址的完整内涵，而且也只有原地保护才能达到长期保护的目的。三是古铜矿遗址原地保护与采矿之间的矛盾，应通过合理的开采方案和采矿工艺的改善来处理。经过二十多年采矿生产的实践证明，露采与坑采相结合的采矿方案是现实可行的。扩大露天开采境界以提高金属回收率这一良好愿望，除了生产自身的局限以外，还受到外部环境的影响。追求过大的露天开采范围将诱发灾害性的环境问题，危害社会生活和生产，激化工农矛盾，影响社会安定，难于治理。研究表明，–185 作为露采和坑采的分界高程，不仅经济上比较合理，技术较为稳妥，生产安排也较为灵活，和露采方案比较资源损失也有限。四是经过论证，–185 米以上露采、以下坑采方案的实施对原地保护古铜矿遗址产生的陡边坡稳定性、地面发现沉降开裂变形，地下水位降低和采矿爆破震动对古铜矿遗址安全保存的影响等问题，均可采用对地下采空区采用胶结填充、对陡边坡进行妥善加固和维护以及采用控制爆破等措施，得以妥善解决。五是研究表明，采矿排水引起古矿遗址所在岩体地下水位下降，由于古坑木特定的地质封存环境，不会危害古坑木的保存，而且 1 号遗址发掘后，部分暴露在空气中的坑木已经自然脱水，保护较好，埋入土体下面的古矿木也保存较好，只是接近地表部分的坑木出现腐烂现象，这正是由于挠动或改变其原有地质环境的结果，应尽快采取有效措施，降低其含水量，消除微生物危害。但这部分坑木出现的问题，不论是原地或搬迁保护都必须解决，而不能成为搬迁保护的依据。

1991 年 3 月 28 日，湖北省人民政府以鄂政发〔1991〕33 号文，向国务院报送了《关于"大冶铜绿山古铜矿遗址原地保护与合理采矿方案论证报告"的报告》。

四、保护方案的最终专家论证会

1991 年 6 月 5 日 –10 日，国务院办公厅委托国家计委和国家文物局，组织地质、采矿、文物考古、文物保护等多学科的专家，在黄石市海观山宾馆召开铜绿山古铜矿遗址最终保护方案论证会，对中国有色金属工业总公司提交的《搬迁保护方案》和湖北省人民政府提交的《原地保护与合理采矿方案》进行评审论证（图 8-3）。

图 8-3　国务院办公厅委托国家计委和国家文物局，在黄石召开"铜绿山古铜矿遗址保护方案论证会"，原地保护方案和搬迁保护方案进行论证，专家组一致同意原地保护方案。

会议设立了领导小组，由国家计委党组成员石启荣任组长，国家文物局副局长张柏任副组长。领导小组成员有国务院秘书二局副局长石秀诗，国家计委局长白洁，社科院考古研究所所长徐苹芳、有色金属总公司副总经理吴建常、湖北省副省长韩南鹏。

参加会议的领导同志还有：有色总公司总工程师徐一龙，省政府副秘书长孙樵声，省科委副主任李连和，湖北省文化厅副厅长胡美洲，黄石市副市长余旦奚，市委宣传部副部长张实，大冶有色公司经理高茂贵，副经理郭玉民，铜绿山矿矿长王国良，副矿长兼总工程师杨永光等。

参加保护方案评审论证的专家学者共 32 名，徐苹芳任专家组组长，韦思超、于学馥、潘别桐任副组长。会议设立了秘书组，国家文物局办公室副主任甘学军任组长、国家计委余冬民、刘如琛为秘书组成员。

会议由张柏主持，石启荣、韩南鹏、吴建常等领导同志先后在会上讲话。

6 月 6 日，潘别桐教授和黄启庚教授分别在会上就"原地保护方案"和"搬迁保护方案"的主要论点及其依据进行了阐述和介绍。除上述两个方案之外，黄启庚教授还在会上提出了拆迁方案，其理由是无论原地保护方案还是搬迁保护方案都没有绝对可靠的办法保护好古矿遗址，最好的办法是将古矿井拆迁，另外找一个地方复原。并建议文物部门发掘Ⅵ号矿体的古矿井，以此作为原地保护的古矿遗址。领导小组认为，这一议案不是本次会议需要讨论和研究的问题，专家们只能按照国务院的要求，对已提交的两种保护方案进行审议。

会上李征夫教授还就"原地保护方案"中的采矿方案为什么将此露天采场最终底部标高确定在 −185 米，而没有选择在 −185 米以上或者选择在 −185 米以下作了说明。其主要原因是，通过各种开采方案经济技术指标的对比，其他方案都不符合国务院关于文物保护和矿山生产相互兼顾的原则。露天坑底标高愈上，边坡角愈缓，遗址的安全系数愈高，但矿量的回收率则愈低；反之露天坑底标高愈往下，则边坡角会愈大，遗址的安全系数会逐步降低，虽然矿量的回收率会增大一些，但边坡的加固在技术上存在很大风险。而 −185 方案的边坡角为 56°，其稳定性通过分析计算，能够确保遗址安全。这一结论与前期大量的研究成果基本一致，因此可以认为这一方案是目前条件下最合理的开采方案。

此外，李征夫教授还对搬迁保护方案中提出的遗址搬迁以后可以增加 33.3 亿至 44 亿元的产值提出质疑，因为通过计算，遗址搬迁后，只能增加产值 6.3 亿元，最多也只在 10 亿元左右。对此，专家们在讨论中没有提出异议。事实上，这一结论与《搬迁保护可行性研究报告》的计算结论是一致的。产值计算出现数倍之差的原因，可能缘于搬迁保护方案论证的需要，而非技术上的原因。

6 月 7 日、8 日两天，32 位专家分成三个小组进行讨论。通过讨论取得了以下几点共识：一是铜绿山古铜矿遗址的历史价值、科学价值是毋庸置疑的，保护好这处遗址的意义非常深远，一致认为应该很好保护；二是原地保护造成矿山生产在经济上的损失约 10 亿 ~12 亿元，而非 44 亿元；三是希望国务院尽快作出决策，这样对矿山生产和文物保护都有利。

但是专家们对以下几点仍有争议：一是关于搬迁后采矿遗址的性质是否改变；二是原地保护方案中，地下开采是否会对地表遗址造成破坏，意见不一；三是搬迁以后，由于水文地质环境的改变，怎样进行古坑木以及围岩的保护，报告中未作详细论证，由此带来的风险以及程度未作分析。

6 月 9 日，进入大会发言讨论，每位专家发言的时间不超过 15 分钟。大会发言由专家组组长徐苹芳主持。会议过程中，专家们畅所欲言，各抒己见，开始时意见仍不集中，但经过反复比较论证，最后还是一致同意采用原地保护方案，并且于 6 月 10 日通过了由秘书组起草的《评审意见》。（见附件 12）

五、及时报送国务院决策

为了有利于文物保护，也有利于矿山生产，专家论证会一结束，国家计委便立即以计原材【1991】1224 号文向国务院报送了《关于大冶铜绿山古铜矿遗址保护方案论证会情况报告》。

1991 年 8 月 20 日，国务院以国函〔1991〕49 号文《国务院关于湖北省大冶铜绿山古铜矿遗址保护方案的批复》（见附件 13）复函国家计委、国家文物局，并抄送湖北省人民政府、中国有色金属工业总公司。至此，争论长达八年之久的铜绿山古铜矿遗址"原地保护"与"搬迁保护"问题，终于在中央领导及地方政府的关怀下、在全社会的大力支持下得到了圆满解决，成为"全国大型遗址文物保护的典范"。《大冶铜绿山古铜矿遗址原地保护和合理采矿方案论证报告》也因此荣获了"湖北省人民政府科学进步一等奖"。（图 8-4）。

图 8-4 原地保护和合理采矿方案论证报告荣获省政府科学进步一等奖

六、认真落实国务院决策

遵照国务院的批复精神，中国有色金属工业总公司于 1991 年 10 月 31 日，给大冶有色金属公司和北京有色冶金设计研究总院下达了《关于大冶铜绿山二期工程修改初步设计的通知》，即中色基字〔1992〕第 0527 号文，批准了北京有色冶金设计研究总院于 1992 年元月提交的"二期工程修改初步设计"。同年 8 月 30 日，国家计委以计原材〔1992〕

0435 号文批复："同意大冶有色金属公司铜铁矿二期工程初步设计的修改方案，即由原来的大露天开采，改为 −185 米以上露天开采，56°陡边坡加固，−185 米以下坑内开采，全尾砂膏体填充方案，建设规模为日采矿 3500 吨，其中露采规模为日采 2000 吨，坑采规模为日采矿 1500 吨．坑内开采投资控制在 19000 万元（含陡边坡加固费用 700 万元，引进设备 600 万美元和涨价预备金 1860 万元）以内。"

根据国家计划委员会批文精神，中国有色金属工业总公司于 1992 年 10 月，以中色基字〔1992〕第 9350 号文，对铜绿山矿二期工程修改设计作了具体批复："建设规模，日采矿能力 3500 吨，其中露采能力 2000 吨 / 日（注：指北露天新建规模，不包括南露天扩建的日采矿能力），坑采能力 1500 吨 / 日（坑内控制性工程按日产矿石 2500 吨设计）。产品产量，达产后年产铜精矿含铜 1.73 万吨（精矿品位 23%）、金 284 千克、银 514 千克（精矿含银 69.23 克 / 吨），产铁精矿 36 万吨（品位 65%）。项目总投资，露采完善和收尾工程所需费用除边坡加固费 200 万元纳入坑采投资外，其余由公司自筹解决。"

与此同时，遵照国务院的指示精神，湖北省人民政府责成湖北省文化厅组织专家，对遗址自身的保护问题进行前期研究，其中包括遗址区地下水病害成因及防治对策研究、古铜矿遗址围岩及古坑木加固研究、有害微生物防治研究三个子课题。前期研究课题的总负责人是湖北省博物馆文物保护专家陈中行研究员，科学顾问是中国文物保护技术协会副理事长蔡学昌、中国文物研究所副所长黄克忠。参与该项研究工作的还有中国地质大学（武汉）杨裕云、方云、刘祐荣，武汉钢铁学院李征夫，中科院武汉岩土力学研究所程昌炳、徐昌伟、康哲良，湖北省鄂东南地质大队施林森，湖北省博物馆周松峦，黄石市博物馆周保权、胡永炎、石鹤、王世敏等。

前期研究工作完成后，国家文物局组织专家对三项研究课题分别进行了评审，并获得通过。1993 年 7 月，国家文物局颁发了前期研究成果的《科学技术成果鉴定证书》。1994年 8 月，武汉钢铁学院完成《铜绿山古铜矿遗址地面防渗排水工程设计》，并由黄石博物馆按设计要求负责实施。1995 年 6 月，完成遗址地表防渗排水工程。经长期地下水位观测，该项工程实施后，取得了明显效果，地下潜水位已下降，并低于古矿井最深赋存深度，解决了地下水对古矿井的不利影响。古矿井坑木和围岩加固工程，以及微生物防治工程也取得了良好效果。

正是以上工程的实施，使得铜绿山古铜矿遗址得到了较好保护，至今并无明显变化。经验告诉我们，对于木质文物而言，干千年、湿千年、不干不湿只半年。当解决了地表水和地下水的病害以后，古坑木已基本处于脱水状态，我们有理由相信，只要加强维护和管理，不受其他因素的干扰和影响，铜绿山古铜矿遗址一定会安然无恙，长留人间。更何况遗址地表以下 15 米还有古巷道的赋存。夏鼐先生生前曾回答过我们提出的这样一个问题，"古坑木如果历经百年后腐烂了怎么办？"夏先生作答："上面一层腐烂了，再向下发掘一层，相信随着科学技术的进步，这个问题是可以解决的。"夏鼐先生的这段话，似可作为今后铜绿山古铜矿遗址文物保护工作的参考。

此后相当长一段时间，铜绿山矿与黄石市博物馆为落实国务院的决策，在铜绿山古铜矿遗址的保护利用方面做了许多有益的工作，取得了明显的成效。

2006年前后，铜绿山古铜矿遗址的文物保护工作又拉响了警报，炮震、滑坡、地面开裂等问题严重威胁着古铜矿遗址的安全（图8-5、图8-6）。最后在省、市、县文物部门的呼吁制止下，在省、市、县领导直接关心下，将44名违纪违法分子分别给予党纪、政纪处分，情节严重的绳之以法，并投资几千万元对危及古铜矿遗址安全的地下采空区进行了充填，确保了古铜矿遗址的安全。

图8-5 地面下沉开裂

图8-6 治理后

第九章　开创保护新局面

为了进一步理顺铜绿山古铜矿遗址的管理体制，加强铜绿山古铜矿遗址的文物保护，2009年11月26日，湖北省文物局在《关于调整铜绿山古铜矿遗址管理体制的批复》中决定将铜绿山古铜矿遗址的管理权移交给大冶市人民政府，实行属地管理。2010年6月3日，大冶市编委根据黄编发〔2009〕13号文件规定，决定设立"大冶市铜绿山古铜矿遗址管理处"。2011年5月5日，大冶市编委又按黄编发〔2010〕17号文件精神，将"大冶市铜绿山古铜矿遗址管理处"更名为"大冶市铜绿山古铜矿遗址保护管理委员会"，为市政府直属正科级事业单位，单位主职高配副处级，副职高配正科级，科室负责人高配副科级。主要职责是负责古铜矿遗址的文物收藏、保护、展示、教育，青铜文化等相关科研项目的发掘研究，开展古代矿冶技术的科普与宣传，爱国主义教育与精神文明建设以及国内外的文化交流等。

铜绿山管委会成立以后，按照"保护为主，抢救第一，合理利用，加强管理"的文物工作方针，在文物发掘、保护、利用和管理方面，坚持以人民为中心，保用结合，一切从实际出发，多措并举，使铜绿山古铜矿遗址的文物保护工作取得了新进展、新突破（图9-1）。

大门检票口

停车场

售票处

遗址西边坡整治

露天矿区观景台

新馆开工仪式

图9-1　管委会开创新局面

一、夯实遗址保护基础

为了进一步夯实铜绿山古铜矿遗址的文物保护基础，一是编制了文物保护规划。为了有效保护铜绿山古铜矿遗址，充分发挥遗址在引导社会、教育人民、推动社会经济发展中的积极作用，2011 年委托北京清华城市规划研究院编制了《大冶市铜绿山古铜矿遗址保护规划》，2012 年 7 月 25 日，该规划经国家文物局同意后由湖北省政府以鄂政函〔2012〕183 号批准并颁布实施。

2013 年又委托中国文化遗产研究院编制了《铜绿山古铜矿遗址国家考古遗址公园总体规划（2012—2030）》，同年 12 月，获国家文物局立项批复，从而使铜绿山古铜矿遗址保护面积扩大到 555.7 公顷。规划范围包括保护规划中规定的保护范围和建设控制地带，分为遗址展示区、考古活动区、工业遗址区、文化博览区、生态景观区等八大类片区。公园建成后将成为遗址保护、文化展示、观光旅游、教育研究的文化新高地。同时，还完成了一些配套规划的编制，包括《大冶市铜绿山——三里七湖概念规划》《铜绿山矿区总体景观规划》《金湖生态示范区控制性详细规划》等等。

二是公布管理办法。2011 年 11 月 7 日，大冶市人民政府以〔2011〕10 号文公布《铜绿山古铜矿遗址保护管理办法（试行）》。2013 年 3 月 6 日，大冶市政府成立了以市长为组长、副市长任副组长、23 家相关单位主要负责人为成员的"大冶市铜绿山古铜矿遗址保护工作领导小组"，明确了各成员单位的职责，统筹、协调、指导、监督铜绿山古铜矿遗址的保护工作，定期召开遗址保护的关键工作会议，研究审定遗址保护工作方案，协调解决遗址保护工作中的重大问题，督促相关部门落实遗址保护的各项措施。管委会坚持把古铜矿遗址的文物安全纳入年度工作计划与目标管理考核，定期召开专题会议研究文物安全工作，始终坚持主要领导亲自抓，分管领导具体抓，保卫科直接抓，层层签订工作落实责任书，横向到底，纵向到边，形成了齐抓共管的良好局面。

三是划定保护范围。根据保护规划的要求，重新绘制了地形图，对遗址内 4 个重点保护区和 1 个一般保护区共计 170.7 公顷的面积进行了勘界，进一步明确了保护范围。2013 年还设置了保护范围界桩 33 个（图 9-2）。2017 年对界桩进行重新登记和更新，并在铜绿山冶炼遗址区、Ⅵ 号矿体遗址区和 Ⅸ 号矿体遗址区新设置了保护范围公示牌，从而使遗址保护区的管理得到了进一步加强。大冶市委、市政府还将铜绿山考古遗址公园建设纳入了大冶市"十三五"社会发展规划和金湖生态园规划，并将其作为 18.2 平方千米的生态文化园的核心来建设。

四是完成了古铜矿遗址周边地质环境整治工程。在湖北省和黄石市国土资源部门的关心支持下，由大冶市国土资源局申报，国土资源部、财政部批复，铜绿山铜铁矿地质环境治理项目被国务院列为全国六大矿山地质环境重点治理工程之一，其规模全国排名第二，项目总投资 2.57 亿元。2012 年底，项目竣工。通过对遗址西边坡削坡减载、格构防护、锚索加固、微末注浆等治理，铜绿山古铜矿遗址公园的地质灾害隐患基本消除。与此同时，投入 1000 多万元对古铜矿遗址周边环境进行了整治，关停遗址周边小矿山 5 家、小冶炼 8 家、小选厂 12 家。这些"刮骨疗伤"的治理既擦亮了铜绿山古铜矿遗址的文化、科技、旅游、经济名片，破解了资源性城市"因矿而立，因矿而衰"的难题，助推了大冶深入推进城市转型，加快城乡统筹发展战略的实现。

图 9-2　保护范围界桩

二、加大遗址保护力度

早在 2006 年 9 月 13 日，铜绿山古铜矿遗址因地下违法采矿导致遗址西广场地面开裂，地面裂缝达 27 条，墙体裂缝 25 条，裂缝最宽的近 14 厘米，最深的达 150 厘米，博物馆进门处水泥路面伸缩缝垂直错位 1—10 厘米。黄石市文化局副局长、博物馆馆长蔡维向湖北省文物局汇报后，局领导安排湖北省文化厅副巡视员吴宏堂组织中国地质大学（武汉）杨裕云教授、刘佑荣教授，武汉科技大学李征夫教授，湖北省博物馆陈中行研究员，湖北省文管会胡美洲研究员，湖北省文物考古研究所副所长、研究员孟华平等到古铜矿遗址现场进行了勘查。中午，黄石市副市长张柏青与吴宏堂同志就铜绿山古铜矿遗址保护问题交换了意见，下午在黄石磁湖山庄三楼会议室召开了"铜绿山古矿遗址文物保护专家咨询会"。黄石市参加咨询会的有市政府副市长薄银根、市政府副秘书长郭卫东、黄石市文化局局长曹树莹、副局长兼馆长蔡维、原博物馆馆长周保权、副馆长潘红耘、胡永炎等。会议由吴宏堂主持，黄石市文化局副局长、馆长蔡维与有色金属公司副院长阮琼平分别介绍了情况，然后专家们纷纷发言，大家充分肯定了铜绿山古铜矿遗址出现裂缝后，黄石市委、市政府领导和有色金属公司、黄石文化局、博物馆采取一系列卓有成效的应急处理措施，取得了明显的效果。但是，专家们对遗址的安全也表示了担忧，因此，建议委托有关大学或科研机构深入井下做进一步调查，摸清情况，供领导机关决策，确保古铜矿遗址的安全。最后，吴宏堂同志提出了五点要求：一是黄石市文化局要尽快完成一份调查报告，内容包括古铜矿遗址的意义，原地保护后古铜矿遗址的保护情况，遗址出现裂缝的主要原因，遗址出现裂缝后黄石市委、市政府、有色公司、黄石文化局、文物局、博物馆采取的应急保护措施与效果，提出解决遗址地区出现裂缝的主要措施等，报省文化厅，然后由省厅报给国家文物局和湖北省人民政府。二是要坚决贯彻落实黄石市政府52号纪要，尽快停止危害遗址安全的一切采矿活动。三是要坚决落实好国务院文件精神，加强对古铜矿遗址裂缝的监测。铜绿山矿与黄石市博物馆按各自分工各司其职，各负其责。四是要坚决落实《文物法》，成立由省、市政府牵头的有中国地质大学（武汉）、武汉科技大学、湖北省博物馆等单位专家参与的专家调查组，查明原因后，对违法者依法处理，确保遗址的安全万无一失。五是要严格宣传纪律，各媒体单位不要炒作新闻。

10月31日，省文物局局长办公室就铜绿山古铜矿遗址地表出现裂缝形成了三点意见，一是争取国家局组织专家到现场检查，二是邀请中国地质大学（武汉）的专家下井对采矿区进行调查检测，相关费用由黄石市负责，并落实汤强松同志负责对接。三是组织专家到古铜矿遗址进行检查督办。

2007年1月29日，省文物局会同省国土资源厅、公安厅，组织中国地质大学（武汉）、武汉科技大学、省文物管理委员会、省博物馆的地质、采矿、岩土工程和文物保护方面的专家检查督办古铜矿遗址的文物保护问题。参加检查督办的专家有：中国地质大学（武汉）杨裕云、方云、刘佑荣教授，武汉科技大学李征夫教授，公安厅戴纪凯副处长，国土资源厅施伟忠副处长、徐绍宇高工，省文管会胡美洲、孙启康研究员，省博物馆馆长、考古所所长王红星、陈振裕研究员等。专家们发现，裂缝较上年更大、更长、更严重。蔡维馆长和吴琴英科长说："铜绿山前几天放了几炮，有可能炸毁了井下采矿井。"遗址内也出现了大小不同的裂缝。检查完现场后返回武汉吃午饭，下午在文化厅11楼会议室开会。会议由省文化厅副厅长、文物局局长沈海宁主持，会上，先由中国地质大学（武汉）刘佑荣教授介绍了前段的初步检测情况，蔡维同志汇报了前段工作情况，然后专家领导分别发表了各自的意见，最后形成了会议纪要如下："一是铜绿山古铜矿遗址是全国重点文物保护单位，是我国迄今为止已发现的年代久远、生产时间最长、保存最为完好、规模最大、内涵最丰富的古矿冶遗址，在世界采矿史、冶金史和科技史上占有重要的地位，具有很高的历史价值和科学价值。但自去年8月以来，铜绿山古铜矿遗址局部开始出现开裂变形现象，现在地面裂缝已明显增大，遗址安全受到严重威胁，如不尽快采取相应措施，将遭受毁灭性破坏。二是文物部门委托中国地质大学（武汉）于今年三月中旬进行的初步调查表明，遗址上的裂缝按延伸方向可分两组，最长20多米，最宽10余米，且大部分集中在二号遗址附近，实际上，遗址周围还有多处其他采矿点，其中最近一处采矿洞口距二号遗址水平距离只有40余米，但目前调查工作仅局限于地表，井下调查尚未展开，进一步对危及遗址安全的采矿活动进行调查遇到困难。三是根据中国地质大学（武汉）的初步调查和专家现场观察的情况分析认为，铜绿山古铜矿遗址开裂变形与遗址保护范围和建设控制地带内的违规采矿活动有关。四是黄石市政府应当高度重视文物保护，正确处理经济建设、社会发展与文物保护的关系，确保铜绿山古铜矿遗址的安全，应采取积极果断措施，在查明遗址开裂变形原因之前，责成相关单位停止危及遗址安全的采矿活动，防止遗址保护状况进一步恶化；应改变目前存在的被动局面，在有关单位下一步开展调查、监测和保护过程中，积极予以配合，提供必要的工作条件，保证各项工作顺利进行。五是建议成立专家组指导调查和保护工作；尽快利用物探等手段，查清造成遗址开裂变形的原因及其危害，制定整改措施和长期保护方案。六是建议成立由省政府领导牵头，由纪律监察、安全生产、公安国土资源、文物保护等部门和黄石市政府联合组成的调查组，在深入调查的基础上，提出处理意见报省政府和国家文物局。"参加这次活动的省文化厅领导还有省文化厅副巡视员吴宏堂、省文物局文物处副处长官信、文物处科长汤强松等。

2007年4月13日，湖北省人大副主任鲍隆清一行17人的全省文物执法检查组在省文化厅副巡视员吴宏堂、文物处副处长官信的陪同下到黄石市检查文物执法情况，在黄石市人大副主任左莉和市政府副市长薄银根的陪同下，第一站察看了铜绿山古铜矿遗址的文物保护情况。在春秋采矿遗址现场，鲍主任说："我们的祖先在两千多年前就有如此高超的采矿技术，太了不起了，值得骄傲。"然后又先后检查了大冶钢厂和黄石博物馆的文物保护情况。下午，在黄石市磁湖山庄三楼会议室召开会议，会议由省人大科教文卫专委会副主任余风盛主持，黄石市副市长张柏青汇报了黄石市的文物保护工作，市人大主任余昌志、副主任左莉分别报告了市人大先后出台了一些文件加强全市的文物保护工作，其中有两个文件是加强铜绿山古铜矿遗址文物保护工作。省人大专委会副主任袁焱舫说："铜绿山古铜矿遗址保护令人遗憾，地面出现开裂，很危险。文物资源不可再生，一定要保护好。南非政府坚持一边采矿，一边保护矿山。各级政府应该正确处理好文物保护与经济建设的关系。"专委会副主任郭远璋说："这次到黄石进行文物执法检查，我感到铜绿山古铜矿遗址两千多年前的先进采矿技术少见，但遗址文物保护因周边采矿影响遗址安全而尚未得到控制的情况少见，千万不能因我们的工作失误造成遗址的毁坏。"彭小海同志说："黄石博物馆6000平方米太小了，与黄石市的地位不相称，铜绿山古矿冶遗址地面开裂令人担忧，希望市人大要加大监督力度。"省人大副主任鲍隆清同志在最后的讲话中说："黄石市文物资源丰富，既有古代的铜绿山古矿冶遗址等历史文物，也有近现代的汉冶萍组成的大冶钢厂旧址和毛泽东同志视察冶钢和大冶铁矿遗址的文物，彭德怀组建红三军团旧址和阳新龙港革命根据地等革命文物，保护好这些珍贵的文物资源，既有利于社会主义精神文明建设，也有利于发展旅游，促进地方经济建设。希望省文化、文物部门和黄石市领导一定要依法保护好这些珍贵的文物资源，无论哪个单位，无论什么人都要严格遵守《文物法》，自觉保护好文物，因为文物是不可再生的。说实在的，我今天看到了铜绿山古铜矿遗址地面的裂缝，心情很沉重，千万不能因为我们的工作失责使遗址毁于一旦，那样，我们就会成为历史的罪人，希望黄石市的领导要加大执法监督力度，确保遗址的安全万无一失。"

2007年5月31日，湖北省第十届人民代表大会常务委员会第27次会议通过的《湖北省人大常委会关于加强文物保护的决议》中明确要求："鉴于大冶铜绿山古铜矿遗址的破坏情况，省人民政府要迅速采取有效措施关停违反文物保护规定的采矿活动，制止对遗址的破坏，确保铜绿山古铜矿遗址这一珍贵文化遗产的安全。"将一处文物保护单位写入省人大的决议，充分反映了省人大对保护铜绿山古铜矿遗址文物安全的高度重视和关心。同年6月1日，李春明副省长在省政府10楼会议室主持召开会议，落实省人大的决议，参加会议的有省发改委副主任肖安民，省财政厅副厅长周顺民，文化厅厅长杜建国、副厅长沈海宁、副巡视员吴宏堂，省文物局副局长黎朝斌、处长方勤等，在听取了大家意见之后，副省长李春明在讲话中十分明确要求："铜绿山古铜矿遗址文物保护一定要高度重视，希望省文化厅与黄石市政府拿出一个切实可行的方案，遗址下面的采空区一定要填充好，确保遗址的安全万无一失。"不久，黄石市和大冶市政府有关部门根据文物法，对44名违纪违法分子分别给予了党纪、政纪处分，对于情节严重者绳之以法，并责成有关单位投资几千万元对危害遗址安全的采空区进行了充填，古铜矿周边乱采滥挖行为得到有效遏制。

为了加强铜绿山古铜矿遗址的保护，地方政府也高度重视，2004年8月，黄石市政府就印发了《关于进一步做好铜绿山古铜矿遗址等重点文化保护工作的通知》，2014年4月2日，湖北省政府召集黄石市及大冶市政府、省国土资源厅、省文化厅、文物局、省国资委、省安监局、大冶有色金属公司等单位负责人就铜绿山古铜矿遗址保护问题进行专题研究，并形成《协调铜绿山古铜矿遗址保护问题纪要》，会议要求各部门必须按照文物保护的法律和法规要求，依法依规对铜绿山古铜矿遗址进行妥善保护，确保文物安全。同时要求大冶有色金属自2014年8月底起，停止遗址保护区内的露天开采作业，闭坑后对露天坑进行封堵处理，并建立排水设施，以保护古铜矿遗址安全。黄石市博物馆还完成了1号点外围地段整体防水、防渗铺盖工程。

坚决制止违规建房、私挖盗采等违法行为。严格按照文物保护"四有"要求，坚持每天对遗址保护区的重点部位进行巡查，主动向村民发放宣传保护文物的资料，发现问题及时与金湖街道办事处和大冶市文化和旅游局等相关部门对接，并采取有效措施将事态控制在萌芽状态。截至2021年为止，一是联合有关部门对2020年16户违建房屋进行了处理，其中9房给予了罚款，3房进行了拆除。二是主动与文旅局文化执法大队对接，就铜绿山矿西大门边坡治理不走文物审批的手续进行了严格执法。

三、提高遗址保护水平

早在实施铜绿山古铜矿遗址应急保护措施时，湖北省博物馆陈中行研究员团队对1号点古矿井支护坑木进行了杀菌、脱水、加固等保护处理，对遗址内威胁古坑木的芽孢杆菌、假单孢菌、气单孢菌、产碱杆菌、短密青霉、淡紫青霉、黑曲霉等微生物进行了有效灭杀。对源于地下采空区等多种复杂因素造成的遗址围岩开裂、剥落，通过现代最新技术进行了修补，使遗址得到了有效保护。

在铜绿山古铜矿遗址的第二轮发掘中，为了加强对岩阴山脚遗址、卢家墭遗址、四方塘遗址墓地发掘出的遗迹的保护，在文物保护专家吴顺清、方北松等现场指导下，由李玲研究员等制定了保护方案，采取边发掘边保护的科学办法。首先对揭露遗迹先进行消毒处理，然后用土工布料或彩条布进行覆盖或包裹，在其上覆盖一厚层细沙，再盖一层彩条布，最后用泥土覆盖；铜绿山考古队对岩阴山脚遗址赤足印（图9-3）发掘区还用钢网搭建围栏。铜绿山管委会沿着岩阴山脚遗址、四方塘遗址边缘用钢网建成围栏，在遗址地面安装了安防视频探头，防止人畜进入遗址区侵害，并定期对生长的杂草进行清除，发掘出土的文物及遗迹也因此得到有效保护。

图 9-3　公安物证专家鉴定足迹

为了加强春秋采矿遗址现场的文物保护，2012 年，铜绿山管委会委托南京博物院编制了《大冶市铜绿山古铜矿遗址 VII 号矿体 1 号点遗址保护方案》，并经国家文物局批复。方案认为：铜绿山古铜矿遗址 VII 号矿体 1 号点遗址的主要病害包括三个方面，一是遗址外采矿环境的影响。长期以来，铜绿山古铜矿遗址 VII 号矿体处于众多的国营与民营的采矿包围之中。西侧与国营铜绿山矿大露天采矿场紧邻，北侧和东侧分布众多民办采矿井，遗址周边共有大小采矿单位 8 家，井巷无数，其主要危害有大露天采矿形成的高边坡、地下采矿的采空区、炮震及粉尘污染等。二是遗址本体病害。1 号点位于博物馆内，属于半封闭半开放的环境，主要问题表现为遗址表面粉化、开裂、变形和坍塌，坑木表面落灰，少量坑木歪斜，甚至倒塌，部分坑道无法辨认原貌等，此其一。其二，出现土体裂隙，包括地面变形裂隙、坑道沉降裂隙、收缩裂隙、卸荷裂隙等。其三，土体坍塌。由于土体产生裂隙，必然使得部分遗址表层坍塌，并造成其附近坑木歪斜。其四，表面风化，有的片状剥落，有的表面酥松和粉化等。其五，微生物病害。微生物生长破坏了土遗址的内部结构，降低了遗址土体强度，造成遗址表面变色及风化等现象，影响遗址外观。三是遗址周边病害。主要反映在遗址变形和沉降，防渗土工布破坏和排水沟沟帮裂隙与保水井淤塞。

针对采矿遗址现场文物和环境的这些问题，方案在保护措施上切实做到了"五个精心"：

（一）精心修补遗址缺损和剥落

主要采用水性环氧树脂进行裂缝灌浆，使用时，水性环氧树脂主剂若体积为3的话，固化剂则为1，然后与水按体积1:2或1:3混合，自下而上进行灌浆，对于缝隙较小的裂缝，即采取针管注射，对于缝隙较大的，先用原土填充裂隙，同时在原土中适当渗入水性环氧树脂以增加粘合力，此时水性环氧树脂的固含量应稀释为10%，它与土体质量的比值控制在0.2左右，这是一个方面，另一方面，片状剥离加固。加固材料选用的是有机硅类材料进行局部渗透加固，目的是增加土体之间的胶结构，而不能用水性环氧树脂灌浆加固。施工中主要选用技术成熟的加固材料。也是采用针管自下而上注射或滴射，千万不能在遗址表面喷洒加固。渗透时要坚持少量多次进行，对于渗透出来的加固材料要及时用脱脂棉吸附。潮湿环境下用正硅酸乙酯加固土遗址容易滋生细菌，铜绿山遗址现场出现霉菌的地方的含水率都超过10%，因此，施工时应避开雨季，同时，对于剥落部位，在加固前，要对含水率进行检测，凡超过10%的地方需通风干燥，待含水率降低后再进行渗透注射，并随时观测霉菌问题，以确保文物安全。第三方面，采取锚杆支撑。对于临空面较大部位的裂隙（如坑壁的卸荷裂隙），在灌浆的同时，还需要进行锚杆支撑。锚杆材料最好用楠竹，直径10~30mm，壁厚0.5~1.0cm，含水率≤30%，最好挑选竹节较少的楠竹，单根锚杆也不能太长，为增加附着力，须先将锚杆表面砍出倒刺。施工中根据裂隙长度和临空面高度来确定锚杆位置和数量，一般采用梅花型布置，钻孔角度向下与水平成15度。浆液用水性环氧树脂与土体拌合，其稠度以能流动为限，钻孔内注入浆液后随即插入锚杆固定，待浆液初凝时再次击入杆体，以保证杆体与孔壁的锚固力。

（二）精心实施遗址微生物防治

铜绿山古铜矿春秋采矿遗址检查出的真菌，除霉菌以外，还有短密青霉、葡梗霉属、帚霉属、淡紫青霉、拟青霉素、黑曲霉等，其中青霉、曲霉占的比例较高。针对这一情况，首先是精心筛选微生物防治材料。经反复试验与比较，最终选用两种有机杀菌材料，一种为三唑杀菌剂（CAS：85009-19-9）（以下简称杀菌剂I），一种为苯并咪唑类杀菌剂（CAS：148-79-8）（以下简称杀菌剂II）。杀菌剂I能溶于诸多有机溶剂，溶解度72000g/L，在水中溶解度为900mg/L，（pH=1.1），对光、热稳定，无致突变作用，无致癌作用，属低霉，为环境友好材料，是一种高效、广谱、国际上通用的杀菌剂。1g本品可溶于107.5ml的乙醇、130ml乙二醇、125ml氯仿、357ml丙酮、435ml苯或26mlpH值2.2的水，耐酸，耐碱，耐紫外线，属于低毒性杀菌剂。然后精心实施遗址表面微生物的分离纯化，即用灭菌试管取得遗址中的微生物，制成混合的霉菌孢子悬液，取少量孢子悬液涂布于添加有 50Hg/ml 氨苄青霉素（以抑制细菌生长）的马铃薯葡萄糖琼脂培养基平皿上，30℃培养 5—7 天。在初筛的霉菌平板上挑取形态单一的菌落，在新鲜的蔡氏培养基上划线培养获得纯培养物，菌落长出后挑取前缘菌丝，回接于 PDA 斜面培养基上保种。再就是精心实施防霉药物配置及含药 PDA 平皿制备。包括杀菌剂 I 的配置和含药 PDA 平皿制备与杀菌剂 II 的配置及含药 PDA 平皿制备，以及杀菌剂 I 和杀菌剂 II 有关合应用的配置与含药 PDA 平皿制备。其中将杀菌剂 I 配成一定浓度的母液，与 PDA 培养基混合制成最终含药量为 0、0.05、0.1、0.5、1.5、10.50 Hg/ml 的含药平板，每个皿涂布 200ul 药物。将杀菌剂 II 配成一定浓度的母液，与 PDA 培养基混合制成最终含药量为 0、0.05、0.1、0.5、1.5、10.50Pg/ml 的含药平板，每个皿涂布 200ul 药物。将杀菌剂 I 和杀菌剂 II 配成一定浓度的母液，与 PDA 培养基混合制成最终含药量分别为 0、0.025、0.05、0.25、0.5、2.5、5、25Hg/ml 的含药平板，每个皿涂布 200ul 药物。上述制备的每一个皿要涂 50ul 的菌液，每一种菌要涂 48 个皿，总计 2.4ml 的菌液。具体为：取一半的菌种至 4mlEP 管内，加入 3ml 的双蒸水，充分配匀，去上清约 2.5ml 至新的 4mlEP 管内，待用，其他菌种同上。经过防霉材料的筛选和霉菌的分离纯化，发现杀菌剂 I 和杀菌剂 II 对能分离的 8 株霉菌均有抑制生长的作用，而且杀菌剂 I 和杀菌剂 II 协同作用的效果更好。

（三）精心监测遗址室内外环境

主要包括遗址内温湿度、土壤含水率以及遗址外温湿度、降雨量、风速、风向、日晒等内容。一是采用便携式温湿度记录仪对遗址内外温湿度进行长期监测。二是采用便携式土壤水分测定仪对遗址表层土体含水率进行监测，目的在于观察土体含水率对霉菌生长的影响。其技术是利用电磁脉冲原理，根据电磁波在介质中传播频率来测量土壤的表观介电常数，从而得到土壤容积含水率。三是建立小型自动气象站，用以收集遗址室外降水量、风向、风速、日照等气象资料（图 9-4、图 9-5），并利用无线传播的方式传递采集的数据。

图 9-4　室外小型气象站图

图 9-5　室内无线监测

仪器必须具备环境温湿度传感器、数字风向传感器、数字风速传感器、雨量传感器、太阳总辐射传感器、无线通信控制器、气象站监测采集器、气象站观测支架、气象站检测软件和数据通信及传感器连接电缆等功能。四是在博物馆入口处安放粉尘在线监测仪，实施粉尘监测。第五，配置裂缝宽度测试仪。仪器要求做到屏幕能显示裂缝图像，根据屏幕刻度能读出裂缝的宽度，测量范围在 0~10mm，精度 0.01mm。

（四）精心加固遗址本体

包括加固材料的选择、试件的制备、试件加固的操作、性能测试、现场加固实验等。一是在加固材料的选择方面，针对铜绿山古铜矿遗址表面风化层呈现多孔、酥松、吸水性强、易脱落开裂、强度低等特点，主要采取化学材料进行加固，这种化学材料要环保，具备"五好"，即渗透性能好、加固强度好、防水性能好、耐候性能好、老化后"形象"好，即不生成新产物等。由于遗址表面风化层主要矿物成分为硅酸材料，因此，主要选择硅脂类和硅烷类 2 号作为化学加固材料。为提高保护材料的寿命，实验中还对比了氟碳类 6 号材料。化学材料加固的首要原则是：加固后外观不能有明显的变化，强度要有一定程度的提高。二是在试件的制备方面，考虑到遗址的重要性，实验样品选取的是遗址周边的褐色土层，然后将样品制备成一定规格的试块。制备方法是首先将土体样品风干，去掉碎石、植物根茎等杂质，用木槌和陶瓷研钵破碎，用 2mm 筛，搅拌均匀，然后确定拌和加水量，拌和成型，一般采用 20×20×20mm、50×50×10mm 和 40×40×10mm 规格的金属模具，将拌和均匀的拌和物倒入模具中，上下 20 次振动去除气泡，表面抹平后，室温下放置一天后脱模，在空气中风干 2 周，最后测定风干试件的体积、抗压强度以及烘干试件的重量，计算体积密度。三是试件加固的操作主要采取浸泡渗透的方法。将试件用包有橡胶皮的软夹子夹住，浸泡于加固剂溶液中约 30 分钟，取出置于不锈钢丝网上。而对于氟碳类材料，则采取分次浸泡加固方法，分 6 次浸泡，每次约 5 分钟，共 30 分钟。渗透加固后的试件需在空气中放置一个月后测定多项性能。四是性能测试。首先是测试外观变化，主要靠肉眼和色差计测量色差情况与光泽度情况。色差计测量，可以用 50×50×10mm 的试件 3 块，每块测 2 次，取平均值为结果。结果是土体试件的颜色变化程度不同。光泽度的测试主要用光泽仪测定，试块尺寸为 50×50×10mm，同样做 3 块，每块测 3 次，取平均值为结果。结果是渗透加固后的土体试件光泽度略大，有轻微眩光，其余基本不变。然后是测试重量变化情况，方法是将试件在 60℃烘箱中烘 8 小时，试件尺寸为 20×20×10mm，每样测 2 块，取平均值为结果。用 3 号材料加固后，土体试件的重量增加最大（6.08%），5 号材料加固后的重量增加次之，为 5.30%，4 号材料加固后重量增加较小，为 2.24%。抗压强度的测试结果为 3 号材料加固后的土体试件强度为最高，比不加固的土体提高 1 倍多。2 号材料和 5 号材料次之，4 号材料加固后样品强度提高 30%~50%，而 6 号材料加固无作用。吸湿性测试结果为：经过 6 号材料加固的试件吸湿性基本不变，其余吸湿性均有不同程度的下降。其中经过 2 号材料和 5 号材料加固的土体试件吸湿率下降最大，主要是这两种材料均含有的甲基三乙氧基硅烷为增水材料。吸水率的测试结果是经过各种材料加固后，试件吸水率变化很大。其中空白试件和 6 号材料加固试件完全吸水崩溃，因为甲基三乙氧基硅烷为增水材料，所以加固试件吸水率大幅下降，而硅脂和乙醇为亲水材料，因而加固试件吸水率较大。还有水蒸气透过性能、透水性、耐水性浸蚀、耐盐浸蚀的测定结果，也分别表明经过加固的试件与未经过加固的土体试件也都有不同的变化。综上所述，6 号（氟碳类）材料几乎没有加固效果，2 号（硅烷类）材料除了颜色改变较大以外，其余指标都可以，3 号硅脂类材料各项指标比较平均，加固强度较好，更适合该遗址保护。4 号和 5 号材料为硅脂类与硅烷类材料的混合，室内实验的最初目的是为减少对遗址的色差改变。在实际使用过程中，应当同时使用 2 号和 3 号材料以确保加固效果。五是现场加固实验。根据室内实验结果，我们对铜绿山古铜矿遗址 VII 号矿体 I 号春秋采矿遗址进行了现场加固实验。针对遗址外围的表面用混凝土做旧的水混地面采用 2 号与 3 号和进口的乙烯—乙酸乙酯类树脂，用喷壶喷洒加固以抑制扬尘。遗址本体是遗址的核心保护区，是加固的重点，也是难点。在遗址东侧分别选择了遗址剖面和地面两处场所作为实验对象，实验方法为土体内注射加固与表面喷洒渗透相结合的方式进行。由于土体自身酥松，内部含水率高，因而选择 2 号和 3 号，用针管插入注射，注射量以材料溢水为准。遗址剖面处采用每孔注射一种材料，地面处则采用每孔注射两种材料，注射 3—5 小时后再利用喷壶在土遗址表面喷洒乙烯—乙酸乙酯类树脂。考虑高分子材料的老化问题，大部分遗址表面都用 3 号硅脂类或 2 号硅烷类材料进行注射或滴注渗透加固（图 9-6）。经过 10 个月后观察，效果明显。遗址外围用固沙剂加固区域的边界可以辨认，土体浮土较少，扬尘基本被抑制。而其他材料加固区域的边界已经很难辨认，表面浮土较多，说明固沙剂可以用于抑制遗址外围表面的扬尘。遗址本体表面外观没有明显改变，经超声波测量，加固前后波速略有增加，说明强度提高。此外，加固后的遗址地面还出现了不少死虫，说明遗址内部存在生物活动迹象。

（五）精心治理遗址室外防排水

由于地面沉降变形、人为开挖电缆以及材料性能劣化等因素，前期铺设的防渗土工布存在诸多隐患，甚至面临失效的风险，需要更新替换，确保遗址的安全。因此，一是在防渗材料的选用上，这次选择

图 9-6　注射加固

的是纳基膨润土防水毯。这是一种柔性防水材料，是将纳基膨润土填充在聚丙烯织布和无纺布之间，将土层的外织布纤维通过针刺的方法将膨润土夹在下层的织布上而做成的，用针刺法做成的垫板可形成许多小的纤维空间，使膨润土颗粒不能向一个方向流动，在垫板内形成均匀的防水层，它是一种介于现场厚压实粘土防渗衬垫和高分子材料土工膜之间的一种防渗衬垫。膨润土具有遇水膨胀的特性，大约为自身体积的15倍左右，这样膨胀的膨润土所形成的胶体具有排斥水的性能，而膨润土外面的土工合成材料主要起到保护和加固的作用，使其具有一定的整体抗剪强度，可以满足遗址需要。二是膨润土防水毯的技术要求包括其强度要达到抗机械与生物破坏的要求。其柔性要适合地表起伏凹凸的地形。其可逆性要防渗层可拆卸，更换方便。其防渗性要达到防渗目的，渗透系数降低至10-4—10-5cm/s。同时，还要符合《纳基膨润土水毯标准（JG/T/93—2006）》。三是施工方法大致分为六个步骤，第一步前期准备。挖土，清除原先铺设的土工布，清理场地，准备铺设膨润土防水毯，包括放线测量、运输施工材料的组织。在场地清理中，要将所有的残留树根清理干净，为了防止在运输过程中膨润土受到损坏，需要采取一些特殊措施，发现损坏的要及时从现场搬走，用新的替换。第二步是翻土。翻土是膨润土防水毯施工中最重要的环节，翻土深度为1m，以超过防水毯铺设底部一定距离为宜，清除防水毯铺设范围内的所有残留垃圾，考虑到换土或筛土成本太大、耗时多和无参照标准等因素，在清理残留垃圾时将底层土换成表层碎石土，表层土就地深埋。第三步夯实地基。为防止地基下层不均匀，必须分层、分块地碾压和夯实，地基压实系数要超过0.95。第四步是铺设中细沙垫层。膨润土防水毯的垫层为10cm左右厚度的中细沙，适量洒水，并用拍板或滚筒整平。第五步铺设膨润土防水毯。铺设原则力求平顺，松紧适度，不得绷拉过紧，应与地面密贴，不留空隙；发现防水毯有损坏应立即修补或更换。坡面铺设则坚持自下而上进行，铺好后要避免日光照射，随铺随填，铺设中要坚持整幅铺设，尽量减少接缝，搭接宽度以产品说明为准，平地搭接宽度为300mm，不平地面或极软土应不小于50mm。采取搭接法铺设防水毯既方便施工，也避免焊接时对其二次损坏。防水毯的搭接缝宽为300—500mm之间。铺设时要将防水毯的白色（无纺布）朝上，黑色（有纺布）朝下，以便于在表面覆土后种植草皮。此外，在搭接处适量铺撒膨润土粉末，在上覆土压作用下也可以起到隔水的作用（图9-7）。遇到坡角处应将膨润土防水毯进行适当锚固，防止其滑动。在防水毯和排水沟的连接处，将防水毯埋入排水沟的侧墙内，并在其中设置一排PVC管，高度控制在防水毯附近，间距0.5m，防水毯内侧依次填入碎石、粗砂形成反滤层，以免防水毯上的黄土流失。第六步表面覆土和铺设草皮。回填土不得含有损失于防水毯的物质，同时不得损坏防水毯，不得使用重型机械或振动碾压石，防水毯铺设后要尽快回填上厚度满足设计要求的土层，然后在其上部铺设草坪。最后一步是拆除遗址博物馆北侧与西侧原有排水沟，重新夯实地基，再按照原有排水沟尺寸修筑（沟帮和沟底为C20砼，表面涂防水砂浆）埋设排水管，同时沟底比降值不小于1%，使其排水顺畅，将膨润土防水毯埋设在水沟沟帮内，保水井内清理后涂防水砂浆，并设安全盖板。

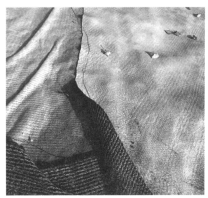

A1号点防水毯横缝撒澎润土　　　　4号工程点防水毯连接

图9-7　防渗铺盖施工

通过对遗址内威胁古坑木的芽孢杆菌、假单孢菌、气单孢菌、产砣杆菌、短密青霉、黑曲霉等微生物的有效灭杀。春秋采矿遗址现场文物得到了有效保护。通过在遗址内设置水位监测仪、裂缝检测仪、倾斜检测仪、水文检测仪和振动检测仪等，使古遗址的地质安全得到了有效监控，为遗址的保护提供了科学依据。

四、拓宽遗址利用渠道

在加强铜绿山古铜矿遗址文物保护的同时，管委会还千方百计地认真贯彻落实习近平总书记关于"要系统梳理传统文化资源，让收藏在禁宫里的文物、陈列在广阔大地上的遗产、书写在古籍里的文字都'活起来'"的讲话精神。⑤为了让铜绿山古铜矿遗产"活起来"，黄石市博物馆举办了基本陈列《铜绿山古铜矿遗址出土文物展》，1983年2月21日，中共中央总书记胡耀邦等领导在湖北省委书记关广富的陪同下参观了该展览（图9-8）。

图9-8　胡耀邦参观铜绿 山出土文物展（前排右一）

1984年又在古铜矿春秋采矿遗址上兴建了中国第一座古矿冶博物馆,博物馆建成至今,我们始终坚持"以人为本",采取"请进来""走出去"等多种方式,先后接待国内外观众1000多万人次,先后被评为"湖北省科普教育基地"和"全国科普教育基地"。主要做法:一是加强教育基地建设,提高服务质量。先后与北京大学、武汉大学、北京科技大学、湖北师范大学、湖北理工学院等大专院校建立科普教育基地,不仅为大学生实践提供方便,也为我们深入挖掘古铜矿遗址的文化内涵、推动铜绿山的学术研究提供了强大的人才支撑,促进了铜绿山古铜矿遗址的学术研究。同时,与教育部门建立中小学生科普培训基地,对城区学生实行减半收费,对农村学生实行全部免费服务。在培训过程中,重点向他们普及古矿木为何会三千年不腐,古人是怎么样找到铜矿,如何采矿、炼铜的,又是如何解决井下的通风、排水、照明等问题。这种培训大大增强了同学们热爱科学的兴趣和热爱家乡的自豪感(图9-9)。

图9-9　研学活动

二是活跃活动方式,拓宽服务范围。充分利用每年的"5·18世界博物馆日"、6月中旬的"文化和自然遗产日"等节庆活动日,开展青铜文化进机关、进校园、进社区、进特殊群体进行宣传教育,或向他们送去图片展览,或向他们赠送包括《世界文化遗产瑰宝——铜绿山古铜矿遗址》宣传册、《铜绿山古铜矿遗址研究》等图书资料,或制作《青铜之光》《青铜之源》《青铜之魂》等音像资料并在现场播放且主动接受他们的咨询服务等等,从而提高了广大市民及学生对铜绿山古铜矿遗址重要性的认识。正如有些市民所说:"要不是你们的宣传,我们真的不知道我们祖先的聪明伟大。"在坚持"走出去"的同时,我们还通过"请进来"的方式邀请农民工子女、留守儿童以及特殊观众到古铜矿遗址参观学习,并向他们免费发放铜绿山古铜矿遗址的科普读物、学习文具等文创产品,许多同学激动得热泪盈眶,其中有一位小学生对我们的工作人员说:"谢谢你们,让我认识我们家乡还有这样一件令人自豪的国宝级文物。"有的同学还说:"我们一定要好好学习,长大以后为国争光。"

三是加强设施建设，夯实服务阵地。首先是改善游客到古铜矿遗址的交通条件。争取大冶市政府投入 1900 万元修建了一条从市区到古铜矿遗址的专用旅游公路，开通 3 路、16 路公共汽车，新建了 1500 平方米的停车场，建设了与之相配套的游客服务中心，购置了 2 台观光车，设置了导游图、指示牌，极大方便了游客的游览参观。对游客反映的古铜矿遗址鹅卵石路面不方便观众行走问题，及时改铺花岗石路面，并在景区增设了石桌、石凳方便游客休息，因而受到了观众的一致好评。

为了进一步弘扬青铜文明，2018 年 6 月，完成了铜绿山考古工作站的建设，作为长江流域矿冶文化的研究基地，由铜绿山管委会与湖北省文物考古研究所共同建设，占地面积 10.52 亩，其中建筑面积 1380 平方米，建筑风格为徽式建筑，含文物修复室、文物库房、文库拍照室、专家工作室、监控室等等。2013 年，国家文物局批准了建立"铜绿山遗址博物馆"的规划，新馆由中国建筑设计研究院副院长崔愷院士设计，设计方案采用了大地景观的风格，融合了矿冶文化元素，凸显了铜绿山古铜矿遗址的特色（图 9-10）。总建筑面积为 12273.5 平方米，其中展厅 4284.9 平方米，库房及储藏间 1109.7 平方米，办公室、档案室及会议室 435.4 平方米，公共展廊 1523.3 平方米，大厅 889.1 平方米，冶炼遗址展厅 841.9 平方米，休息景观廊 729.6 平方米。总投资 1.2 亿元人民币，由中国一冶承建。目前，主体建筑已基

图 9-10　新馆鸟瞰图

本完工，"青铜源·铜绿山"基本陈列正在有序推进，预计 2023 年建成开放。

四是加强考古遗址公园建设，擦亮服务品牌。修复了古铜矿遗址的生态环境。其中绿化山地 500 亩，复垦废弃地 450 亩，栽种树木 6000 余棵，建设了铜草花园（图 9-11）、青冈栎林、本土植物园，新增绿化面积达到了 20 万平方米。一位老矿工激动地说："曾经光秃秃的矿山，如今彻底变了样，真的让人赏心悦目。"铜绿山Ⅶ号矿体 2 号点、5 号点采矿遗址展示棚保护项目已经获得国家文物主管部门的批准，预计 2022 年建成开放。建成的 2 号点将复原一段战国至汉代古巷道供游客体验。新馆环境整治方案也已经由中鲁设计公司与湖北省古建中心完成方案设计，上报湖北省文物局审批。新征集的现代采矿设备电铲、运矿车、空压机、推土机等已经全部运到新馆门前，预计新馆开放时一并向观众

展示，让他们在新老采矿工具的对比中体会古人采矿的艰辛和技术发展的日新月异。还有老馆正门右边西北角的"青少年科普中心"的考古体验区、四方塘遗址古墓群的复原展示也都会在铜绿山古铜矿国家考古公园挂牌时，带给人们不一样的感受。

图 9-11　铜草花

五是加强媒体宣传，扩大社会影响面。先后分别与湖北楚游通科技发展有限公司、湖北腾旅科技有限公司等企业签订了旅游年卡合作协议，同时，利用武汉天艺轩文化传播有限责任公司等单位的网络优势、电子商务平台，大力宣传推介铜绿山古铜矿遗址。利用黄石市佳之旅旅行社、大冶市平安旅行社的地接优势和影响力，组织游客到铜绿山古铜矿遗址参观学习，既扩大了旅行社的经济收入，又增加了古铜矿遗址的游客量。利用中央、省、市媒体宣传古铜矿遗址，收到了显著效果。其中大冶四方塘墓地的发掘在中央电视台《探索发现》播出后，带给了考古界惊喜，与湖北电视台联合拍摄的《中国NO.1：铜绿山古铜矿遗址》专题片，效果好，影响大，在海内外产生了良好的宣传效果。与黄石人民广播电台合作开展的"矿韵千年"铜绿山古铜矿遗址游览征文比赛活动，共有100多篇文章先后在黄石人民广播电台播出。在《今日大冶》开辟的"青铜文化"专栏，《铜草花》杂志开辟的"青铜之光"专栏，《新大冶》画刊开辟的"青铜魂"专栏等都有刊登，青铜文化的声音传遍了祖国的大江南北，引来了一批批游客。

五、加强遗址学术研究

铜绿山古铜矿遗址从发现到发掘的四十多年中，一直十分重视学术研究工作，始终坚持文物考古工作者与矿山技术人员相结合，与大专院校相结合，与科研院所相结合，走出了一条古矿冶文化研究的新路子，先后发表考古简报130多篇、矿冶研究论文160多篇，学术研究著作十几部。一是在黄展岳先生的指导下，由文物出版社出版了《铜绿山古矿冶遗址》发掘报告。这是我国第一部矿冶考古发掘报告，它系统地介绍了铜绿山古铜矿遗址的主要考古成果，为深入研究我国古代采矿与冶炼历史以及青铜文明提供了十分珍贵的资料，赢得了考古界、史学界、冶金界专家学者的一致好评。

二是在2013年纪念铜绿山古铜矿遗址考古发现40周年的时候，成功举办了"铜绿山古铜矿遗址考古发现40周年学术研讨会"，国家文物局原副局长、副书记、中国文物保护基金会理事长张柏先生，中国社会科学院考古研究所所长、中国考古学会理事长、学部委员王巍先生，著名考古学家、故宫博物院原院长、中国考古学会理事长张忠培先生，北京大学教授、夏商周断代工程首席科学家李伯谦先生，中国社会科学院考古研究所研究员、知名考古学家殷玮璋先生，北京科技大学教授李延祥先生，湖北省文物局领导及文博考古专家黎朝斌、沈海宁、吴宏堂、王风竹、方勤、万全文、孟华平等出席了会议，收到论文20多篇，并由科学出版社一共出版了《中国矿冶考古铜绿山古铜矿遗址考古发现与研究》等著作5部。此外，充分依托"鄂东南考古工作站""长江流域矿冶考古联盟研究中心""中国青铜文化大冶研究中心""北京大学考古实验实践教学基地""国家文物局金属与矿冶遗产重点科研基地""北京科技大学铜绿山工作站""国家文物局重大研究项目之长江中游地区文明进程研究铜绿山基地"等单位开展了不同形式、不同课题的研究，深入挖掘了铜绿山古铜矿遗址所蕴含的历史文化价值、科学技术价值，为弘扬中华优秀文化和建设新时代中国特色社会主义文化提供了强大的精神支撑。《中国古代矿冶技术研究》《大冶之火——铜绿山古铜矿遗址》《青铜文化与矿冶文化研究》《铜绿山——矿冶考古与研究》《中国青铜古都——大冶》《图说铜绿山古铜矿》《铜绿山考古印象》等著作也陆续出版发行（图9-12），将铜绿山古铜矿遗址的研究不断引向深入。

图9-12　铜绿山古铜矿遗址出版的著作

三是2021年12月，为纪念中国考古百年，由中国考古学会、湖北省文化和旅游厅、中国文物报社指导，湖北理工学院、武汉大学历史学院、湖北省文物考古研究所、大冶市人民政府联合举办，铜绿山古铜矿遗址管委会承办了"中国考古百年——铜绿山古铜矿遗址与青铜文明研究学术研讨会"（图9-13），共收到来自全国考古、历史、冶金、文博和地质方面专家、学者的论文30余篇，他们从不同角度阐述了铜绿山古铜矿遗址与中国青铜文明的关系，彰显了铜绿山古铜矿遗址在中国青铜文明中的地位和作用，有力推动了中国青铜文明与铜绿山古铜矿遗址的研究，对于启航新征程、增强民族文化自信等具有十分重要的作用。我们已将论文汇编，以《中国矿冶考古·铜绿山古铜矿遗址与中国青铜文明研究》为名，由长江出版社公开出版发行。一同出版发行的还有这本《唱响大型文化遗址保护的主旋律》，另外，2017年11月开始的第二轮考古发掘研究报告已被列为国家社会科学基金重点项目，预计2023年出版。一系列的学术研究成果充分表明了"铜绿山考古发现是中国古代青铜器研究的一个新领域，也是中国考古学新开辟的一个领域"。⑥

图9-13　与会代表参观铜绿山古铜矿遗址后并合照留念

注释：

①大冶市地方志编纂委员会：清同治《大冶县志》1997年版（译注本）。

②《铜绿山古铜矿遗址发现与研究》（二），科学出版社，第198页。

③郭沫若：《青铜时代》，科学出版社1957年。

④赵宗博：《青铜文化来源考疑》，载于《矿测近钒》1948年第88期。

⑤习近平：2013年12月30日，习近平在主持中共中央政治局第十二次集体学习时的讲话。

⑥夏鼐、殷玮璋：《湖北铜绿山古铜矿》，载《考古》1982年第1期。

附　件

附件1：

冶金工业部领导同志关于保护
铜绿山古铜矿遗址的批示

1979年5月12日，新华社"内参"刊登了《湖北大冶铜绿山发现春秋时期古矿井群，考古队建议严加保护和组织力量进行发掘》一文。与此同时，冶金工业部还收到了国家文物局〔79〕文物字第108号文《转去关于保护铜绿山古矿井的呼吁信》（此信由中国科学院自然科学史研究所所长仓孝和同志1979年4月19日发出）。对此，当时冶金部的唐克部长，李华、林泽生、张凡、高扬文副部长作了如下批示：

此件请李华、泽生、张凡同志阅。

唐 克　　5月15日

李老、张凡部长并王哲、鸿儒同志：

我意应重视此事，建议矿山处先派人去大冶摸清情况并会同公司及地方研究提出一个切实可行的保护古矿井遗迹的意见，视情况再向有关部门报告如何处理。如何，望酌。

林泽生　　5月16日

1、原则上同意林部长意见。

2、在组织这项工作上，还是以科学院为主，冶金部及大冶有

25

色公司积极配合。因为我们不懂这门科学。

李 华

同意泽生同志意见。

张 凡 5月17日

1979年5月底至6月上旬，冶金部有色司矿山处苏文贤工程师专程来大冶调查了解矿山生产与文物保护的有关情况。冶金部有关领导根据调查报告提供的资料，又作了如下批示：

我主张选择有代表性的古矿井、古炉子（冶炼基地）原样保留，即使在一些矿，减少一些产量也值得。因为这些古迹有重大的科学、文化价值。请即向国务院写一正式报告。可由中南矿冶学院协同有关单位进行研究。报告要分报国家科委和文物局。

高扬文 6月26日

1、拟请国家文物局及科学院主管此事，由大冶公司负责执行。

2、在哪里恢复原来状况，报国家定。如在原地恢复有二万吨铜拿不出来也要办。

李 华

附件 2：

湖北大冶铜录山古矿冶遗址
文物保护座谈会纪要

经国家文物事业管理局和冶金部协商，于一九七九年八月十五日至二十一日在湖北省黄石市召开了黄石大冶铜录山古矿冶遗址文物保护座谈会。国家文物事业管理局彭则放付局长、冶金部郑之英付总工程师、湖北省文化局邢西彬付局长出席了会议。参加会议的有北京有色冶金设计研究总院、北京有色金属研究总院、北京钢铁学院、《有色金属》编辑部、长沙有色冶金设计院、湖北省冶金局、大冶有色金属公司、铜录山矿、中国社会科学院考古研究所、中国科学院自然科学史研究所、中国历史博物馆、内蒙古昭乌达盟文物工作站、湖北省文化局、黄石市革委会、黄石市委宣传部、黄石市文化局、黄石市科委、大冶县革委会、湖北省博物馆、湖北省电影制片厂、黄石市博物馆等单位的代表共四十人。会议代表听取了铜录山古矿冶遗址文物考古工作情况汇报，参观了考古发掘现场，高度评价了这处遗址和出土文物的重要意义，并着重讨论研究了铜录山古矿冶遗址的保护方案。

会议期间，湖北省委书记韩宁夫同志、黄石市委第一书记刘广泉同志专程到会听取了会议情况汇报。韩宁夫同志还就铜录山古矿冶遗址文物保护问题作了重要讲话，强调了文物保护的重要意义。

资料汇编15

（一）

会议充分肯定了几年来铜录山古矿冶遗址文物保护、考古发掘和科学研究工作的成绩及其重要意义。大家认为，铜录山古矿冶遗址从一九七三年底开始发掘以来，由于大冶有色金属公司、铜录山矿的大力支持和紧密配合，湖北省、黄石市、大冶县文物考古工作者和他们一起做了大量的文物保护、考古发掘和研究工作。现已发掘出春秋战国时期古矿井一百余个、春秋时期的鼓风炼铜竖炉八座、宋代炼炉十七座，出土了大量古代生产工具和生活用具。根据地面暴露的古代炼渣初步推算，古代劳动人民在这里炼出了近十万吨铜。这处遗址从春秋开始，是目前我国发现的年代最早、规模宏大、保存比较完整的古代采矿和冶炼遗址。它为我国灿烂的青铜文化中铜是怎样开采和冶炼的这一历史课题提供了重要的科学资料，充分说明了春秋战国时期我国在采矿和冶炼方面都已达到相当高的技术水平，为研究我国矿冶史提供了极为珍贵的实物资料，是一份难得的历史文化遗产。同时，它还有力地否定了中国青铜文化外来说的观点。因此，搞好铜录山古矿冶遗址的文物保护和研究工作，不仅具有重要的科学价值，而且还有着重要的现实政治意义。

（二）

与会代表认为，由于目前文物保护技术还不过关，发掘出的古矿冶文物难以长期保存，因此不应全部发掘出来，保护好铜录山古矿冶遗址就是我们的历史责任。一定要本着既要保护文物，又要搞好矿山生产的原则，解放思想，采取各种方法，提出切实可行的保护方案。经过大家对几种方案的充分讨论和反复比较，协商出较为一致的方案。

将十一号矿体做为遗址，原地保护，在地面划出约一万六千平方米的文物保护范围。保护范围内不要兴建与文物保护无关的构筑物，不进行露天采矿。因此，共压矿七百八十四点六万吨，含铜量十三点二万吨。其中十一号矿体本身的工业储量为二百九十六点七万吨，含铜量四点八万吨。为了将上述压矿量大部分开采出来，古矿冶遗址可不按一级建筑物保护对象处理，允许地面有局部沉降，矿山可以在开采技术上采取适当措施（如胶结充填法）进行坑采。

对于七号矿体以现场文物发掘为主。力争在两年内完成发掘任务，将大部分古矿井搬迁保存，并可考虑在露天坑边缘部分选择有保护价值的一处古矿井尽可能地原地保护。发掘之后，矿山即可进行正常生产。

（三）

关于保护铜录山古矿冶遗址对矿山生产造成的影响，会议也作了具体分析。

1. 为了原地保护十一号矿体的古矿冶遗址，原设计的 400 吨/日生产能力的小露天矿不能开采。这样共压矿七百八十四点六万吨，铜含量十三点二万吨。其中包括十一号矿体的工业矿量二百九十六点七万吨，铜含量四点八万吨。经研究，除了十一号矿体部分产量作为古矿井的保安矿柱不能回采以外，其余大部分的压矿量可以采用胶结充填法采出。

2. 为了发掘和保护七号体矿体的古矿井，在近两年内矿山要配合考古队以发掘为主，在这段时间内，不能安排产量，两年以后露天矿才能进行正常生产。

3. 由于保护古矿冶遗址而对铜录山地下二期工程设计的影响，请冶金部下达计划让长沙有色冶金设计院在设计中予以规划。

4. 因保护十一号矿体而不能露采，还将影响铜录山矿拟提出的大露天矿和十一号矿体的扩帮延深方案不能实现，涉及到铜录山矿将来持续生产问题，建议由冶金部再行专门研究。

〔四〕

为了保证保护方案的实施，经过会议讨论，提出了以下几项措施。

1. 建议由湖北省、黄石市革委会，冶金部，国家文物事业管理局，湖北省、黄石市文化局，大冶有色金属公司，大冶县革委会组成领导小组，加强领导。

2. 在领导小组领导下，成立综合考古发掘队。鉴于铜录山古矿冶遗址考古发掘和科研工作任务大，涉及到考古、采矿、冶金、地质等多方面的专业知识和技术。仅由黄石市博物馆的考古力量完成这项任务确有困难。建议由湖北省、黄石市博物馆、铜录山矿、中国社会科学院考古研究所、中国科学院自然科学史研究所、中国历史博物馆、北京钢铁学院、中南矿冶学院、北京有色金属研究总院、长沙有色冶金设计院、武汉地质学院，并请国家文物事业管理局组织部分省的文物考古人员共同组成铜录山综合考古发掘队加强考古力量，尽快完成发掘任务。在发掘中要作好科学记录工作。建议拍摄一部完整的资料影片。

3. 七号矿体的考古发掘工作，请冶金部安排大冶有色金属公司提供机械设备，予以积极配合。

4. 考古发掘经费（矿山机械设备使用费、发掘民工、发掘工具、文物搬迁、文物保护等项），建议按照国务院《文物保护管理暂行条例》第九条规定精神，由国家文物事业管理局与冶金部协商解决。

5. 为保证发掘出土文物的安全和保护，建议兴建一个六百平方米的文物仓库。

此外，在会议讨论中，大家还认为，铜录山古矿冶遗址发掘出土文物十分丰富，反映了我国古代采矿技术的高度水平。建议在黄石地区建立一个古代矿冶史博物馆。

在会议讨论过程中，大家还反映在各地有不少矿山发现古矿冶遗址。因此，建议冶金部和国家文物事业管理局采取措施，加强文物保护和宣传工作。

一九七九年八月二十一日

附件3：

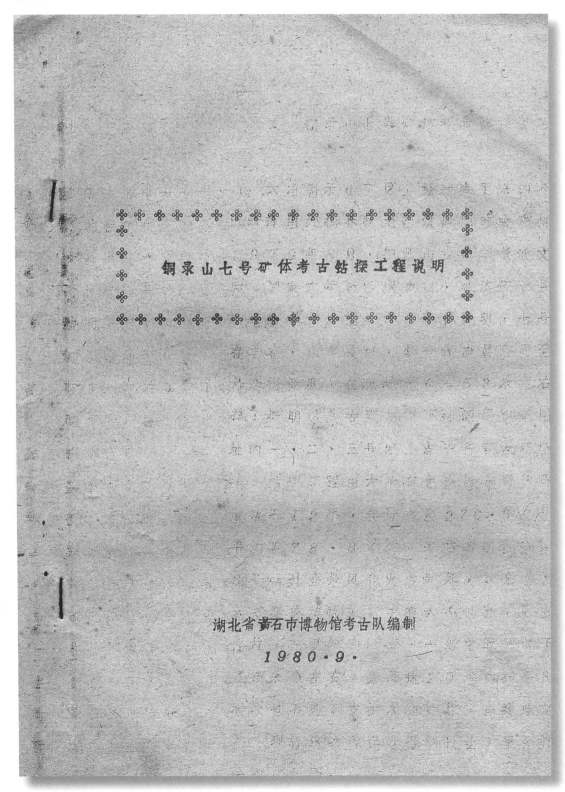

铜录山七号矿体考古钻探工程说明

湖北省黄石市博物馆考古队编制

1980·9·

铜录山七号矿体考古钻探说明

大冶铜录山矿区，经过多年来的考古发掘工作，已清理出大批春秋至西汉时期的古矿井和炼铜竖炉。1979年8月，铜录山古矿冶遗址文物保护坐谈会后，国家文物局组织力量，对该矿七号矿体进行了大规模的考古发掘。发掘资料说明，七号矿体古矿井遗存丰富，保存良好，其时代应属西周至春秋。目前最大发掘深度，在现地表（＋53米左右）以下约5米。为了探明这些古矿井的下延深度和范围，决定对该遗址的一·二·三号发掘点进行考古钻探。

钻探工程由大冶有色金属公司地质队施工，计完成钻孔12个，共计进尺276·5公尺，岩芯采取率平均为78·84％。岩芯表明：除一号发掘点的第6号钻孔全是风化火成岩外，其余11个钻孔，都见到老窿充填物，其中有六个钻孔，见到老窿支护木和竹片。充填物的深度，一般在地平以下10米（标高45米）左右，最深达20米（标高35米）左右，有的钻孔见到支护木和竹片，连续厚度达10米。

现将这次考古钻孔和过去矿里所打的探矿钻孔综合列表如下：

七号矿体等古遗工程统计表

序号	钻孔编号	口留泰高度(米)	老矿层厚度(米)			土筑末层厚度(米)			崇高标取率	备注
			自	至	层厚	自	至	层厚		
1	ZK1	53.52	22.00	2.03	14.26	12.24	—	—	0	72.73	固岩标率重就是采取率不就是作段全打ZK2
2	ZK2	55.62	15.01	2.58	10.22	7.64	—	—	0	77.48	ZK2为考古钻孔
3	ZK3	53.46	25.15	6.18	15.78	9.60	—	—	0	85.15	CK为探矿古钻孔
4	ZK6	55.13	20.58	—	20.31	20.31	—	—	0	71.92	
5	CK770	54.00	118.21				2.84	12.87	5.03	59.15	1~6为一号发掘点钻孔
6	CK786	53.50	170.20	1.00	30.81	29.8				67.64	
7	ZK4	53.81	37.38	1.83	6.76	3.52			0	58.55	
8	ZK8	54.47	26.02	1.74	5.35	4.27	2.10	10.15	6.03	80.73	7~10为二号发掘点钻孔
9	ZK12	54.30	17.42	0.30	26.01	20.63	10.15	18.33	8.18	88.24	
10	CK741	75.03	55.53	0.70	22.73	9.56	8.57	31.11	0	81.13	
11	ZK5	55.13	26.32	0.50	10.06	8.33	—	—	0	75.24	
12	ZK7	55.03	27.03	0.40	8.73	9.50	0.33	2.45	2.10	83.58	
13	ZK9	54.03	24.72	1.03	12.53	4.07	21.32	25.39	4.07		
14	ZK10	55.37	19.26	21.32	25.39	14.41	18.57	32.98	14.41		11~20为三号发掘点钻孔
15	ZK11	56.09	15.10	18.57	34.98	10.98			0		
16	CK721	74.71	36.91	20.10	31.08	22.97	—	—	0		
17	CK732	76.22	69.57	4.00	26.97	6.21	—	—	0		
18	CK733	75.76	45.74	5.05	11.26		—	—	0		
19	CK722	77.18	47.11	2.56			—	—	0		
20	CK721	75.00									
	考古钻孔		276.50							72.84	

各钻孔情况分述如下：

(一) 一号发掘点钻孔。

(1) ZK1 钻孔：位于保护棚外东端，孔深22.00米，开孔时为较坚实铁矿石，故用给水钻进，到4.33米处，突然变松软，钻杆一直往下坠，到11.30米，未取得多少岩心。11.30米到14.96米，岩心为泥状物夹矽卡岩及铁矿石碎块，14.96米以下为高岭石化花岗闪长斑岩，直到22米停钻，因蠢关键部位岩心，取率太低，未达到要求，经研究确定，在附近重打ZK2钻孔，取得经验以后采用不给水或给少量泥浆水钻进。

(2) ZK2 钻孔：北距ZK1孔一米，孔口坐标X：3329863.366 Y：590427.457 Z：53.52，孔深15.01米，开孔到2.58米为灰黑色磁铁矿夹少量星点孔雀石，2.58~10.22为老窿充填物（泥土夹少量磁铁矿和赤铁矿碎块），层厚7.64米，10.22米以下为高岭石化花岗闪长斑岩。

(3) ZK3 钻孔：位于保护棚外东端，北距ZK孔6米，孔口坐标为，X：3329869.305 y：590428.369 z：53.46 孔深25.13米，开孔到6.18米为泥状金云母矽卡岩，夹少量褐铁矿岩芯较完整；6.18~15.78米为老窿充填物（泥状物内夹多种铁矿石与高岭土混杂）层厚9.6米，在6.18米处，见两小块杉竹片。15.78~19.88米岩芯较完整，为土状高岭土与褐铁矿；19.88米以下为大理岩，受磁铁矿化和透辉石化，呈交代残余结构，肉眼未见铜矿物。

(4) ZK6钻孔：位于保护棚西部，距棚檐6.00米，孔口坐标为，X：3329751.659 y：590421.138 z：55.13孔深20.58米，全部为高岭石化花岗闪长斑岩。

(5) CK770 钻孔：系1976年10月所打探矿钻孔，位于保护棚内南进口处，孔口坐标为：X·8329852.759，Y·590417.6，Z·54.00，孔深118.21米，开口到20.31米似为老窿充填物，岩心呈泥巴状含高岭土，细片金云母及其它岩粉，未见有水（当时对老窿充填物未多加注意），20.31~86.30为大理岩受各种矿化，以下为花岗闪长斑岩。

(5)CK786钻孔：系1976年10~12月所打探矿钻孔，位于现保护棚外东侧角，距ZK4约4.5米，孔深170.2米，开孔至9.03米似为老窿充填物，岩心为粘土状混合物，内夹砂卡岩碎块，因岩心采取率太低，无法确定老窿界线，可参照ZK4情况圈定，9.03米以下为花岗闪长斑岩，大理岩，砂卡岩，层位出现。

在一号发掘点保护棚内，已发掘出大量古矿井，为了保护这些古井，不受施工时践踏破坏，棚内未能打钻，其下延深度，无法得知，据上述六个钻孔控制的情况，棚外向西大理岩与火成岩直接接触，可能无老窿；棚外向东，有老窿延伸，推断老窿面积约为700平方米，其中有坑木面积约290平方米。

（二）、二、三号发掘点：

(7)ZK4钻孔：位于二号发掘点中部，孔口坐标为X：3329764，Y：590391.743，Z：53.81，孔深37.38米，开孔一米至30.81米为老窿充填物，厚29.81米，呈砖红与褐黄色泥状物，内混杂含孔雀石铜矿石碎块及高岭土等，3.84~12.87米连续见到大量古矿井支护木和竹片，30.81~35.01，为含岩屑火成岩，35.01米以下为大理岩。

(3)ZK8钻孔：位于二号点，孔口坐标为：X：3329773.841，Y：590407.948，Z：54.47，孔深26.02米，开口即是老窿充填物，厚6.76米，岩心为泥状物，内夹磁铁矿和少量赤铁矿碎块，未见支护木，6.76米以下为高岭土化花岗闪长斑岩。

(9)ZK12钻孔：位于二号点，孔口座标为：X：3329780.288，Y：590401.568，Z：54.30，孔深17.42米。开口为风化大理岩，呈松散状碎块，在1.83米开始，见老窿充填物，为黄色泥土，内夹碎矿石块，层厚3.52米；5.35米至7.85米为高岭土化花岗闪长斑岩。以下为大理岩。

(10)CK741钻孔：位于二号点，为1974年4～5月打的探矿钻孔，孔口座标为：X：3329778.203，Y：590408.732，Z：75.03米，孔深55.53米。在21.74～26.01米（相当于现地平以下0.74～5.01米）见老窿充填物，厚4.27米，为浅黄色泥土夹风化矽卡岩碎块并少量孔雀石。在26.01～36.50米为高岭土化花岗闪长斑岩。36.50米下为大理岩。

(11)ZK5钻孔：位于三号点，孔口座标为：X：3329751.659，Y：590421.138，Z：55.13，孔深26.32米。开孔0.3米见老窿充填物，直到19.87米，厚达19.57米。从2.10米到10.13米陆续见到大量古矿井支护木，厚8.03米。充填物因为泥状物夹赤铁矿及褐铁矿化磁铁矿碎块。从上到下孔雀石含量渐增多19.87米以下为火成岩，25.32以下为大理岩。

(12)ZK7钻孔：位于三号点，孔口座标为：X：3329760.840，Y：590417.585，Z：55.03，孔深27.03米。0.70～22.73米为老窿充填物，厚22.03米。在10.15～15.33米陆续见古矿井支护木，厚5.18米。充填物为泥土夹砖红色赤铁矿褐铁矿及磁铁矿碎块。其中在16.93～18.93米之间还夹有2米厚的古矿柱，为强高岭土化花岗闪长斑岩，内含多点孔雀石。22.73米以下为松散高岭石花岗闪长斑岩。

(13)ZK9钻孔：位于三号点，孔口座标为：X：3329711.733，Y：590419.306，Z：54.47，孔深24.72米。0.5～10.06米为老

充填物，厚9.56米，岩芯为泥岩化砥石状，夹杂灰黄色金云母碳酸盐岩的风化残余，有孔雀石零星分布，含矿物部分石零乱；10.96米以下为强高岭石化花岗闪长斑岩，13.70~15.06米为风化矽卡岩，以下为大理岩。

(4)ZK 钻孔，位于三号点，孔口座标为，X.3329759.3 Y.590429.014 Z.55.37孔深15.76米，0.4~8.73米为充填物，厚8.33米，岩芯为泥状风化矽卡岩松散碎块，12.8米以下为大理岩。

(5)ZK 钻孔，位于三号点，孔口座标为，X.3329739.550 Y.590440.446 Z.56.09孔深15.10米，开孔到1.03米为地表堆积物，10.03米到10.53米为老窿充填物，厚9.5米，在2.33米开始见到大量古矿井支护，下到8.43米止，层厚6.10米，充填物为泥土夹磁铁矿、褐铁矿等碎块及含有少量孔雀石的高岭石，10.53米以下为磁铁矿化大理岩。

(6)CK731钻孔，为1974年1月所打的探矿钻孔，孔口座标为，X.3329752.150 Y.590408.254 Z.74.71孔深36.91米，在21.32~25.39已有四米厚的古矿井支护木及充填物，中夹粘土与磁铁矿等碎块混杂物，25.39米以下有风化花岗闪长斑岩含星点孔雀石，破碎松散。

(7)CK732钻孔，为1974年3月所打的探矿钻孔，孔口座标为，X.3329752.577 Y.590433.604 Z.76.22孔深64.57米，从18.57——32.98米为老窿充填物，下续夹有古矿井支护木，厚14.41米，主要为粘土含磁铁矿碎块及粉状孔雀石，32.9米以下为矿化大理岩。

(8)CK733钻孔，为1974年所打的探矿钻孔，孔口座标为，X.3329748.212 Y.590458.440 Z.76.76;孔深100.71

米，20. 10~31. 08米为老窿充填物，厚10. 98米，岩芯为褐黄色金云母矽卡岩，局部褐铁矿化；31. 08~35. 42. 为灰绿色金云母矽卡岩，以下为含铜大理岩，上段为铜铁矿，下段为单铜矿。

⑾CK721钻孔：为1974年5月所打探矿钻孔，孔口座标为．X：3329730. 50，Y：590394. 50，Z：75. 00；孔深47. 1米从5. 05~11. 26米见老窿充填物，厚6. 21米，为泥巴状褐铁矿化金云母透辉石矽卡岩，11. 26米以下为高岭石化花岗闪长斑岩，因塌孔事故停钻。

⑿CK722钻孔：为1974年4月所打的探矿钻孔，孔口座标为．X：3329725. 151，Y：590439. 143，Z：77. 18，孔深45. 74米，从4. 00~26. 97米见老窿充填物厚22. 97米，以粘土为主夹褐铁矿碎块，以下为风化矽卡岩，30. 83米以下为风化花岗闪长斑岩。

综上第二、三发掘点，打了考古钻孔8个，连同矿山以前所打探矿钻孔6个，共计14个都见到老窿充填物，深度在现地平以下1~20米之间（标高35~55米），其中有6个钻孔见到老窿支撑木，亦在现地平以下1~10米（标高45~55米左右），根据钻孔资料分析推断圈定老窿面积为1950平方米，其中见有古矿井支护木的面积为1280平方米，并有向东西端方向发展趋势。

附　图

1. 七号矿体考古区地形图
2. 七号矿体二、三发掘点A——A剖面图
3. 七号矿体二、三发掘点B——B剖面图
4. 七号矿体+55水平古矿井范围平面图
5. 七号矿体+43水平古矿井范围平面图

6. ZK2钻孔柱状图

7. ZK3钻孔柱状图

8. ZK4钻孔柱状图

9. ZK5钻孔柱状图

10. ZK7钻孔柱状图

11. ZK11钻孔柱状图

12. CK731钻孔柱状图

附件4：

湖北大冶铜绿山古矿冶遗址
文物保护第二次座谈会纪要

根据一九八一年一月二十六日湖北省人民政府给冶金部、国家文物局《转报黄石市人民政府〈关于调整大冶铜绿山古矿冶遗址文物保护方案的请示报告〉》文件精神，湖北省文化局于一九八一年四月六日至九日在黄石市召开了铜绿山古矿冶遗址文物保护第二次座谈会，研究铜绿山古矿冶遗址文物保护方案。参加会议的有冶金部、国家文物局、大冶有色金属公司、铜绿山矿、北京有色冶金设计研究总院、冶金部矿冶研究总院、长沙有色冶金设计研究院、中国历史博物馆、中国社会科学院考古研究所、国家文物局文物保护技术研究所、湖北省文化局、湖北省博物馆、黄石市委宣传部、黄石市文化局、黄石市博物馆、大冶县委宣传部等单位的代表三十人。

大冶铜绿山是我国一处重要的古矿冶遗址。国家文物局会同冶金部曾于一九七九年八月邀请有关文物、冶金部门的同志在黄石市召开了铜绿山古矿冶遗址文物保护第一次座谈会，后经冶金部和国家文物局批准了会议纪要，确定将Ⅰ、Ⅰ号矿体的古矿冶遗址原地长期保存，将7号矿体的古矿井进行发掘，两年以后将该矿体交矿山生产。会议回顾了这次会后一年多的文物保护与发掘工作，充分肯定了成绩，研究了新出现的一些问题。一九七九年十一月，国家文物局组织了中国社会科学院考古研究所、河南省博物馆、内蒙古昭乌达盟文物工作站、湖北省博物馆、黄石市博物馆在铜录山进行考古会战，对七号矿体进行了考古发掘和钻探，对十一号矿体也采取了必要的保护措施，并发掘出两座春秋时期炼铜竖炉。目前在七号矿体已发掘的一千余平方米中，已清理出西周末年到春秋战国时期古代采矿竖井199座，平巷117条，随同出土了大量采矿工具及有关的遗迹遗物。钻探资料还表明七号矿体范围内地下十米至三十米处还埋藏有较密集的古矿井。这些说明七号矿体是目前已知铜录山地区时代最早、规模较大的一处古矿冶遗址，有较大的代表性。在此期间，还向在我国召开的第一次国际矿山规划开发技术讨论会的五大洲三十多个国家和地区的代表介绍了这处古矿冶遗址的情况展出了部分文物和资料，出版了《铜录山——中国古矿冶遗址》一书，从而进一步引起了国内外的广泛重视。

大家认为，鉴于上述七号矿体已发掘出的古矿井有着很重要的文物保护价值，地下又埋藏有较密集的古矿井，如果按原定文物保护方案，在两年内完成考古发掘工作是无法实现的，而在要求十一号矿体长期保存的同时，又要延长七号矿体的考古发掘时间，势必对生产造成很大影响。因此，黄石市人民政府向湖北省人民政府提出调整铜录山古矿冶遗址文物保护方案是适时的。大家本着既要保护文物，又要搞好矿山生产的原则，经过充分讨论，提出了以下文物保护方案。

（一）七号矿体作为古矿冶遗址保存，不进行开采。在地面划出保护范围，在周围修建保护围墙。对已发掘的四百平方米古采矿场，修建轻型钢结构的文物保护棚，作为现场展览和科学研究场所。为此将保留铜矿石139万吨，铜金属量1.92万吨，铁矿石64万吨，品位48.42%。七号矿体400T/日的生产规模消失。

关于保护七号矿体古矿冶遗址的方案，在讨论中，认为可以有两种方法。

1. 为确保文物安全，必须保留永久保安矿柱。因此将使三、四号矿体-245米标高以下铜、铁矿石861万吨，铜金属量14.25万吨，铁金属量265万吨不能开采，与此相应的地面座标分别为：

II号发掘点：x3329850，y590394，
x3329845，y590444；
x3329867，y590447，
x3329878，y590398。

III号发掘点：x3329760，y590384；
x3329727，y590421，
x3329744，y590443，
x3329772，y590449；
x3329776，y590410，
x3329768，y590383。

2. 鉴于古矿冶遗址大部分保存在地下，保护要求与其它文物有所不同。允许地面有不同程度的下沉、开裂、移动。为了充分利用这部分资源，根据目前的技术水平，可以采用胶结充填法开采，在回采和充填过程中，加强质量管理。力争做好接顶工作，尽量减少不均匀

的下沉、开裂、移动等现象而对地表文物的影响、采取何种方式保护，建议在批复纪要时予以明确。

（二）对七号矿体已发掘的四百平方米古矿井，应加强文物保护的技术研究、采取保护措施，加以保护。

（三）十一号矿体不再长期保存，交由生产部门设计开采。生产部门在确定矿山剥离计划后，可适当提前进行剥离，为文物部门进行考古发掘创造条件。在正式投入剥离时，由文物部门配合进行文物清理发掘工作，生产部门应给予必要的支持和配合，以尽量取得较为完整的文物资料。

实施以上文物保护和考古发掘方案，共需经费约五十万元（包括修建保护围墙、轻型钢结构的文物保护棚、文物保护技术研究、考古发掘等项目），扣除冶金部原拨30万元余款13万元外，尚差37万元，建议按照国务院有关政策规定，由国家文物局和冶金部协商解决。

会议期间，黄石市人民政府建议国家文物局和湖北省人民政府对保护这一重要古矿冶遗址作出了显著成绩的单位和个人分别给以奖励。

一九八一年四月九日

附件 5：

冶金工业部　国家文物局
关于《湖北大冶铜绿山古矿冶遗址
文物保护第二次座谈会纪要》的批复

〔81〕冶色联字第023号

〔81〕文物字第372号

湖北省文化局：

我们同意《湖北大冶铜绿山古矿冶遗址文物保护第二次座谈会纪要》关于铜绿山古矿冶遗址的保护方案：

一、七号矿体作为古矿冶遗址永久保存，不再进行开采。但是为了尽可能充分利用地下资源，可以根据目前技术水平，对三、四号矿体—245米标高以下铜、铁矿石，采用胶结充填法开采，在回采和充填过程中，必须加强质量管理，力争做好接顶工作，尽量减少不均匀的下沉、开裂、移动等现象造成的对地面文物的影响。

二、十一号矿体不再长期保存，交由生产部门设计开采。生产部门可适当提前进行剥离，由文物部门配合进行文物清理发掘工作。生产部门给以必要的配合和支持。

三、对七号矿体已发掘的古矿井现场，要加强保护，因建保护棚、围墙和进行考古发掘，科技研究所需三十七万元的经费，国家

10

文物局可考虑给以适当补助，请另作专题报告解决。

　　四、同意黄石市人民政府关于由湖北省人民政府和国家文物局对保护铜绿山古矿冶遗址作出显著成绩的单位和个人分别给以奖励。

国家文物事业管理局

冶 金 工 业 部

一九八一年八月十三日

附件：湖北省文化局《湖北大冶铜绿山古矿冶遗址保护第二次座谈
　　　会纪要》

抄致：大冶有色金属公司、铜绿山矿、北京有色冶金设计研究总
　　　院、冶金部矿冶研究总院、长沙有色金属设计研究院、考古
　　　所、湖北省文化局、湖北省博物馆、黄石市委宣传部、黄石
　　　市文化局、博物馆、大冶县委宣传部、中国历史博物馆。

11

铜绿山古铜矿遗址不应搬迁

湖北省政协委员　黄石市人大常委会副主任

湖北师范学院教授·黄瑞云

一九七三年，湖北省大冶铜绿山铜矿发现一处古铜矿遗址。其后考古部门得到矿山的支持，配合生产进行发掘，使这处可能沉埋了二十个世纪的古矿遗址重见天日。经专家考证，古矿开采的年代自西周直至西汉，绵延达十一个世纪，遗址范围两平方公里，凡十二个矿体，矿井最深达六十米。遗存的炼渣多达五十万吨，据炼渣推算，古矿当年至少生产过十万吨铜。专家们将发掘出来的古代冶铜炉复原，并用它炼出了质量很高的粗铜。人们惊讶地发现，三千年的古代冶炉，其科技水平竟然远远高于一九五八年大跃进的土高炉，而和现代先进的高炉其原理完全一致。古矿遗址的发现，使整个世界为之惊诧。其年代之悠久，规模之宏伟，技术之精湛，保存之完整，迄今为止，在世界上独一无二。其历史价值、科学价值，完全可以同周口店遗址、殷墟遗存、秦始皇兵马俑、莫高窟遗书媲美。它是我们民族的骄傲，是整个人类的瑰宝。当我们惊讶历史博物馆殷周铜器奇丽精工的技艺，当我们欣赏曾侯乙编钟镗鎝增肱的音乐，我们不应忘记铜绿山人付出的辛勤劳动和他们所作的巨大牺牲。每一个有民族自尊心的炎黄子孙，站在这些冥默无声的矿井面前，都不会不为我们祖先的丰功伟业而血液沸腾。

一九八二年中华人民共和国国务院批准古铜矿遗址为全国重点文物保护单位。一九八四年在决定永久保留的遗址一号发掘点建立了"铜绿山古铜矿遗址博物馆"，继半坡、秦始皇兵马俑之后，成为我国第三个古文化遗址博物馆。

遗址博物馆对外开放已有五年。今年国家文物局决定将遗址向联合国教科文组织申请列入《世界遗产目录》。

但现在，遗址却面临着一个能否保存下去的严重问题。

由于古矿遗址在现采矿区内，博物馆距采矿境界最近处仅八公尺，为保护遗址不致崩塌与不受爆破损伤，现留的安全控制地带显然是不够的，理应再加扩大。但保护遗址，无疑给矿区生产带来很大困难。现在面临的一个更为关键的问题是，遗址下面还贮藏有大量铜、铁等矿物，据估算，可以采出价值约十亿人民币的金属量。我国目前尚不发达，资金短缺，铜的需要尤为紧俏，因此这笔财富令人关注。

有关部门和专家由此提出一个搬迁古矿遗址的方案，主张将遗址整体搬迁，以掘取这笔地下宝藏，同时于生产也更为方便。

人们从经济建设考虑，希望尽快发掘这笔财富，其动机无可厚非。但是，考虑到民族的长远利益，考虑到民族的尊严，我认为铜绿山古矿遗址不宜搬迁。

　　第一，搬迁将改变遗址的性质。遗址的概念是建立在原地未经迁移这一前提之下，一经搬迁，即不成其为遗址。因为经过搬迁，遗址即脱离了它所产生的环境，丧失了作为历史见证作用；不论搬迁的实体有多大，都只能称之为标本，作为遗址已不存在。假定截取万里长城的一段，移置北京城外，哪怕一砖一石都保持原貌；也只能称之为长城的标本，谁还承认它是万里长城呢？铜绿山古矿遗址原有面积约两平方公里，现在保存下来的只是其中的极小部分，不足两千平方米，其他都为矿山生产的需要而没有保存，如果这仅有的一小部分再搬离原处，遗址就不存在一点真正的现场，作为古遗址也就实际消灭。联合国一九六四年通过的《保护文物建筑及历史地段的国际宪章》明确规定："一座文物建筑不可从它所见证的历史和它所产生的环境中分离出来，不得整个地或局部地搬迁文物建筑；除非为保护而非搬迁不可，或者为国家的或国际的十分重大的利益有此要求。"搬迁铜绿山古矿遗址的主张，显然是为了采掘遗址下面的矿藏，而不是"为保护而非搬迁不可"；十亿元的效益于国家确乎是重大的利益，但用历史的眼光去看，就不属"十分"重大的利益。因此，搬迁是与宪章精神相违背的。联合国教科文组织制定的《保护世界遗产公约》拒绝将重建的文物建筑和历史中心登录在《世界遗产目录》中。公约规定："对那些有可能从不可能迁移的财产变为可迁移财产的提名将不予考虑。"国家文物局准备将铜绿山古铜矿遗址作为"世界文化遗产"向联合国教科文组织申报。如果遗址迁移，教科文组织将不会受理申请，这个遗址就将永远不能列入世界文化遗产。问题还在于，保护遗址的现场，维护它的真实性质和原始面貌，我们自己本来应该有这样的认识，应该这样对待祖先留给我们的珍贵遗产，而不论国际上承认与否。

　　第二，主张搬迁遗址，主要的（其实是唯一的）原因，是可以掘取遗址下面的矿藏，可以为国家获得高达十亿元的效益。十亿元确实是一个可观的数字。但是不应忽视，遗址的价值是无法用金钱计算的，称之为价重连城决不过分。我们应该具有历史的眼光，而不应用短视来看待这个问题。再说保持遗址的现状，这笔矿藏并没有消失，它仍然保藏在地下，我们要建设社会主义，并不一定要把已经发现的宝藏全部耗尽，留一些给我们的子孙并无害处。若干年以后，技术发达了，人们也许无需花今天这么大的力气就可以取出这笔宝藏；或者那时国家已经富强，不一定非要发掘这笔矿藏不可。如果遗址不幸遭到破坏，我们的子孙即使花十个十亿也无法恢复。

　　第三，假定舍弃这个遗址，把它作为一个古矿标本予以搬迁，在技术上也没有可靠的保证。世界上如埃及、印度、苏联、捷克等国，对地面建筑物的搬迁已有相当的成绩，有一定的经验可资借鉴。但原始矿体中的古矿遗址的搬迁，世界上没有先例。没有先例的事情当然也可以做，但我们必需先有实践，不可凭空论证。埃及修建阿斯旺水坝，需要搬迁一座大型石头神庙（那确实关系到他们国家"十分重大的利益"，"为保护"而非迁不可），他们先搬迁了大庙旁边几座相对不那么重要的建筑，作为实验以取得经验。我们能不能做一个实验，搬迁一个哪怕是比遗址小一些的山头呢？别忘记那个山头也必须开凿密度同遗址类似的巷道，而且里头也许用老朽的木头支撑着，需知搬迁一个用木制构件支护的、巷道纵横的、历经两三千年的古矿遗址，比搬迁一个土石未经凿动的山头要难上千倍。我们并没有赶山的神鞭，也念不出移山的咒语。答里·卡曼尔对国王说，他可以把天山上那株千年古柏移植到国王的范围里，国王问："你能保证它活吗？"卡曼尔拍着胸脯说："当然能。您什么时候见过卡曼尔说过不落实的话吗？"卡曼尔把古柏移下来了，古柏当然也死掉了。国王问卡曼尔是怎么回事，卡曼尔说："它本来是不会死的，但它根上的泥土脱落了，它的根枝折断了，它的叶子震落了，所以就死了。"国王说："这些难道不是你应该事先估计到的吗？"卡曼尔说："尊敬的陛下，您要知道，那些泥土脱落，根枝折断，叶子掉落，都是没有征求我的意见的。我能对他们负责吗？"国王大怒，他宣布，由于卡曼尔出了愚蠢的主意，他要砍掉卡曼尔脑袋。"砍吧！"卡曼尔说，"如果出了愚蠢主意的人要砍掉脑袋，那么听取愚蠢主意的人该怎样处理呢？"我们非常需要吸取那位国王陛下的教训。铜绿山古矿比故事中那株千年古柏珍贵何止万倍，如果因移动而被毁坏，难道我们不应承担历史罪责吗？

还有一个问题也应附带论及，即国内别的省分也发现了古矿遗址，有的同志认为，鉴于铜绿山矿藏的巨大价值，即使放弃这个遗址，外省的遗址也可以弥补。这种观点是不能接受的。外省的古矿遗址能否和铜绿山相比尚属未定之天，而铜绿山遗址的价值早已为世所公认。而且即使另有一处遗址可以和铜绿山相比，也没有理由认为这里就可以放弃。我们绝不会因为有了黄鹤楼，而且是天下第一楼，而岳阳楼、腾王阁就可以不加修复。

主张搬迁遗址的同志重在掘取地下宝藏，反对搬迁的同志重在保护遗址原貌，他们都是为了国家利益，只是角度不同。正因为如此，所以遗址应否搬迁，必须进行充分的严肃的科学论证。无可讳言，冶金部门和文物部门的同志，在论证这个问题时都不可避免地带有岗位的眼光和职业的情感，而影响作出科学的判断。为此我建议，双方都提供充分的材料，说明各自的理由，然后由国务院委托中国科学院，聘请一批有足够资望的科学家组成论证委员会。聘请的科学家应该有各个学科的，他们不一定要懂得开采矿藏和保护文物，根据业异理通的道理，他们将不缺乏理解力和判断力。由他们通过充分的讨论，然后用民主的方式决定遗址是否应该搬迁，政府可以根据他们的结论作出决定。这样作出的决定，应该说是最科学的。

古矿遗址是我们的祖先留给我们的珍贵遗产，它具有重大的历史价值和科学价值，是我们进行爱国主义教育和历史唯物主义教育的生动教材；参观过遗址的国内外人士都无不为之惊叹，认为它"是全人类的共同财富"，"是中华民族的骄傲"，"是中华民族精神的体现"。面对当前泛起的一股否定中国传统的文化，否定几千年中国文化史的思潮，铜绿山遗址所特具的丰富内涵，是反驳这种错误思潮最有说服力的材料。大跃进和文化大革命对文化遗产的破坏，给予了我们无数惨痛的教训。处理遗址的问题应该慎之又慎。殷墟、龙门石窟等以它们残破的景象不断地向人们提出控诉；铜绿山古矿幽深的矿井里古代铜绿山人的精灵在向我们呼喊。很值得我们低首三思。我们必须对我们的祖先负责，对我们的子孙后代负责，千万不要为了短期效益而造成千秋遗憾。我们还应该注意到，在全国范围，文物保护这道"防线"已十分脆弱。如果为了眼前的利益，将古矿遗址加以搬迁，缺口一打开，那道脆弱的防线就很难勉强维持。既然已经国务院批准又为保护它而付出了很大力量，并得到国际上高度评价的全国重点文物保护单位尚且可以如此处理，那么，还有什么文物不可以因和某种利益发生矛盾而加以毁弃呢？为守住文物保护这条脆弱的"防线"，避免造成严重的后果，古矿遗址也不应搬迁。

1989年8月

8

附件7：

机 密

情况反映

第 252 期 （总第2962期）

光明日报总编室编   1984年12月 6 日

铜绿山古铜矿遗址与生产建设的矛盾急待解决

　　湖北省铜绿山古矿遗址，是世界上迄今发现的规模最大、历史最久、保存最完好的古矿冶遗址。专家认为，这座古矿遗址，在世界古代冶金史上，处于独一无二的地位，是全人类的共同财富。为此，湖北省黄石市在文化部和湖北省委的支持下，保存了一小块遗址，并已在上面建立起"铜绿山古铜矿遗址博物馆"，准备于最近向国内外观众开放。

　　但由于铜绿山地下资源丰富，矿山的开发正在加紧进行，这就与古矿遗址的保护产生了尖锐矛盾，有可能使这举世瞩目的文化遗址化为乌有。

　　中国有色金属工业总公司已在去年年底决定，铜绿山矿二期工程采用大露天开采，单方决定"古铜矿遗址易地

- 1 -

保护"。

今年九月下旬，北京有色冶金设计研究总院给黄石市博物馆发文，声称："在开采过程中，地表的沉降是难于避免的"，"博物馆难免出现开裂，甚至倒塌"，"博物馆的屋顶、玻璃可能被砸坏，特别是往来参观的游人，可能发生人身伤亡事故"。实质上是逼古矿遗址搬家。

现在，发掘现场已成为孤岛，突出地面近三十米。今年九月底，电铲司机奉车间副主任之命，径直向发掘现场"进击"。文物工作者出示"中华人民共和国考古发掘证照"也无济于事。最后，找到铜绿山矿的党委书记和有关领导，才暂时制止了这种行动。博物馆工作人员谈及此事心有余悸地说："假如再铲两小时，整个发掘现场必然全部被毁，造成的损失将无法弥补。"

以上这种种做法，是与双方协议的精神相违背的。

这座古矿遗址于一九七三年被发现后，当时的冶金部领导十分重视。副部长高扬文作了这样的批示："我主张选择有代表性的古矿井、古炉子（冶炼基地）原样保留，即使一些矿减少一些产量也值得。因为这些古迹有重大的科学、文化价值。"

一九七九年和一九八一年，冶金工业部和国家文物局根据国家规定的"重点保护、重点发掘，既对基本建设有利，又对文物保护有利的方针"，曾先后两次召开座谈会，在座谈《纪要》中，双方已议定："七号矿体作为古

· 2 ·

矿冶遗址永久保存（即现在建的博物馆处），不再进行开采……对三、四号矿体采用胶结充填法开采。在回采和充填过程中，尽量减少不均匀的下沉、开裂、移动等现象造成的对地面文物的影响。"

座谈会《纪要》还议定：十一号矿体（即现在的发掘现场）确定为重点文物发掘区，生产部门"要为文物部门进行考古发掘创造条件"。

考古工作者认为，只要生产单位密切配合，铜绿山古矿冶遗址的发掘一定能取得更大的成就。最近，文化部文物局顾问谢辰生和有关专家相继来到发掘现场，看到目前这种情况后都很担心。他们的一致意见是："铜绿山古铜矿遗址不能搬迁。因为这份世界上独一无二的珍贵遗产，是无法用经济价值来衡量的。"他们还提出，必须坚决执行《文物保护法》，当生产部门和文物部门发生矛盾时，必须有国务院的裁决，不能自行其事。

本报湖北记者站　丁炳昌

樊云芳

本报湖南记者站　张祖璜

·3·

附件8:

铜绿山古矿遗址保护
可行性研究报告审查会议纪要

一九八九年十一月十七日至二十日，中国有色金属工业总公司、国家文物局、湖北省经济委员会在黄石市联合召开了铜绿山古矿遗址保护可行性研究报告审查会议。参加会议的有中国有色金属工业总公司、国家文物局、湖北省经委、湖北省文化厅、黄石市人民政府、大冶有色金属公司的负责同志及文物、科研、工程技术等方面的专家、教授和各方面代表共31人。

会议期间，与代表们参观了铜绿山古铜矿遗址博物馆和铜绿山矿三期工程基建生产现场，听取了长沙矿冶研究院关于陡边坡加固方案和北京有色冶金设计研究总院、国家文物保护研究所、黄石市博物馆、冶金部武汉安全环保技术研究院、大冶有色金属公司等单位编制的关于铜绿山古矿遗址搬迁保护可行性研究报告的介绍，认真参阅了十一位考古专家和文物保护专家的书面咨询意见。本着尊重科学、面对现实、实事求是、求同存异的精神和既有利于文物保护、又利于矿山生产建设的原则，与会代表畅所欲言，各抒己见，在相互理解、相互尊重的气氛中进行了认真严肃、热烈的讨论，现将有关问题纪要如下：

一、会议认为，铜绿山古矿遗址七号矿体I、2、II古矿点陡边坡加固方案和搬迁保护方案，是经过许多专家、教授多年辛勤劳动、反复论证的成果，是在多种保护方案中筛选出来的两种较好方案，都是有利于文物保护、有利于矿山生产建设的。

二、多数代表认为，采取原地保护方案可以保存古矿点的现有风貌，避免因搬迁可能造成的损坏，但就目前实际情况看，七号矿体的I、2、II古矿点面临着地下水文地质变化、矿山开采爆破和地应力因素的影响，难以采取切实可行的可靠措施来达到永久性保护的目的。

三、大多数代表认为，搬迁保护虽然对遗址的价值有一定影响，但国际、国内均有先例，搬迁后还可以建立一座国家级博物馆进行补充完善。因此，采取搬迁保护方案是一种经济上合理、技术上可行、资金筹措上有渠道，基本上又不损害古遗址内涵的可行的保护方案。

四、会议认为，应将两种方案一起提交湖北省人民政府会同国家文物局、中国有色金属工业总公司进行研究，并请湖北省人民政府上报国务院决策。

国务院一旦批准保护方案后，有关单位要立即抓紧科学试验、精心设计。实施中的技术问题由中国有色金属工业总公司负责解决，文物保护问题由国家文物局负责解决。

五、另外，湖北省文化厅在上述两个方案之外又提出了小露天、坑采、42度缓边坡、10米保护边界线的原地保护方案和五点保护意见。考虑这个方案没有经过充分论证，可作为附件上报，供决策时参考。

六、古遗有些代表认为：希望在铜绿山矿范围内，继续探寻发现更多的古矿点，以便更完整地进行统筹保护。

七、代表们一致认为，古遗址保护和铜绿山矿二期工程建设都已迫在眉睫，刻不容缓。无论采取哪种方案都要尽快决策，再不能拖延。

八、在国务院未作出决定以前，大冶有色金属公司铜绿山矿要遵照《中华人民共和国文物保护法》和有关会议纪要精神，与文物部门一道，共同努力，按现有范围妥善保护。

领导小组单位签字

中国有色金属工业总公司　　　　张　健（签字）

国家文物事业管理局　　　　　　沈　竹（签字）

湖　北　省　经　委　　　　　　苏国安（签字）

湖　北　省　文　化　厅　　　　邢西彬（签字）

黄石市人民政府　　　　　　　　张廷瑞（签字）

北京有色冶金设计研究总院　　　黄庶康（签字）

大冶有色金属公司　　　　　　　郭玉民（签字）

一九八九年十一月二十日

附件9：

湖北省人民政府省长办公会会议纪要

（2）

一九九〇年一月十三日上午，常务副省长李大强同志主持省长办公会议，听取了省经委副主任苏国安同志关于铜绿山古矿遗址保护问题的汇报，现纪要如下：

会议认为，省经委受省政府的委托，与国家文物局、有色金属总公司共同组织专家对如何保护铜绿山古矿遗址问题进行了多次论证，做了大量的工作。

会议指出，铜绿山古矿遗址是我国迄今发现并保存下来的年代远久、规模最大、采冶结合、工艺完善、文物丰富的古矿遗址。它的发现，填补了我国古代科学技术发展史的空白，具有重大的历史价值和科学价值，是中华民族和世界人类文明的珍贵文化遗产。各级政府、文物部门以及生产部门都要按照《文物保护法》的规定，认真保护好这一古矿遗址。在处理这一文物保护与生产建设的关系上，必须慎之又慎，在发生矛盾时，生产建设应服从文物保护。如果决策失误，导致古矿遗址毁坏，将成为历史的罪人。

从七十年代以来，省委、省政府和冶金工业部的领导同志都十分重视铜绿山矿建设与古矿遗址的保护问题，对此，曾多次作过明确的批示，经过反复协商、专家论证，确定了原地保护古矿遗址的

16

开采方案，但是一直没有得到有关方面的认真贯彻执行。现在，铜绿山矿开采的规模日益扩大，遗址安全受到严重威胁，抢救和保护这一古矿遗址已迫在眉睫。

会议讨论的意见是：1、处理古矿遗址保护与矿物开采矛盾的原则是：保护古矿遗址是第一位的，生产建设必须服从于遗址保护。一切危及遗址安全的生产建设应该停下来。2、鉴于遗址的重要价值和文物的不可再造性，为了保证其历史、科学价值和真实性，古矿遗址应当原地保护。3、根据目前的情况，如何保护好古矿遗址的安全，生产部门要会同有关方面提出确保古矿遗址不再受损害的开采方案，经省和文化部同意后实施。4、铜绿山古矿遗址是全国重点文物保护单位，根据《文物保护法》规定，地方人民政府在文物保护方面行使监督管理的职责。省政府将向国务院写出报告，陈述我省对古矿遗址保护的意见，提供国务院决策。

会议强调，当前，有关单位要立即停止危及古矿遗址安全的生产建设，并采取有力措施，保护遗址不受侵害。

参加会议的有徐鹏航、韩南鹏、历有为、伍愉凝、方贤华、张维先、苏国安、徐春林、胡美洲和大冶有色金属公司的负责同志。

17

附件 10:

国阅〔1990〕75号　　　　　　　　　　　　　000011号

机　密

此件已经国务院领导同志同意

关于研究铜绿山古铜矿遗址
保护问题的会议纪要

（一九九〇年七月五日）

　　七月五日上午，罗干同志主持会议，研究湖北省大冶铜绿山古铜矿遗址保护问题。国家计委、国家文物局、中国有色金属工业总公司和湖北省人民政府的有关负责同志参加了会议。

　　会议听取了湖北省和各有关部门关于大冶铜绿山古铜矿遗址保护情况的汇报。铜绿山古铜矿遗址，是我国迄今发现的保存年代久远、连续生产时间最长、规模最大的一处采冶结合、工艺完善、文物丰富的古矿冶遗址，是国家重点文物保护单位。一九八九年，我国已向联合国教科文组织推荐列入《世界文化遗产目录》。铜绿山矿是我国重要的铜原料生产基地之一。一九八五年国家计委批准铜绿山矿二期工程建设，国家计划投资1.42亿元，已完成投资1.04亿元，预计1991年投产。二期工程建成投产后，每年可生产铜金属

18

1.1～1.2万吨，黄金600公斤，白银4000公斤，精铁矿21万吨；年总产值1.05～1.1亿元，年上缴税利总额0.4～0.6亿元。在保护好古铜矿遗址的问题上，湖北省和有关部门的认识是一致的，并做了许多工作。但是，在古铜矿遗址周围的水文地质条件已经发生变化的情况下采取什么保护措施，能够实现对遗址的永久性保护，各方面的意见还不一致。目前，遗址保护与矿山生产建设的矛盾十分突出，湖北省和有关部门请求国务院对保护方案早作决策。经会议研究，议定如下事项：

一、要坚持文物保护兼顾矿山生产建设的原则，处理好文物保护与矿山生产建设的关系。在妥善保护好文物的前提下，为矿山生产建设创造一些有利条件，矿山生产建设要服从于文物保护。

二、鉴于矿山生产建设与遗址保护已经出现矛盾，为了把文物认真保护好，请湖北省牵头，组织国家文物局、有色金属工业总公司、国家计委等单位，于今年九月底前，在大冶古铜矿遗址召开现场办公会议，研究对古铜矿遗址采取应急保护措施的问题并向国务院提出报告。目前，对于严重威胁古铜矿遗址的生产建设施工，要先停下来。对矿区内可能影响古铜矿遗址保护的其他生产建设施工，也要采取一些预防性措施，尽量减少其影响程度。对古铜矿遗址采取一些临时性强化保护措施所需的经费，由湖北省、有色金属工业总公司承担。

三、为了解决好古铜矿遗址的保护问题，请湖北省和有色金属工业总公司分别负责，尽快组织有关方面的专家对已提出的原地保

19

护、坑内开采和搬迁保护、露天开采两种保护方案进行论证，并于一九九〇年十二月底前提出方案报国务院。在此基础上，再请专家对两种方案进行综合性评估，提出可供国务院决策的参考意见。

四、请国家文物局与国家外国专家局联系，请他们帮助聘请几位已退休的外国专家，就大冶古铜矿遗址保护问题提供咨询服务。

出席： 国家计委张珩、文开元，国家文物局沈竹、李季，有色金属工业总公司吴建常、李织云、黄启根，湖北省人民政府厉有为、张维先、胡美洲、栾丽娜。

20

附件 11：

湖北省人民政府办公厅

机 密

鄂政办函〔1990〕50号

省人民政府办公厅关于做好铜绿山古铜矿遗址原地保护、坑内开采方案论证工作有关问题的通知

省科委、省文化厅并有关大专院校、科研单位：

根据国务院《关于研究铜绿山古铜矿遗址保护问题的会议纪要》（以下简称《纪要》）的要求，省政府已责成省科委、省文化厅会同黄石市人民政府及有关单位，就古铜矿遗址应急保护措施提出了方案。九月一日、九月三十日又就古铜矿遗址原地保护、坑内开采方案论证问题，邀请有关专家讨论。现就做好古铜矿遗址原地保护、坑内开采方案论证的有关问题通知如下：

一、铜绿山古铜矿遗址是国家重点文物保护单位，具有重大的历史、科学价值。要认真贯彻落实《纪要》精神，充分认识文物保护的重要意义，明确文物保护与生产建设的关系。根据《纪要》的

21

要求，我省负责铜绿山古铜矿遗址原地保护与坑内开采方案的论证，这是国务院赋予我省的一项重要任务，是我省文物考古和科技界的一件大事。一定要本着科学、求实的精神，在原已提出的原地保护、坑内开采方案的基础上，结合当前矿山生产建设给遗址保护带来变化的情况，采用新的科学技术，进行严肃认真的论证。

二、铜绿山古铜矿遗址原地保护、坑内开采方案的论证，是一项涉及面广的科研工作。省政府责成省科委、省文化厅负责。方案论证的具体工作由中国地质大学牵头，具体课题由有关单位承担，并聘请岩土力学与应用数学教授郭友中为技术部顾问（古铜矿遗址原地保护和采矿方法研究课题及承担单位附后）。各科研单位要通力合作，搞好课题之间的协调和衔接。

三、请各有关科研单位充分认识这项工作的重要意义，大力支持，给参与论证工作的科研人员提供方便，以便在十一月底前完成各项论证。

四、论证工作所需经费应本着节约的原则，由省财政予以补助。

湖北省人民政府办公厅

一九九○年十月八日

22

附件 12：

大冶铜绿山古铜矿遗址保护方案论证会专家组
评 审 意 见

受国务院办公厅委托，国家计委、国家文物局于一九九一年六月五日至十日在湖北黄石市主持召开大冶铜绿山古铜矿遗址保护方案论证会。与会的三十二位文物、考古、采矿、冶金、地质、工程等方面的专家对中国有色金属工业总公司和湖北省人民政府分别组织有关专家经过论证提出的"大冶铜绿山古矿遗址搬迁保护可行性研究报告"（以下称搬迁保护方案）和"大冶铜绿山古铜矿遗址原地保护与合理采矿方案论证报告"（以下称原地保护方案）进行了认真地论证和评审。评审意见如下：

一、专家们一致认为，全国重点文物保护单位铜绿山古铜矿遗址是迄今世界上发现的二、三千年前保存最完整的古矿冶遗址，是研究古代青铜文化、矿冶发展史的极其重要的资料和实物见证，是中华民族乃至全人类历史文化遗产中的瑰宝。鉴于其重要价值和《中华人民共和国文物保护法》及现行有关国际公约的基本要求，尽量采取措施长期和完整地保护这一重要遗址十分必要。"搬迁保护方案"和"原地保护方案"都是从这一基本认识出发的，两方面的专家都做了大量的科学研究论证工作。

二、在评审过程中，文物、考古专家和部分地质、工程专家认为应该采用"原地保护方案"。主要理由是：铜绿山古铜矿遗址属于不可迁移的历史文化遗存。原地保护方案可以较好地保存古铜矿遗址的历史文化和自然内涵，有利于对遗址及其内涵文物的保护，有利于今后对遗址进行不断深入的研究；体现了矿山生产服从文物保护，文物保护兼顾矿山生产的原则。

多数的采矿、工程方面的专家认为应该采用"搬迁保护方案"。主要理由是：古矿遗址的地形地貌和水文地质条件已经改变，已不可能在原地长期保存；原地保护，-185米以下采用胶结充填法坑采，-185米以上采用56°陡边坡加固露天开采，矿山生产必然要对古铜矿遗址的稳定和安全产生影响，也增加了矿山在施工和生产管理方面的困难。搬迁后，既可解决古矿遗址的长期保护，又可为国家多回收产值10亿元左右的矿产资源。此外，七号矿体开采所获利润抵偿搬迁费用后，余额还可作为古矿冶遗址的长期保护和研究基金。

经过反复的讨论和协商，持后一种认识的专家表示理解和尊重持前一种认识的专家的意见，同意原地保护的方案。

三、对56°陡边坡加固和胶结充填的施工方案，还要做深入具体的设计论证工作。陡边坡地面境界线从－185米水平按最终边坡角56°向上推定，但距一号遗址博物馆南墙的距离应不小于25米，距离二号遗址点的距离可参照二期工程分步实施方案和原地保护方案的露天开采境界终了图，按两者设计的最大距离确定。生产单位在坑下开采和充填过程中，要尽量采用国内外在充填工程方面的先进技术和设备，加强质量管理，力争做好接顶工作，尽量减少地表不均匀下沉、开裂、移动等现象造成的对地面文物的影响。

四、文物保护部门应该进一步做好遗址内文物的保护、研究工作。

五、专家们建议，有关部门要组成铜绿山矿山生产和文物保护协调委员会，协调矿山生产与古铜矿遗址保护工作，在矿山生产如何保证文物安全，文物保护如何兼顾矿山生产方面制定相应的措施和办法，明确责任以便遵循。

以上意见供国务院决策时参考。

一九九一年六月十日

附件 13:

002

中华人民共和国国务院

国函〔1991〕49 号

国务院关于湖北省大冶铜绿山
古铜矿遗址保护方案的批复

国家计委、国家文物局：

你们报来的《关于大冶铜绿山古铜矿遗址保护方案论证会情况报告》（计原材〔1991〕1224号）收悉，现批复如下：

一、原则同意经专家论证会评审通过的"大冶铜绿山古铜矿遗址原地保护与合理采矿方案"。根据专家评审意见，中国有色金属工业总公司要尽快组织矿山设计部门对标高负185米以上露天开采、负185米以下坑采方案进行修改，提出更为详尽的开采设计方案，该方案要尽可能考虑减少因矿山生产对古铜矿遗址产生的不良影响；文物保护部门要进一步加强对古铜矿遗址的保护，尽快解决古铜矿遗址文物保护工作中存在的问题。

二、古铜矿遗址保护费用按《中华人民共和国文物保护法》的有关规定执行。其中，陡边坡加固维护及坑采后胶结充填等矿山建设所需费用由中国有色金属工业总公司负责；古铜矿遗址的正常保护及长期保护所需经费由文物保护部门负责。

三、由湖北省人民政府和中国有色金属工业总公司牵头，会同有关部门联合组成铜绿山古铜矿遗址保护协调委员会，协调遗址保护与矿山生产建设中发生的问题。

一九九一年八月二十日

主题词：冶金 文物 保护 批复

抄送：湖北省人民政府，中国有色金属工业总公司。

附件 14：

湖北大冶铜绿山古铜矿遗址保护
前期研究报告及保护工程方案（草案）

一九九二年十二月

课题总顾问：　蔡学昌（中国文物保护技术协会　副理事长）

　　　　　　　黄克忠（中国文物研究所　副所长）

课题总负责人：陈中行（湖北省博物馆　研究员）

子课题负责人及参加单位和研究人员

一、湖北大冶铜绿山古铜矿遗址区地下水病害成因及防治对策研究

科学顾问：杨裕云（中国地质大学　副教授）

负责人：　方　云（中国地质大学　讲师）

参加人员：刘佑荣（中国地质大学　讲师）

　　　　　施林森（鄂东南地质大队　高级工程师）

　　　　　胡永炎（黄石博物馆　馆员）

二、湖北大冶铜绿山古铜矿遗址围岩及坑木电渗注浆保护研究

负责人　：陈中行（湖北省博物馆　研究员）

　　　　　程昌炳（中科院武汉岩土力学研究所　副研究员）

参加人员：　徐昌伟（中科院武汉岩土力学研究所　工程师）

　　　　　周松峦（湖北省博物馆　助理馆员）

　　　　　康哲良（中科院武汉岩土力学研究所　工程师）

三、湖北大冶铜绿山古铜矿遗址有害微生物的防治研究

负责人　：周保权（黄石博物馆　副研究员）

参加人员：石　鹤（黄石博物馆　工程师）

　　　　　王世敏（黄石博物馆　助理馆员）

铜绿山古铜矿遗址区水病害防治工程方案（草案）设计单位及人员

一、地面防渗工程方案（武汉钢铁学院　李征夫　教授）

二、地下连续墙防渗方案（中国地质大学、方　云　、刘佑荣，
　　　　　　　　　　　　　　　　鄂东南地质大队　施林森）

三、地下截流坑道方案（武汉钢铁学院　李征夫）

四、井点排水方案（鄂东南地质大队　施林森）

五、暗沟排水方案（中国地质大学　方　云、刘佑荣）

目 录

湖北大冶铜绿山古铜矿遗址保护前期
研究报告及保护工程方案（草案）

湖北省博物馆　陈中行

湖北大冶铜绿山古铜矿遗址是全国重点文物保护单位，是人类文化极为珍贵的遗产，在国内外考古界、矿冶界及科技界有极高的声望。遗址被发掘出土以来，党与各级政府对它的保护给予了高度重视和关注。为妥善地保护好这个遗址，并保证矿山的正常生产，湖北省人民政府、中国有色金属总公司分别提出了原地保护方案及搬迁保护方案，为此，国务院于１９９１年５月组织全国考古、历史、文物保护、地质及采矿冶金等有关专家对两个保护方案进行了科学论证，并将论证意见报请国务院审批。１９９１年８月，国务院批准了原地保护方案，批文明确规定遗址的保护由文物部门负责实施。为落实国务院批示，国家文物局与湖北省文化厅于１９９１年１１月召开了《湖北大冶铜绿山古铜矿遗址保护研讨会》，与会的文物保护、地质及微生物等有关专家对遗址的原地保护提出了宝贵的建设性意见。会议认为首先应该开展遗址保护前期研究，在此基础上提出保护工程方案并组织实施。会后，湖北省文化厅向国家文物局申报了《湖北省大冶铜绿山古铜矿遗址保护前期研究》课题，课题总负责由湖北省博物馆陈中行研究员担任。１９９２年元月国家文物局批准了这个课题，湖北省文化厅随即组织湖北省博物馆、中国地质大学（武汉）、鄂东南地质大队、中科院武汉岩土力学研究所、故宫博物院、河南洛阳龙门石窟保管所及黄石博物馆开展此课题的研究工作。参加本课题的科技工作者经一年多努力，基本完成了遗址保护的前期研究工作，在此基础上提出了遗址保护工程方案，现将遗址原地保护前期研究成果及保护工程方案（草案）报告如下。

一、古铜矿遗址区地下水病害成因研究

古铜矿遗址位于7号矿体，包括已发掘出土并建立了《古铜矿遗址博物馆》的1号点、部分发掘已回填的2号点及未被发掘的3号点。因此遗址的保护范围是7号矿体的3个遗址点。

关于如何保护古铜矿遗址，我们在原地保护方案的论证报告中提出了这样一个观点："木材要长期保存，必须使其含水量足够低，通常为40%左右为妥。本遗址中埋在围岩中的坑木含水量为264.1%，甚至更高，大大高于允许值40%，而暴露于大气中的坑木（即坑木的上部）其含水量经测定却低于这个值，如为17%、21%，这也就是坑木的上部（在大气中部分）不变质能长期保存，而下部（在围岩中部分）变质腐烂的根本原因所在。因此本遗址中的坑木（实际上是埋入围岩中的部分）要长久保存，关键是将它的含水量降低至40%左右，并能稳定在此允许值。要使坑木长期保存，不仅仅如上述要使其含水量降低以保证坑木不腐烂外，还得保持坑木的外观、外形，即不能有干裂、扭曲现象发生，要做到这一步必须控制坑木的脱水速度，要使这个脱水速度无限小，即趋于零才行"。

要使坑木的含水量降低，必须促使围岩的含水量下降，也即要对古铜矿遗址区进行排水疏干处理。欲达此日的，就有必要对遗址

-2-

区的水文地质进行勘查，查明岩土层的物理水理性质和力学性质，最终查明地下水病害的成因，建立水文地质模型，提出防治对策。为此，中国文物保护技术协会、中国文物研究所、湖北省博物馆、中国地质大学、鄂东南地质大队及黄石博物馆有关科技人员在遗址区进行了踏勘并确定在遗址区布设１０个钻孔，以便更全面地深入地取得遗址区的水文地质资料。中国地质大学、鄂东南地质大队及黄石博物馆在实施钻孔的同时对遗址区的水文地质状况进行了全面勘查和取样分析。通过对遗址区水文地质状况的室内外综合研究，基本上查明了铜绿山古铜矿遗址区的地下水病害的成因，提出了防治对策。

（一）古铜矿遗址区各遗址点地质环境条件

根据以往积累资料，结合本次勘查工程揭露成果表明：铜绿山古铜矿老窿均赋存在大理岩与石英正长闪长玢岩接触带部位，相当于７号矿体上部矿体的氧化次生富集带。１与２、３号遗址间有宽１０——６５米（指大理岩体间）的侵入岩阻隔，２、３号遗址间亦被侵入岩脉所分割。

１号遗址老窿底板是大理岩，顶板是侵入岩。沿接触部位矽卡岩不发育，顶板无规模矿体，仅见一些粉状氧化含铜磁铁矿矿石。老窿充填物为粉质粘土夹褐铁矿碎块，残留矿柱中具有黑色至黑褐色粉状或土状铜矿石。

２号遗址老窿底板为大理岩和铜铁矿体，顶板是侵入岩，矽卡岩也不发育，充填物为黑色粘土。

３号遗址老窿底板组成较复杂，有铜铁矿体、矽卡岩、大理岩和侵入岩，顶板直伏于松散土层之下（矿山开挖后），侧壁由侵入岩、矽卡岩组成。老窿填充物为高岭石、蒙脱石、绿脱石等粘土矿物组成的粘性土夹矿石碎块组成，呈褐黑、铜绿、褐灰色，并可见到孔雀石颗粒，古坑木密集。此次钻孔取出的古坑木保存完好。

（二）　古铜矿遗址区水文特征

由于近代采矿工程的影响，导至古铜矿遗址区地下水的天然平衡状态被破坏，基岩地下水位已大幅度下降，根据矿山提供的资料，目前古矿遗址的下限已高于基岩下水位达２３米以上，基岩地下水的波动已不影响古矿遗址的保存。此次水文地质勘查的重点是查明岩体顶部中、强风化带中的风化裂隙含水层水位动态状况。

１号遗址点地下水状况：存在浅层地下水，地下水位的埋深受地表微地形和基岩构造的影响。根据１９９２年１０月６日各钻孔的水位进行分析，地下水位由东南向西北逐渐降低，地下水总体渗流方向为由东南流向西北。地下水位受基岩构造的影响呈起伏变化，在靠近岩脉穿插的断裂构造部位，地下水位明显降低，形成脉状降落漏斗，表明沿陡倾角构造裂隙有地下水下渗。在对钻孔水平观察时期段内，馆东北部位靠近岩脉处地下水位最低，为标高４５米。地下水位随季节变化，雨季水位上升，旱季下降，最大变化幅度达２.４７米。现有排水沟沟底标高为48.7米。

２、３号遗址点地下水状况：对钻孔地下水位与动态变化的观察结果表明，２、３号遗址区内存在浅层地下水，且地下水位随季节变化，最大变化幅度为2.25米。根据１９９２年１０月６日的钻孔水位分析，３号遗址北部SHC4钻孔的地下水位最高，为标高51.88米，往东南、西南及北边三个方向地下水位均有下降。

（三）遗址区地下水来源及循环交替条件

-4-

　　古铜矿遗址区处在南方多雨地区，无疑降水是本区地下水主要补给源。根据铜绿山矿床勘探阶段地下水动态观测资料，雨季地下水位比旱季高出２－３米，这个事实可证实这一点。此次勘查期间，气候反常，从７月中旬至１１月上旬，天气连续干旱，由于补给不足，使地下水位处于连续下降状态，各钻孔水位下降幅度在１－２米左右不等。虽勘查期间遗址区地下水呈下降势态，但在期间两次阴雨天气，一些钻孔水位也出现回升或保持不变的情况。这种现象进一步说明降水与否是影响地下水位升降的一个主要因素。因遗址区地表和浅部为透水性弱的岩土体分布，因而降水的入渗条件不佳，入渗系数仅0.007。遗址区地下水除降水入渗这一补给外，还有遗址管理人员生活用水的就地排放及供水管道的漏水等局部补给源。总的来看，遗址区内地下水的补给条件不佳。

　　遗址区原始地下水的迳流与排泄，是以７号矿体赋存地为中心，向四周运移，通过地势低洼处的泉点或呈片状流泄出地表。这次根据中国地质大学在遗址区及周围进行水文地质测绘结果，目前周边地带仍有泉点和湿地分布，表明地下水的迳流和排泄部位及方式，未因西侧矿坑疏干排水发生彻底的变化。就三个点而言，由于各自的地质环境条件、距露地采坑远近及人为工程活动情况不同，其迳流排泄条件也有所不同。现分述如下。

　　1号遗址点：由于遗址四周修建有深4.90米的排水盲沟，因而盲沟以上的人工填土孔隙水和风化裂隙水集于盲沟之中，汇集于西北侧集水井中，通过水泵排出地表。目前该遗址区各勘查工程的地下水位有如下规律，即揭露风化玢岩的钻孔水位标高由46.69－49.27米，且靠近大理岩土钻孔水位较远离处为低，揭露大理岩钻孔水

-5-

位均比风化矽岩低，标高由41.33--41.98米，地下水面北东高，南西低。上述现象一方面说明该遗址区风化岩地下水有向大理岩土补给之可能；另一方面该遗址大理岩捕房体其西南侧与F1断裂相接触，而该断裂又西延至3、4号矿体地段，因而大理岩中地下水因受西侧矿坑排水的影响，将沿此断裂带有利部位向露天采矿运移，造成水位东高西低的局面。但该断裂西延部位穿切于侵入岩中，加上大理岩西侧受侵入岩侧限和下部又有隔水岩体的顶托，这种水文地质结构，是使该遗址区地下水不能完全被其西侧矿坑排水所疏干，仍保持较高地下水位的原因所在。目前该遗址区地下水水位比原始水位低4--12米（原始水位标高48--53米）。根据测绘资料，该遗址区地下水西侧排泄点位于F1、F11断层之间，标高负7米的露地采场边坡地段。

2号遗址点：此遗址点所处水文地质环境与1号遗址点相类似，西侧也有断裂通过，且又有侵入岩侧限。因此，2号遗址点内地下水亦将受到矿坑排水影响，向西侧运移，通过边坡地段泉点泄出地表。

3号遗址点：目前该遗址区地下水位标高在50.05--50.80米之间，未出现明显倾斜面，从地质环境条件来分析，该遗址的大理岩体周边均受到风化矽岩和新鲜侵入岩所围限，且F1、F11两断裂又未通过此遗址区，因而处在相对封闭的水文地质环境介质之中，这从该区地下水位标高和原始水位相比较未出现明显变化可得到证实。因此，地下水面主要受气候因素的影响，呈季节性变动，蒸发将是该遗址区地下水的主要排泄方式。

（四）古铜矿遗址水文地质结构模型

　　通过对古铜矿遗址区较为全面的水文地质勘查，取样分析检测，可给出如下水文地质模型：遗址区内主要含水层为大理岩，均呈捕房体产出，相互之间水力联系程度甚弱，但其与风化玢岩裂隙含水介质间无隔水层存在，实质上两者可构成一个统一含水体，仅是透水性和富水程度上存有差异。分布在地表的人工堆积物处在地下水位以上，是属于透水不含水层，地下深度为隔水玢岩所顶托。因此可将遗址区垂向上视为三层水文地质结构模型，即上层为透水层，中部由大理岩、风化侵入岩组成的裂隙、溶隙潜水含水体，下部为隔水层。

　　（五）　古铜矿遗址地下水病害成因分析

　　《湖北大冶铜绿山古铜矿遗址保护前期研究》课题的任务是：对围岩与坑木保存的不利因素提出防治对策。至于现代采矿造成对遗址的种种影响，如沉降、错位及陡边坡的稳定等等在原地保护方案的论证报告中及矿山第二期工程设计方案中都给出了防治对策。从文物保护技术来说，遗址的保护的核心问题是如何使坑木得到长期保存。关于坑木保存的现状，我们在原地保护方案的论证报告中有所描述，此次水文地质勘查更证实这种描述，即２、３号遗址点的坑木保存状况良好，１号遗址点（博物馆内）坑木保存状况是：暴露在地表的坑木经自然脱水处于稳定状态，地表下１米以上的少量坑木发生腐朽现象（１９９０年对遗址采取应急保护措施后，地表湿度下降至８０％左右，坑木保存条件大为好转），地表１米以下的坑木保存状况良好（１９９１年曾试掘一口竖井，出土坑木完好）。对遗址采取应急保护措施的成果表明，干湿交替条件是坑木损坏的根本原因，因此提出对遗址区排水疏干的保护方法是正确的。

-7-

　　根据以往地质勘探、矿山采掘提供的资料及此次对遗址区水文地质勘查研究成果，古铜矿遗址区地下水病害成因分析表明：古坑木赋存于一个双层水结构的特定地质环境中。近代采矿活动导致遗址区基岩地下水位已大幅度下降，目前遗址区的下限已高于基岩地下水位，这个水位的波动对古坑木保存不起影响。但岩体顶部中、强风化带中的风化裂隙含水层使遗址区内的坑木一部分位于水位之上，一部分位于地下水之下，该层地下水的波动对地下水位之上的古坑木造成危害。大气降水垂直入渗将影响近地表古坑木的保存。因此，治理古矿遗址区地下水病害设计方案的根本原则是疏导一定深度范围内的地下水和杜绝大气降水入渗补给。

　　二、古铜矿遗址围岩及坑木电渗保护的研究

　　对古铜矿遗址区实施一定深度范围内的地下水排泄疏导工程和杜绝大气降水渗入补给工程，促使围岩及坑木缓慢脱水，使坑木得到妥善保存，这是保护遗址的根本措施。对于1号遗址点（古铜矿遗址博物馆），由于已被发掘出土，其围岩及坑木处在非平衡状态的环境中，它的现状是：地表由于大气作用而不断地被风干，表层土含水量较低处于不饱和状态，地表以下２０cm处，含水量为３５％，饱和度约８０％以上，据黄石博物馆调查，地表４０cm以下的坑木保存完好，４０cm以上的少量坑木有腐朽现象，地表的湿度随季节变化而波动。因此对地表垂直视下４０cm范围的围岩及坑木进行加固脱水处理是必要的，对坑木的保存是有益的。湖北省博物馆、中科院武汉岩土力学研究所采用电渗法开展了对围岩及坑木的保护研究。

　　（一）水玻璃－－氯化钙－－电渗加固脱水岩土坑木原理

-8-

据文献报导，水玻璃－－氯化钙主要应用于地基加固工程。水玻璃－－氯化钙浆液在土层中相遇立即发生化学反应产生二氧化硅胶，并将土粒包围起来凝成整体，其反应式如下：

[见《旋喷注浆加固地基技术》，中国铁道出版社，１９８４年版] $Na_2O \cdot nSiO_2 + CaCl_2 + H_2O \longrightarrow Ca(OH)_2 + nSiO_2 + 2NaCl$

众所周知，水玻璃对木材具有防火防腐作用，因此选用水玻璃体系作为围岩、坑木的加固脱水材料是合适的。

采用电渗法是促使水玻璃－－氯化钙浆液在电场作用下均匀地渗入围岩、较快地渗透到坑木中。

另外，我们还采用水玻璃－－无水乙醇－－电渗法对围岩、坑木作加固脱水处理，也取得良好效果。无水乙醇也可以使水玻璃凝结（见《建筑材料化学》，中国建筑工业出版社，１９８４年版）。

（二）实验方法

首先取洪山土作模拟实验，尔后从遗址现场取围岩土样作实验。土样体积 $25 \times 25 \times 25 \ Cm$。将遗址出土的古坑木埋入土样中，在土样中插入电极，向土样中注入水玻璃液，通电，再注入氯化钙，再通电。

（三）实验结果

(1)抗剪强度：电注浆后红山土的强度为注浆前的 3 倍，电注浆后围岩（土）的强度比注浆前增强 71%。围岩强度增加的原因是硅原胶结构对土有凝结作用，为此我们对土样在电注浆后作了 si 元素的面分布图（电镜扫描），从 si 的面分布图上可以看到其密度明显增多。

(2)古坑木的渗 si 效果

-9-

对电注浆后的古坑木含 si 量分析（包括面分布及能谱分析）与含水量测定表明，古坑木中的含 si 量明显增加，含水量由354.6%降至286.9%，可以肯定，电渗法是古坑木脱水加固的良好方法。

(3)被电注浆后岩土的PH

经PH计测定，电注浆后围岩（土）的PH值为7.3--7.7，高于中性略偏碱。

(4)围岩（土）电注浆后表面色泽不得改变，这是遗址保护的原则。实验表明，要保持土体色泽不变，所注入的水玻璃模数、浓度和数量是关键，且要根据不同土体的状况来具体确定上述要素的指标。

（四）结论

(1)对古铜矿遗址1号点的围岩及坑木，采用电注浆水玻璃--氯化钙方法既可使土体得到加固又可使坑木脱水并提高木料中 si 的含量，增加其强度和抗腐蚀能力。

(2)电注浆后的土体表面PH值7.3--7.7，接近中性略偏碱。

(3)注浆后的土体表面色泽不变，但注浆工艺需仔细制订。

三、古铜矿遗址微生物防治研究

１９９０年初，在古铜矿遗址1号点（博物馆内）地表出现较大面积的霉菌，黄石博物馆采用几种杀菌剂对地表进行了杀菌处理，霉菌基本被杀灭，但由于遗址地表湿度仍在８０％左右，霉菌仍有生长条件。事实上在较潮湿的部位，特别是埋入坑木的地表处，霉菌比较活跃，因此地表湿度不降至５０％左右，霉菌的生成是不可避免的，防霉杀菌将是一项长期的工作。为科学地有效地防止霉菌的繁殖生成，有必要弄清遗址内微生物种类及寻找防霉杀菌的广谱

-10-

药物。

（一）古铜矿遗址中存在的微生物种类

我们请中科院武汉病毒研究所对 1 号点遗址内的微生物种类进行了分析、鉴定，结果如下：

(1)遗址上层（地表 - 1 5 Cm 以上）平均微生物总量为950750个/克；

(2)遗址上层平均细菌含量为887000个/克；

(3)遗址上层平均真菌含量为12500个/克；

(4)遗址上层平均放线菌含量为51250个/克；

(5)遗址内现存已检出的细菌种类有芽孢杆菌、假单孢菌、气单孢菌、产碱杆菌。其中芽孢杆菌和假单孢菌所占比例较高，而这两类微生物也正是能产生纤维素酶的微生物之一。

(6)遗址内现存已检出的真菌（主要是霉菌）种类有短密青霉、葡梗霉属、帚霉属、淡紫青霉、拟青霉属、黑曲霉，其中青霉、曲霉占有很高的比例，这两类真菌也是最常见的纤维素酶产生菌。

从以上几点看，虽然围岩中的含菌量较之一般农用土壤中少得多，但就其种类和数量而言，对遗址坑木的威胁是非常大的。

（二）古坑木埋藏深度与含菌量

为了弄清不同埋藏深度的古坑木中的微生物生长情况，我们先后做了七个不同埋藏深度的古坑木的含菌量检测，结果如下：

(1)10 Cm（已扰动），含菌量 10^4 /g

(2)58 Cm（已扰动），含菌量 10^7 /g （培养后）

(3)150 Cm（回填竖井），含菌量 10^4 /g

(4)68 Cm（回填与原土边缘），含菌量 10^3 /g

-11-

(5) 119 Cm (已扰动)，含菌量 10^2/g

(6) 175 Cm (已扰动)，含菌量 10^1/g

(7) 300 Cm (已扰动)，含菌量 10^0/g

由此可见，所有已扰动的围岩中的古坑木，其微生物含量是很高的，也就是说古坑木将出现腐烂现象。随着埋藏深度的增加，微生物含量随之降低，且越深其含量越低，坑木保存的情况也越深越好。3米以下的围岩坑木基本上是无菌的，坑木保存良好。

（三）古铜矿遗址中有害微生物防治药物（防腐剂）的筛选

为了寻找对围岩古坑木保护有良好效果的防腐剂，我们采用多种实验手段先后对二十余种　防腐剂进行了筛选，同时还对部分防腐剂的固化率、吸收量及抗流失性进行了研究，目前已初步掌握了十种防腐剂的特点及其防腐效果，并推荐木宝等四种药物作为遗址的防霉杀菌最佳防腐剂。防腐剂的筛选结果分析如下：

（1）药物五氯酚钠、黄博3号等对侵蚀古坑木的微生物杀灭效果较强，防腐效果较好。药物防腐效果依次为：五氯酚钠、黄博3号、黄博4号、黄博2号、黄博1号、木宝、CCCA（鹰）、CCCA（武）、NMF、BM。

（2）药物在木材中吸收量依次为：BM、黄博1号、五氯酚钠、NMF、黄博2号、木宝、黄博4号、黄博3号、CCCA（鹰）、CCCA（武）。

药物在木材中的固化率依次为：木宝、CCCA、五氯酚钠、黄博1号、黄博2号、黄博4号、NMF、黄博3号、BM。

（3）从防腐剂的颜色、PH、毒性等方面看，较适合遗址的防腐剂为：黄博2号、黄博1号、黄博4号、五氯酚钠、木宝、N

-12-

MF。

（4）综合上述各点，我们推荐木宝、五氯酚钠、黄博2号、黄博4号等四种药物作为遗址防霉杀菌的最佳防腐剂。

四、古铜矿遗址保护工程方案（草案）

遗址保护工程方案由三部分组成

（1）地面防渗工程

（2）地下水病害治理工程

（3）1号遗址点围岩及坑木电渗注浆保护工程

以上保护工程（含经费予算）详见附件。

-13-

附件

铜绿山古铜矿遗址水病害防治工程方案
（草案）的几点说明

湖北省博物馆　陈中行

一、以《湖北大冶铜绿山古铜矿遗址保护前期研究》所取得的成果为依据，经湖北省博物馆、中国地质大学、鄂东南地质大队、武汉钢铁学院及黄石博物馆反复研究，提出了古铜矿遗址水病害防治工程方案（草案）。

二、古铜矿遗址水病害防治工程方案（草案）

1、地面防渗工程（经费预算 30.6万元）。

2、在地面防渗工程的前提下，我们提出四种地下水病害防治工程方案，供选择。

（1）地面防渗覆盖加地下连续防渗墙方案（经费预算688 万元(地大)、266万元(地质大队)）

（2）地面防渗覆盖加地下截流坑道方案（经费预算84万元）

（3）地面防渗覆盖加井点排水方案（经费预算14.2万元）

（4）地面防渗覆盖加暗沟排水方案（经费预算374万元）

方案（1），中国地质大学及鄂东南地质大队分别设计，前者造价较高，后者造价较低，原因是截水墙的厚度不同造成的（中国地质大学设计的截水墙厚度是鄂东南地质大队设计的一倍）。

上述地下水防治工程方案的比较：

.1.

　　首先，不管采用何种方案，地面防渗工程是必须做的，这是个大前提。

　　从文物保护要求来说，截水墙方案造价比其它方案虽然高得多，但其效果最好，不必附加遗址管理措施；截流坑道方案造价较低，施工方便，但需与矿山二期开采工程相结合进行，不能立即实施，此方案效果也不错，然而必须加强日常管理；井点方案施工简便、造价最低，但日常管理工作量大；暗沟方案仅能控制水位不再波动，不能将遗址地下水疏干，且施工难度大。

　　综上所述，我认为，最佳方案应该是：遗址地面防渗工程加截水墙工程加井点布设工程。如果先实施地面防渗工程，矿山二期采矿工程开始实施，那么采用截流坑道加井点排水工程也是较理想的方案。

　　三．电渗注浆保护工程方案

　　我们认为防水治水工程是保护遗址的根本措施，但对1号遗址点（古铜矿遗址博物馆）来说是远远不能达到保护要求的，要使该遗址妥善得到保护，降低其地表湿度是坑木能否生存的关键，而电渗注浆工程能满足这一要求，因此此保护工程必须加以实施。（电注浆保护工程经费预算119.6万元）。

　　四、防霉杀菌方案

　　在遗址内地表湿度没有下降至５０％左右时，防霉杀菌是一项经常性工作，日前我们找到了四种较理想的防腐药物，如果近几年内每年有贰万元的经费，防治微生物的工作就可正常进行。

·2·

湖北大冶铜绿山古铜矿遗址区地面覆盖防渗
工程及地下截流坑道工程设计方案（草案）

李征夫
（武汉钢铁学院）

一九九二年十二月

铜绿山古铜矿遗址地下水害防治方案

第一部分　地面防渗措施

反复勘查证明：大气降水是铜绿山古铜矿遗址中地下水的主要补给源；并且以Ⅶ号矿体赋存地为中心向四周运移。因此，进行地面防渗处理，切断或尽可能减少地面水的补给通道，在遗址深部疏干工程未完成之前，可以使遗址中的地下水位稳定或基本稳定，不受或少受地面水的污染；在深部疏干工程完成之后，可以避免或减少地面水对遗址的冲刷与损害。因此，这是原地保护方案成败与否的关键措施之一。初步方案如图。

（1）　重点处理部位：F1，F11岩体断裂和破碎带，以及两者包围的裂隙发育的扇形地段。

（2）　处理方法：

a　对重点处理部位（图中绿色部分），先用防水混凝土灌浆，再复以厚度不低于１５ｃｍ的防水混凝土层。混凝土表面刷胶再盖以３０ｃｍ厚的黄土并植被。粗测，这一部分大约有２７２５米^2。

b　对Ⅰ号遗址博物馆门前的停车场和围墙内的公路（图中红色部分），底部用碎石压实，再复以厚度为２０ｃｍ的防水混凝土。这部分大约有２１６２米^2（其中含博物馆和生活用房外围的散水坡面）。

c　对一般场地（图中黄色部分），包括山坡下部有一定厚度坡积层的坡脚，首先复于１０ｃｍ厚的黄土，上面用农用塑料薄膜遮盖，然后再复以３０cm厚的黄土并植被。这一部分大约有９８９１米²。

　　　　d　对山坡倾向遗址一侧的裸露岩石（图中未填色部分）表面可见的裂隙节理等处，用防水混凝土灌浆。裂隙细微、密集地段用防水混凝土喷浆并刷胶。这一部分大约有６５００米²。

　　　　e　布置一定密度的截、排水沟，使地表水尽量缩短漫流的过程和时间，而通过防渗功能较好的排水沟迅速排离遗址。由于缺地形图，具体沟线位置尚难布置，估测总长约５００米，需要开挖土石方约５００米³。

　　　（３）投资估算

地面防渗工程投资概算

项　　　目	单位	数量	单价	金额（万元）
混凝土	米³	1000	101元/米³	10.1
黄土	米³	4800	15元/米³	7.2
塑料薄膜	米²	10000	1.5元/米²	1.5
土石方	米³	500	8元/米³	0.4
植被	米²	13000	3.0元/米²	3.9
小计				23.1
不可预计费	15%			3.5
合计				26.6
设计费	5%			1.3
运输施工费	10%			2.7
共计				30.6

－２－

第二部分 地下疏干

地下疏干考虑到以下因素：

（1）地面防渗措施可能或不可避免的有局部遗漏；

（2）边坡防护采取的疏干坑道和泄水孔完成之后，遗址中的积水将被疏干；但是在大雨和暴雨时，如果地面防渗措施有局部遗漏，则有部分地表水通过遗漏进入遗址，再从遗址经过泄水孔和疏干坑道流出地面。这样，一方面可能有地面微生物和污染随水进入遗址；另一方面遗址中的部分遗存在年复一年水流的溶蚀、冲刷下被带走，最终将可能使遗址成为一个个残缺不全的空洞。为了解决这个问题，除了尽可能作好地面防渗处理，杜绝或尽量减少遗漏以外，从地下疏干是必做的保护工程。

方案：坑道截流

在地下水流的上方，即Ⅰ号遗址的东面，Ⅱ号、Ⅲ号遗址的东北面布置一条截水坑道。坑道底部标高略高于边坡疏干坑道的最标高，并沿坑道走向每隔一定距离布置垂直泄水孔，形成一道截水断面。它与边坡疏干工程、地面防渗措施共同组成一个完整的遗址疏干网络。

截流坑道的总长度粗算为250米。

断面：梯形，3.5米^2（见附图）

泄水孔长度 2300米 （d＝100）

单价　坑道　　　636元/米

　　　　泄水孔　　0－10米　　156元/米

　　　　　　　　10－20米　　196元/米

　　　　　　　　20－30米　　235元/米

－3－

直接成本　250×636＋156×1250＋196×1250

　　　　　＋235×125×3＝159000＋206250

　　　　　＋245000＋88125＝698375元

外加设计研究费 5%，不可予见费15%

合计为　69.8375×1.2≈83.8万元

　　取　84万元

第三部分：遗址局部变形监测

　　铜绿山矿在边坡维护措施中考虑了遗址西侧北露天采场陡边坡位移的监测系统；但在专家论证纪要中提到允许遗址局部下沉和开裂。保护措施，只能保证边坡不会产生大规模的破坏。特别要指出的是由于遗址中的充填物远比围岩（矿）松软，即使在边坡稳定的情况下，由于深部疏干引起遗址局部的下沉也是完全可能的。

　　岩土变形的监测方法很多。尤其象 I 号遗址已被一个框架结构的大跨度建筑物（博物馆）所包围，这一方面可以在博物馆的结构件的关键部位埋置传感器，花钱不多，即可建立一个有效和直观的监测系统；另一方面又提高了遗址保护的标准。因为遗址埋在地下，在微小位移，甚至产生开裂和下沉，也仍然可以采取某些有效的挽救措施而不致造成整体破坏；而微小的局部位移却可能导致博物馆的倒塌而使出露地面的文物遭到毁灭性的破坏。在黄石专家论证会上，对遗址的允许变形值也颇有争议，许多专家提出需要制定一个比较切合实际的标准。

　　基于以上考虑，迅速建立一个古矿遗址局部变形的监测系统是非

- 4 -

常重要和迫切的。

为了解决这一课题，首先需要进行模拟试验，以确定最佳的检测方法和最大允许变形值；然后根据模拟试验结果设计一个简单、直观、而又经济的监测系统。

模拟试验经费5万元。主要用于制作模型和试验，其中包括购置或制作少量试验装置及设备。

预计最终建成这一监测系统的经费不会超过10万元。

-5-

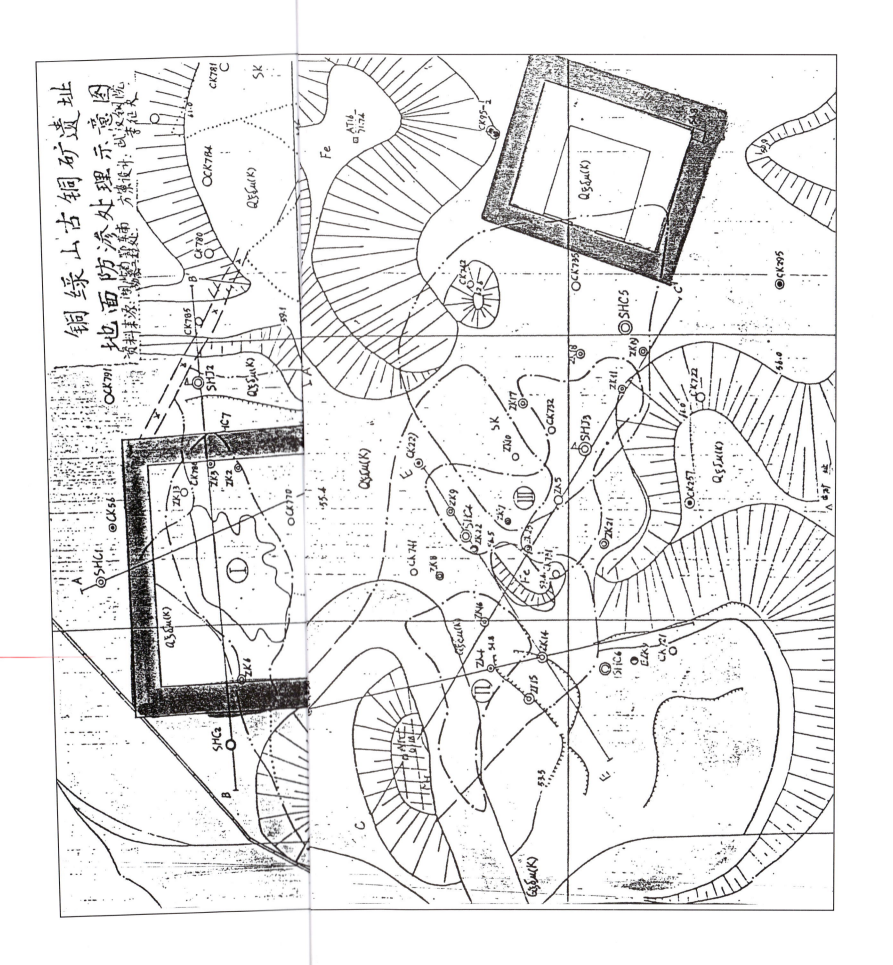

铜绿山古铜矿遗址
地面面防渗处理示意图

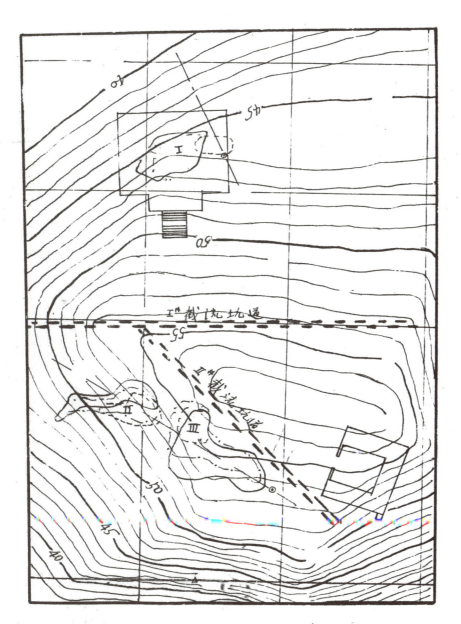

古矿遗址地下水节水位线
及截流坑道示意图

资料来源：铜绿山矿 严家财 1990
方案设计：武汉钢铁学院 李征夫

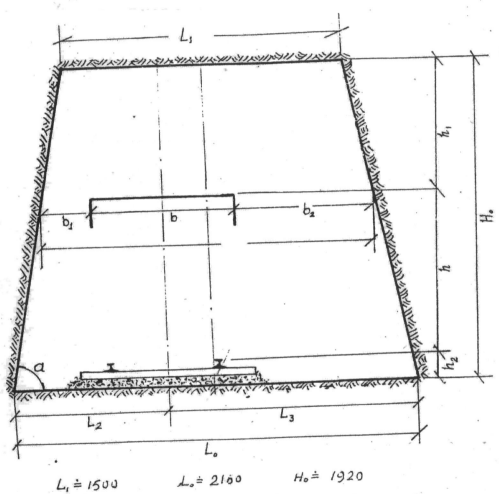

$L_1 \doteq 1500$ $L_0 \doteq 2160$ $H_0 \doteq 1920$

巷道断面 $S \doteq 3.5$ 米^2 巷道长度 $L \doteq 200$ 米

截流坑道断面图

湖北大冶铜绿山古铜矿遗址地下
连续防渗墙工程设计方案（草案）之一

方　云　刘佑荣
（中国地质大学）

一九九二年十二月

湖北大冶铜绿山古铜矿遗址
暗沟排水工程设计方案（草案）

方　云、刘佑荣

（中国地质大学）

一九九二年十二月

铜绿山古铜矿遗址
地下水病害防治工程方案

古矿遗址区地下水病害成因分析表明：古坑木赋存于一个双层水结构的特定地质环境中。近代采矿活动的影响已导致古矿遗址区地下水的天然平衡状态被破坏，基岩地下水位已大幅度下降。目前古矿遗址区的下限已高于基岩地下水位。基岩地下水位的波动已不影响古矿遗址的保存。但岩体顶部中、强风化带中的风化裂隙含水层使遗址区内的古坑木一部分位于地下水位之上，一部分位于地下水位之下。该层地下水的波动将对地下水位之上的古坑木造成危害，大气降水垂直入渗将影响近地表处古坑木的保存。因此，治理古矿遗址区地下水病害设计方案的根本原则是疏导一定深度范围内的地下水和杜绝大气降水入渗补给。

下面分别讨论Ⅰ号遗址点和Ⅱ、Ⅲ号遗址点的治理方案。

（一）Ⅰ号遗址点地下水病害治理方案

Ⅰ号遗址点发掘后出露地表部分，已建立博物馆予以保护，为防止遗址周围的地表水渗入遗址区内，黄石博物馆进行了地表防渗铺盖和排水沟工程。这些措施使古矿遗址的地质环境得到了改善，博物馆内的湿度明显下降，地表围岩开始干燥，有利于近地表处古坑木的保护。

为了有效地防止浅层地下水向Ⅰ号遗址区内渗流，必须查明Ⅰ号遗址区的地下水位及波动幅度，为此在Ⅰ号遗址区四周布置了浅层钻探工程，钻探工作由鄂东南地质大队完成。表1给出了I号遗址点目前的地下水位及动态变化情况。

表1

I 号遗址点地下水位及动态变化

钻孔号	平面位置	地面标高(m)	初见水位(m)	终孔水位(m)	水位变化幅度(m)	观察天数
SHC1	馆北	53.84	44.84	45.55	46.94-46.45 / 0.49	38
SHC2	馆西	53.63	49.83	49.43	49.48-47.01 / 2.47	105
SHC3	馆东南	53.77		49.17	49.92-49.27 / 0.65	30
SHC7	馆东(沟内侧)	53.60		45.80	46.17-45.14 / 1.03	40
SHJ1	气象站东南	55.58		51.48	49.89-48.57 / 1.32	30
SHJ2	馆东(沟外侧)	54.66		45.69	45.91-44.98 / 0.93	30

由表可知，在I号遗址点存在浅层地下水，地下水位的埋深受地表微地形和基岩构造的影响。根据1992年10月6日各钻孔的水位进行分析。地下水位由东南向西北逐渐降低，地下水总体渗流方向为由东南向西北渗流。地下水位受基岩构造的影响呈起伏变化，在靠近岩脉穿插的断裂构造部位。地下水位明显降低，形成脉状降落漏斗，表明沿陡倾角构造裂隙有地下水下渗。由表可知，在观察时

- 2 -

间段内,馆东北部位靠近岩脉处地下水位最低,为标高４５米。地下水位随季节变化,雨季水位上升,旱季下降,最大变化幅度达2.47米。现有排水沟沟底标高为48.7米,地下水位及波动范围低于现有盲沟底界,因此,浅层地下水的埋深和波动状态,对古坑木的保护仍有不利影响。I号遗址点进一步治理的核心问题是拦截自东南流往西北的地下水和自东向西的地下水。

根据上述分析,建议选用以下方案进行治理。

1、暗沟排水方案

现有的排水暗沟设置在展厅外侧,平面上呈规则的五边形,开挖深度为4.9米,整个暗沟系统向西北倾斜,使地下水沿暗沟流向西北角的集水井,通过该集水井抽出地表。由表1可知,地下水位随季节而变化。SHC2钻孔中地下水位埋深变化范围为4.15-6.62米,水位波动正好处于暗沟底界附近。因此有必要加深和改造现有的排水暗沟。

暗沟平面布置如图1所示。为了拦截来自遗址区东侧和东南侧的地下水,暗沟起点位于展厅东北角,沿原有暗沟向南延伸,终点位于展厅西南角,暗沟全长１００米。在起点和终点各设一口集水井,将暗沟中的积水用潜水泵抽出地表。I号遗址点老隆的最大垂直深度已查明为15.92米。因此,暗沟的处理深度应为17.0米,宽度为1米,展厅西侧和北侧已靠近陡边坡,且位于地下水的下游方向,不再设置暗沟。但应进行地表防渗铺盖处理,铺盖面积如图1所示,以防雨季的大气降水从西侧和北侧渗入遗址区内。图2为暗沟的剖面位置和处理后的地下水位。

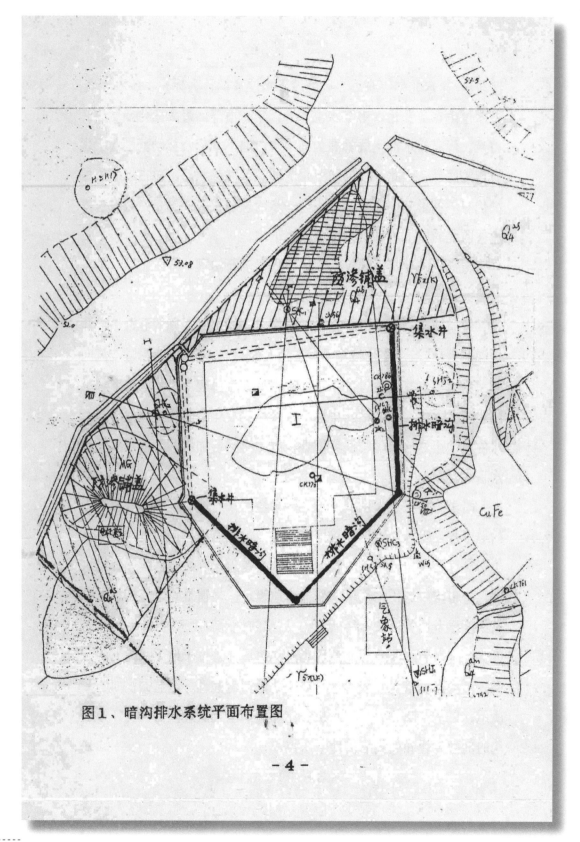

图1、暗沟排水系统平面布置图

-4-

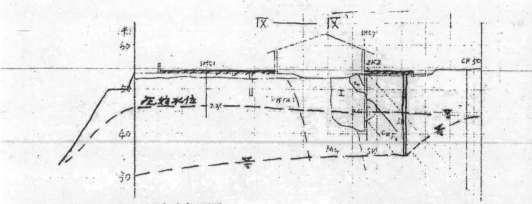

图2、暗沟排水方案剖面图

该方案的工程实施可采用挖孔机挖掘，然后充填透水的碎石料。处理单价为800元/m³，总造价匡算为136万元人民币。

处理后Ⅰ号遗址点老窿和古坑木将不再受地下水的影响，可采用电渗法等方法对老窿进行脱水加固处理。

2．地下截水墙方案

为了拦截上游的地下水，设置地下截水墙是行之有效的工程措施，如图3所示，沿展厅东侧排水明沟外的陡坎，布置一个南北向长45米的截水墙，在截水墙的南端，向南西方向转折45°，再延伸65米。截水墙总长度为110米。截水墙所在部位的风化层厚度为25米，截水墙应置于新鲜基岩之上。因此截水墙底部埋深为25米，宽1米。施工可采用挖孔机挖掘，然后灌入防渗材料。

展厅西侧有大理岩出露地表，为防止雨季大气降水渗入遗址区内，应平整展厅西侧和北侧场地，进行防渗铺盖。铺盖面积如图3所示。

实施截水墙方案单价为1000元/m³，总造价匡算为275万元。

处理后，Ⅰ号遗址老窿和古坑木将不再受浅层地下水的影响，可采用电渗法等方法对老窿进行脱水加固。图4为截水墙剖面和处理后的地下水位。

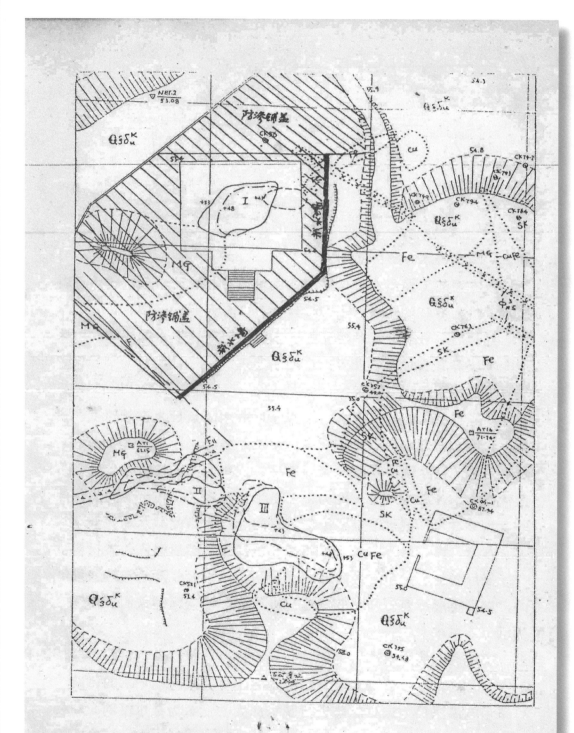

图3、截水墙方案平面布置图

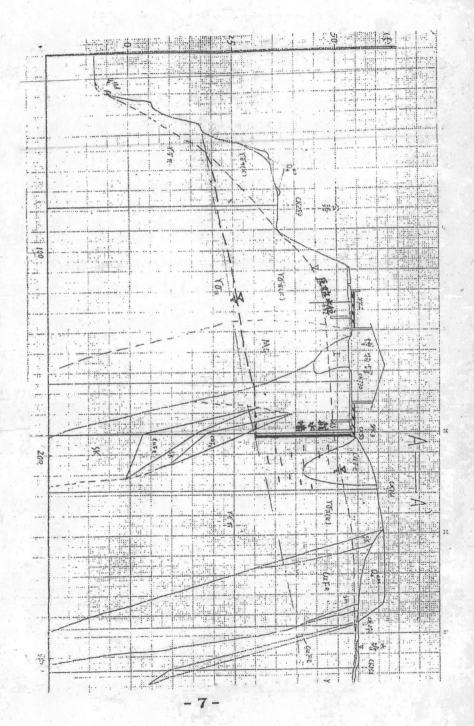

图4、截水墙方案剖面图

（二）Ⅱ、Ⅲ号遗址点地下水病害治理方案

表2给出了Ⅱ、Ⅲ号遗址点的地下水位与动态变化的观察结果，由表可知，Ⅱ、Ⅲ号遗址区内存在浅层地下水，且地下水位随季节变化，最大变化幅度为2.25米。根据１９９２年１０月６日的钻孔水位记录分析，Ⅲ号址北部SHC4钻孔的地下水位最高，标高为51.88米，往东南、西南和北边三个方向地下水均有所下降，由Ⅲ号遗址点往东水塘的水位为53.0米。说明Ⅲ号遗址区至东侧池塘一带为古矿遗址区的地下分水岭，大气降水垂直入渗，对地下水位以上的古坑木有不利影响。该部位的地下水波动主要也是由大气降水入渗所造成，雨季顺南侧山坡面流形成的季节性积水洼地也对Ⅱ、Ⅲ号遗址点有不利影响。旱季地下水主要从东往西流经Ⅱ、Ⅲ号遗址区，

表2

Ⅱ、Ⅲ号遗址点地下水位及动态变化

钻孔号	平面位置	地面标高(m)	初见水位(m)	终孔水位(m)	变化幅度 (m)	观察天数
SHJ1	气象站东南	55.58		51.48	49.89-48.57 1.32	30
SHJ3	Ⅲ号址中部	56.81	54.51	51.56	50.91-50.05 0.86	30
SHC4	Ⅲ号址北部	54.20	52.70	53.0	53.05-50.80 2.25	104
SHC5	Ⅲ号址东部	55.27		51.87	52.37-50.27 2.10	81
SHC6	Ⅱ号址南部	51.82	50.52	50.92	50.87-50.37 0.5	28

-8-

然后顺F1和F11 断裂破碎带流出区外。因此，Ⅱ、Ⅲ号遗址点的治理核心问题是杜绝大气降水垂直入渗和拦截来自东侧和南侧的地下水。

根据上述分析，建议选用以下方案进行治理。

1、暗沟排水方案

如图5所示，排水暗沟平面上呈U字形，总长165米。在西侧暗沟的两端各设一口集水井，将暗沟中的积水用潜水泵抽出地表。Ⅱ、Ⅲ号遗址点老窿的最大垂直深度为16.3米。因此，暗沟的处理深度应为18米，宽度为1米，遗址点西侧靠近陡边和断裂破碎带，不用设置暗沟。在实施本方案时，为杜绝大气降水垂直入渗，地表必须进行防渗铺盖，铺盖范围包括暗沟之间往西延伸至大理岩山外侧，如图6所示。

该方案的实施可采用挖孔机挖掘，然后充填透水的碎石料，处理单价为800元/米^3，总造价匡算为238万元人民币。

图6为暗沟排水方案的剖面图和处理后的地下水位。

2、截水墙方案

平面布置如图7所示，为一"V"字形，总长165米，处理深度为25米，宽1米。实施截水墙方案时，必须对地表同时进行防渗铺盖处理。范围为从截水墙至大理岩山西侧。实施截水墙方案单价为1000元/米^3，总造价匡算为413万元人民币。图8为截水墙方案剖面图和处理后的地下水位。

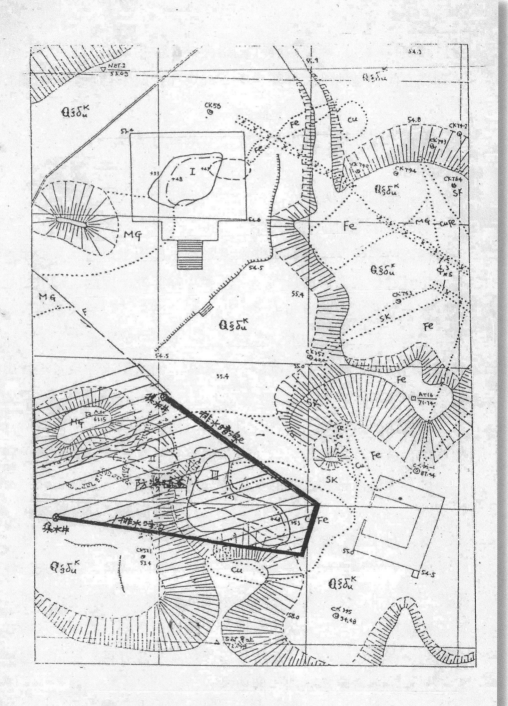

图5、Ⅱ、Ⅲ号遗址点暗沟排水方案平面布置图

-10-

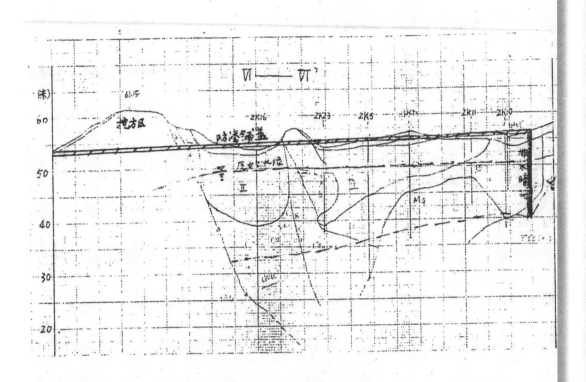

图6、Ⅱ、Ⅲ号遗址点暗沟排水方案剖面图

（三）其他措施

1、地表排水系统

遗址区内生活用水和尾砂泵抽水注入东侧的池塘中，池塘内的水常年不干，成为旱季时浅层地下水的主要补给源，补给量约占大气降水补给量的十分之一。建议对池底进行防渗处理，并修建地表排水沟，将这部分水排出区外。排水沟也应做防渗处理。处理费用匡算为2万元。

－11－

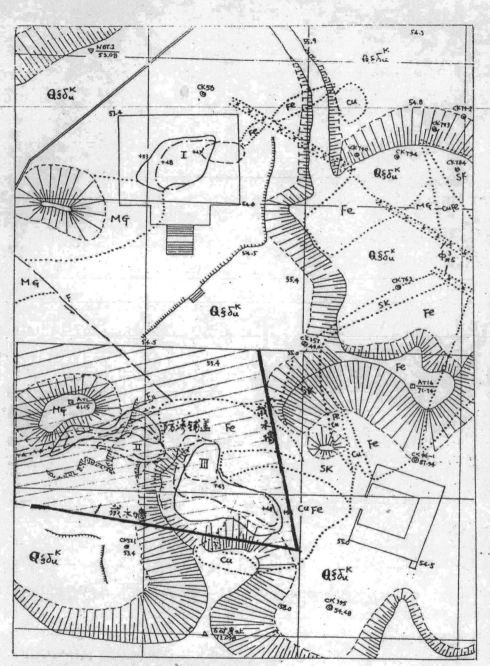

图7、Ⅱ、Ⅲ号遗址点截水墙方案平面布置图

－12－

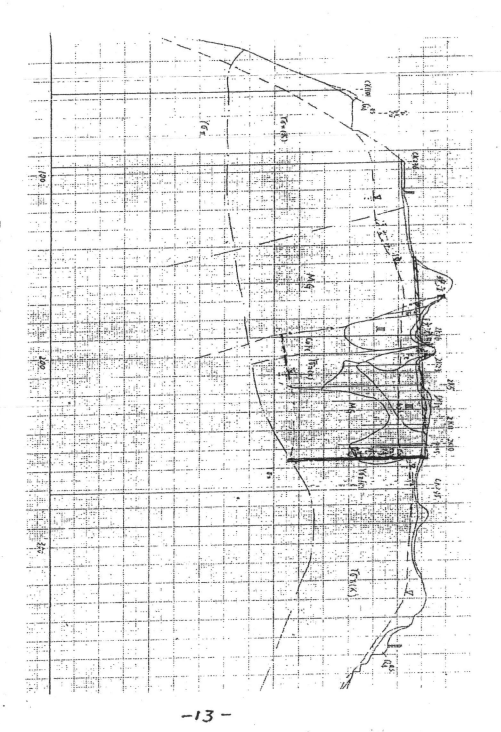

图 8 Ⅱ.Ⅲ号进址b获水断方案剖面图

-13-

2、加强管理

潜水泵应及时抽水，以使暗沟中不产生积水为原则。可在集水井中安装自动装置，使集水井中水位始终低于暗沟底界。

扩建生活用水池。当池内水位上升到池口时，应及时关泵，以防水从池内溢出渗入地表。

对尾砂泵和抽水泵管路经常进行检漏工作，以防渗漏的水补给地下水。

表3

铜绿山古矿遗址地下水治理方案匡算结果

方案	Ⅰ号址	Ⅱ、Ⅲ号址	共　计
暗沟排水	136万元	238万元	374万元
截水墙	275万元	413万元	688万元
其他措施		2万元	2万元

-14-

湖北大冶铜绿山古铜矿遗址区地下
连续防渗墙工程设计方案（草案）之二

湖北大冶铜绿山古铜矿遗址区
井点排水工程方案（草案）

施林森

（鄂东南地质大队）

一九九二年十二月

目录

一、遗址概况

古铜矿遗址位于大冶县城关西南3km处的铜绿山铜铁矿床Ⅶ号矿体地段，是我国迄今发现的时代最久、开采延续时间最长的一座开采铜矿床的遗址。从已发掘的Ⅰ号遗址来看，古矿坑巷道支护先进，排水设备完善，并有丰富的提升、照明、洗矿、采装等生产工艺和材料遗物，是一座证明我们祖先远在2000多年前已能成功地解决一系列重大采矿技术问题的遗址。因此，有极其重要的文物保存价值，1982年已列为国家重点文物保护单位，1989年向联合国科教文组织推荐列入《世界文化遗产目录》。

古铜矿遗址的古采坑位处在Ⅶ号矿体群主矿体的西侧，处在上矿体氧化次生富集带内。遗址由Ⅰ、Ⅱ、Ⅲ号遗址点组成，其中Ⅰ号遗址位于遗址区的北部，70年代末已经发掘，并建有展视厅，展厅四周设有深4.9米左右的汇水盲沟和五个集水井，地表铺盖有水泥散水坡。该遗址的古采坑走向北东，平面呈"纺锤"状，东西长26米，最低下限深度15.78米，相应标高37.68米。Ⅱ、Ⅲ号遗址位于遗址区的南部，与Ⅰ号遗址相距分别为55米和60米。其中Ⅱ号遗址进行过部分发掘，后又掩埋。Ⅱ号遗址古采坑平面上东宽西窄，东西长约26米，南北最宽处约11.5米，最低下限埋深14.04米，相应标高39.44米。Ⅲ号遗址与Ⅱ号之间被侵入岩所间隔，两者相距约5米，古采坑平面形态呈平卧的"L"状，东西长约27米，南北最宽处宽度为18.5米，最低下限深度12.65米，相应标高41.21米。

古铜矿遗址之所以能在长达几千年内完好地保存下来，是与其赋存在特定的地质环境中有关，即是其长期处在一种封闭、缺氧的环境介质中。由于近代采矿开挖和人工发掘，这种相对封闭缺氧的条件已

被破坏或部分破坏，如遗址区被矿山开挖夷平，一方面使古采坑上覆盖层厚度变薄，另一方面又使侵入岩的风化带向下延伸，

从而改变了降水的入渗条件和与空气接触的机会。遗址区西侧露天采场及地下矿坑的疏干排水，使基岩裂隙水水位发生大幅度下降，但又因遗址区周边受弱透水的侵入岩所围限，又使遗址内地下水不能完全被矿坑排水所疏干，而仍保持较高的地下水面，造成古采坑部分位于地下水位之上，部分处在地下水位之下的不利境界。加上受气象因素的影响，导致地下水位发生反复升降，因而又使古采坑部分地段的古坑木处在干湿交替状态。上述这种水文地质环境，无疑易使古坑木发生腐蚀，对遗址的长期保存甚为不利。因而地下水已成为古铜矿遗址保护的一个重要的危害因素，必须采取工程措施来消除和削减这方面带来的危害。

二．遗址区地质及水文地质条件

（一）地质背景

遗址内地层比较单调，除地表有一层厚０－３米的杂色粉质粘夹碎石组成的人工填土外，大部分地段为中强风化的石英正长闪长玢岩（下称玢岩）所占居，大理岩均埋藏在地下，呈捕房体产出，彼此间互不相连，且与西南方向的区域大理岩间也被侵入岩所间隔。三个遗址的古采坑均位于大理岩与侵入岩的接触部位。Ⅰ号遗址的大理岩捕房体东西长１００米，南北宽由２５－３５米，最大垂厚65.99米，西部隐伏在土体之下，东侧被侵入岩所夹持；Ⅱ号遗址人理岩体，东西长约１００米，南北宽由３５－６０米，最大垂厚５０米，遗址的北西侧为其隐伏区；Ⅲ号遗址的大理岩体周边均被侵入岩所包围，东西长约６３米，南北宽３０－４０米，钻孔揭露厚度19.03--65.29米。

-2-

遗址区位于北北东向背斜之东冀，由于受岩浆侵入的影响，遗址呈单斜构造，大理岩、矿体和矽卡岩均向南东方向倾斜。遗址区主要断裂有两条：一条走向３３０度，北东倾，倾角５０－７０度，遗址区内延伸长度６２米，破碎带宽２－３米；另一条走向４０度，倾向南东，倾角６６度，遗址区可见长度约６５米，并通过Ⅱ号遗址，角砾岩带宽４米左右。两断裂在Ⅱ号遗址北东部位交切，形成９－１３线西侧地段一个扇形岩体破碎区。根据在７－１５线露采边坡地段对节理裂隙统计结果，遗址范围发育有六组节理裂隙（按走向分），这些结构面倾角４０－６０度，延伸长度均在百米以上，经计算机模拟后，此六组节理裂隙中的北北东和北西西两组是构成地下水运移的优势结构面。

（二）水文地质条件

１、含水层与隔水层

遗址区内对古采坑长期保存产生影响的含隔水层有：

⑴ 大理岩溶蚀裂隙含水层：本含水介质位于古采坑的底部或侧向，由于受地下水循环交替不畅的影响，岩溶作用不强，仅在少量钻孔遇见洞高0.3－1.0米的溶洞，岩溶形态以溶隙、溶孔为主。根据西侧钻孔抽水试验资料，平均单位涌水量为0.9960 $L/s \cdot m$，平均渗透系数1.9992 m/d。本含水层在各遗址点地下水位标高（１９９２年１１月份资料）是：Ⅰ号遗址由41.33--44.98米，地下水面略向南西方向倾斜；Ⅱ号遗址点目前地下水位不明；Ⅲ号遗址为50.05米，与周围侵入岩的地下水位标高无明显差异。

⑵玢岩风化裂隙含水层：本含水层由玢岩的中强风化带所组成，厚度各处不一，遗址区介于１０－３０米之间，在断裂及其影响带部

位厚度加大。由于受断裂的错动和岩脉穿插的影响,侵入岩中节理裂隙十分发育,线密度高达１０－３０条/米,因此,节理裂隙网络是地下水储存和运移的空间,但因岩体受风化和蚀变作用的影响,粘土矿物含量增加,这些空间内被粘土物质充填堵塞,使其富水性及渗透性降低。根据遗址西侧试验资料,单位涌水量的均值为 $0.1229 l/s.m$,平均渗透系数是 $0.2563 m/d$。室内试验结果:垂直渗透系数由 0.0835 $--0.3387 m/d$,水平渗透系数由 $0.0670--0.0873 m/d$,属渗透性弱的含水层。地下水位标高在Ⅰ号遗址地段为 $45.55--49.27$ 米,Ⅲ号遗址内在 50 米以上。

(3) 人工堆积孔隙含水层:含水介质由人工填土及氧化矿夹粘土所组成,前者厚 $0--3.0$ 米,后者最厚处为６米。其中氧化矿堆仅分布在Ⅰ号遗址的东侧。由于这类堆积物结构松散,孔隙度较大,故渗透性能较好,渗透系数由 $0.1961--1.4083 m/d$,为雨水入渗地下提供了良好条件。因其处在地下水位之上,实质上是一透水不含水层。

(4) 隔水层:遗址区起相对隔水作用的岩体为未经风化和构造变动的侵入玢岩,位于遗址区地下 $２０－３０$ 米以下部位。土体隔水层主要是古采坑内的充填物,根据室内试验资料,其渗透系数由 0.0017 $--0.0021 m/d$。

２.地下水补给迳流排泄条件

根据遗址内地下水位动态变化特征分析,遗址区地下水的主要补给源是大气降水,表现在地下水位处在遇雨回升、逢旱下降的状态,最大变动幅度已达 2.45 米(１９９２年下半年)。降水对地下水的补给方式是:雨水垂直渗透补给;雨水渗入地下后,由地势较高地段侧向进入遗址区。

－4－

地下水迳流方向与排泄部位，根据各遗址点不同含水层水位标高的变化、断裂构造和节理裂隙密集发育带所处的位置、风化含水层有隔水岩体的顶托、泉水出露位置和平面模拟渗透连通网络图所得出节理裂隙结构面优势方位等综合分析，各遗址地下水迳流方向和排泄位置为：

(1) I 号遗址：该部位大理岩地下水位北东高而南西低，风化侵入岩地下水位高出相邻地段大理岩的地下水位4.22--4.29米，表现大理岩地下水除在隐伏区接受降水补给外，还受其周边的侵入岩裂隙水的侧向补给，并起着汇集地下水的作用。地下水主要由东向西南方向运移，通过西侧露天边坡处的泉水进行排泄。

(2) II 号遗址：因目前该遗址范围缺乏水位观测孔，对地下水位的平面变化不明，但该区的地质及水文地质条件与 I 号遗址相似，并紧临两断裂破碎带。因此，地下水亦可能作由东而西运动，通过西侧露采边坡处泉点排泄。

(3) III 号遗址：该遗址周边均受弱透水的侵入岩所围限，且旱季地下水位标高在50米以上，与天然状态地下水位标高（48-53米）比较，差异不大，故该遗址区地下水可能以蒸发排泄为主，亦有可能通过风化坋岩和 II 号遗址内地下水产生微弱的水力联系，向西运动。

综上所述，目前遗址区地下水主要侧向补给部位是：I 号遗址为东侧和东南方向；II、III 号遗址为东、南两侧及北东部位。

三、地下水病害防治方案设计

为消除和减少地下水对古铜矿遗址保存所带来的不利因素，一方面必须使地下水位不处在反复升降状态；另一方面要使各遗址内地下水位降至古采坑最下限点以下2米（考虑毛细带）。由于遗址周边受

- 5 -

弱透水的粘土化程度较高玢岩所包围，虽地下水的补给条件不佳，但其排泄亦不畅。因此，要实现上述两个目标，必须辅以工程措施，为此特提出下面两个防治地下水病害的方案。

（一）地面防渗铺盖加地下连续防渗墙方案

实施此方案的目的是：截断雨水通过地面的垂直渗入和拦截遗址区地下水的侧向补给，造成遗址区地下水补给与排泄之间的不平衡，利用西侧露采边坡地段可自然排泄地下水的有利因素，来达到逐渐使遗址区地下水位不断下降的目的。

本方案实施涉及两项岩土工程，其中地面防渗铺盖有专项设计，故下面着重叙述地下连续防渗墙的布置和工程实施方案。

1、考虑到各遗址点均为高岭土化的风化玢岩所围限，其渗透性能较低，同时节理裂隙开度较小，又有充填物存在，用钻孔注浆构筑防渗帷幕难以实施，故采用地下连续墙方案来拦截地下水的侧向补给，墙体主要布置在各遗址点地下水侧向补给的主导方向上。其中Ⅰ号遗址点防渗连续墙布置在展视厅东侧和东南方向上。具体位置为：东侧防渗墙布置在展厅外防水盲沟外侧的小陡坎部位，走向南北，北部超过展厅的北端，向南延伸至CK50，再折转呈南西走向，延长至展视厅台阶前方，见图1。Ⅱ、Ⅲ号遗址点的防渗墙体分别布置东、南及北东方向上的古采坑边界外侧，外形呈似"门框"状。其中南部墙体走向东西，东起2K9，西止于Ⅱ号遗址西侧边界的下延部位；东侧墙体走向南北，南起2K9，向北延伸25米，再折转呈北西走向，延至F1断裂带，见图2。

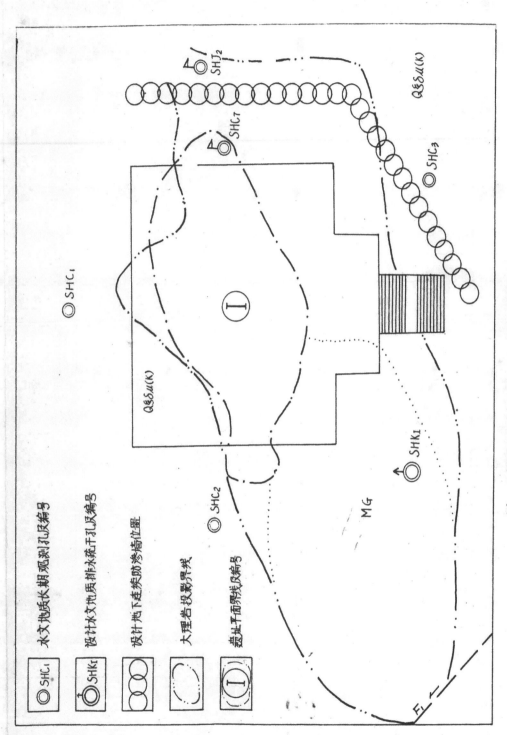

图1 Ⅰ号遗址区防治地下水工程布置示意图

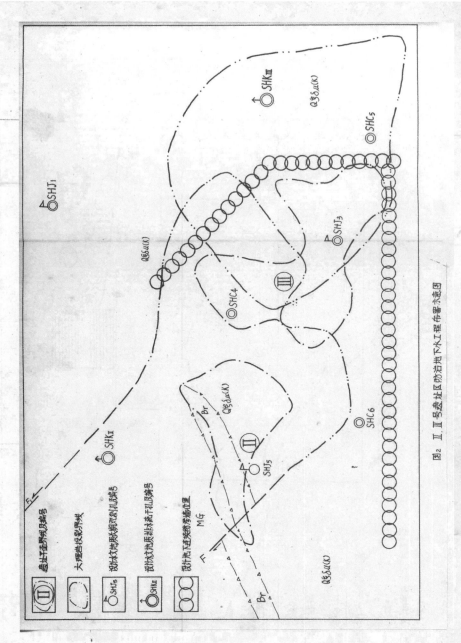

图₂ Ⅰ、Ⅱ、Ⅲ号遗址区的治地地下水工程布置示意图

2、地下连续防渗墙设置深度根据以下原则决定：其一，墙体下部必须嵌入相对隔水的侵入岩中；其二，墙体下限必须超过各遗址古采坑最低点以下4－5米。根据勘探资料，各遗址区侵入岩中强风化带含水层深度一般超过20米，另外三遗址古采坑最低下限埋深为15.78米，故确定墙体下限深度为20米。

-8-

3、由于墙体埋深较大，加上其中下部又为中等风化的侵入岩，岩体的硬度较大，使用一般开槽机具难以施工，同时接近地表部位开槽后易产生垮塌。因此，地下连续防渗墙拟利用钻探打孔后灌注水泥砂浆的方法来构筑。由于未来连续防渗墙的两侧均有岩土体侧限，水平方向上的荷载，不存在土压力，只有水压力（在遗址点内地下水位降低后），故钻孔口径采用３００ｍｍ，水泥砂浆采用标５０进行配比（即强度相当于５ＭＰａ）。为稳妥起见，钻孔布置采用切割法，即两孔之间有部分重合，见图１和图２。

（二）地面防渗铺盖加井点排水方案

设计本方案的依据是：充分利用遗址区地下水补给条件欠佳和排泄不畅的特点及大理岩渗透性能较强，但分布范围不大、易被疏干的有利因素，同时人工井点排水后可以使整个大理岩体内地下水位随着排水井点水位降低而发生"同步等幅"下降，并致使其周边的风化裂隙介质中的地下水向大理岩体汇集，来达到降低整个遗址区地下水位的目的。采用井点排水还可以根据观测水位的变化情况，启闭抽水机具，控制地下水位的升降。此方案的排水井点若结合西侧露采边坡加固巷道来布置，不仅可省去抽水设备，而且效果更佳。

本方案中的地面防渗铺盖见专项设计，下面重点叙述在不考虑西侧露采边坡加固巷道的情况下，排水井点的布置和井深确定的原则。

1、由于遗址区各遗址点的大理岩体互不沟通，因此，各遗址点内必须布设排水井点。另外，因Ⅱ号遗址点内目前无水位观测孔，因而在实施此方案时该遗址要布设一个水位观测孔。

2、井点布置应充分考虑遗址内的地下水侧向补给的主要位置、地下水流向，并尽量揭露到大理岩的最大厚度。依上述原则，Ⅰ号遗

－9－

址点的排水井布设在遗址展厅的西南方向上的隐伏岩溶区内，该拟建排水井位于地下水运移方向的下游，并靠近F1断裂破碎带，见图1。Ⅱ号遗址排水井点拟布置在该遗址北部的隐伏岩溶区，距F1断裂带7米左右，井位亦处在地下水运移方向的下游地段。水位观测孔设置在古采坑的倾伏方向上，即南侧，见图2。Ⅲ号遗址的排水井布置在古采坑东侧，位于该遗址地下水的侧向补给方向上，且是大理岩厚大地段，见图2。

3、为了最大限度地降低各遗址点内的地下水位，满足水位要低于古采坑最低下限之下的要求，排水井点深度设计为50米。同时为了满足潜水泵和观测管下入孔内的需要，排水井的终孔口径不得小于150mm，观测孔的终孔口径不小于91mm。

四、工作量、设备、管材及经费概算

（一）工作量、设备和管材

1、地面防渗铺盖加地下连续防渗墙方案

本方案中地面防渗铺盖的工作量见专项设计。根据Ⅰ、Ⅱ、Ⅲ号遗址连续防渗墙布设方案，Ⅰ号遗址墙长为70米，Ⅱ、Ⅲ号遗址为140米，总长是210米。设计施工防渗墙的钻孔口径为300mm，扣除两孔间交割重叠部位，每孔实际控制距离按250mm计，即每延米连续墙需施工钻孔四个。故三个遗址的防渗连续墙构筑共需施工钻孔840个。由于墙深为20米，则钻探总进尺为：

$$840 \times 20 = 16800 \text{延米}$$

每孔需灌入的水泥砂浆量为：

$$3.1416 \times 0.15^2 = 1.4137 (m^3)$$

地下连续防渗墙需灌入水泥砂浆的总量为：

$$840 \times 1.4137 = 1187.51 (m^3)$$

—10—

2、地面防渗铺盖加排水井点方案

此方案共布置了三个抽水井和一个水位观测孔，其中抽水井孔深为５０米，观测孔深为２０米，总计钻探进尺为１７０延米。为了验证本方案的疏干排水效果，应先在Ⅱ号遗址点进行一次抽水试验。因本方案实施过程中需经常观测地下水位，为了提高水位的观测精度和观测方便，应添置５台自动水位记录仪。另外三个抽水井要购置三台深井潜水泵。每个抽水孔上部要下入护壁套管。

（二）各方案经费概算

1、地面防渗铺盖加地下连续防渗墙方案

本方案中的地面防渗铺盖构筑费预算见专项设计。施工钻孔灌注水泥砂浆构筑防渗墙经费计价，目前尚缺少这方面的计价标准依据，根据软土地基加固处理成孔成桩（砼）的计价标准是：口径大于８００ｍｍ，每灌注１立方米砼，单价为　１０００元。若按国家物价局和建设部所颁布的〖１９９２〗价费字３７５号文钻探取费标准，Ⅴ类松软岩层、口径小于３５０ｍ·ｍ，孔深５０米以内，每延米钻探费为266.9元，则单孔钻探费就高达５３３８元。由于构筑连续防渗墙所施工的钻孔，既不属水文地质勘察钻探，但又不同于软地基加固处理工程，原因是遗址区岩土级别比软土高出４个等级，且每孔灌注水泥砂浆量又少，施工难度又大。经同有关专业施工单位商量后，认为遗址区施工地下连续防渗墙成孔成墙每灌 $1m^3$ 的水泥砂浆的单价定为２０００元（含水泥、砂、灌注费）较为合适。则单孔成孔成桩费用是：

$$2000 \times 1.4137 = 2827.4（元）$$

整个连续墙工程所需构筑费为：

$$2827.4 \times 840 = 2375016（元）\approx 237.5（万元）$$

本方案实施费用还应包括方案设计、施工图设计、施工总结报告编制、透孔取芯检查、抽水试验检查防渗墙的防渗质量和不可预见费等费用，上述费用按规定占工程费用的12%，则为28.5万元。因此，本方案工程实施的总费用是：

237.5＋28.5＝266（万元）

2、地面防渗铺盖加排水井点方案

本方案工程施工费预算是按国家物价局和建设部联合颁布的〔1992〕价费字375号文中规定的取费标准进行计算，预算结果见下表，但不含地面防渗铺盖工程费用在内。

井点排水疏干工程经费预算结果表

项 目	单位	单价（元）	工作量或数量	费用（元）	备 注
钻探	m	423.3	170	71961	口径151-200m.m
抽水试验	台班	404.6	21	8497	
套管	m	275.6	50	13780	
深井潜水泵	台	8000	3	24000	
自动水位仪	台	2000	5	10000	
技术工作费				14188	1-42负费用的12%
累 计				142426	

－12－

五、方案比较及建议

1、本设计中第一方案实施后，基本上隔绝了遗址区地下水的垂向和侧向补给源，同时利用了西侧露天采坑不断疏泄地下水的有利条件，来使遗址区地下水位，消除了波动这个不利因素，同时又给今后对地下水病害防治和管理提供了方便，减少了这方面的管理工作量。但此方案实施一次性投资较大，由于对钻探施工的垂直精度要求很高，给地下连续防渗墙的构筑带来较大的困难。此外还有一个问题值得注意，即目前遗址区最低地下水位标高为41米，而目前遗址西部露采边坡处所出现的地下水露头标高为负7米，两者相差48米，这是由于遗址西侧的侵入岩体下部的隔水层顶托，使遗址地段地下水不能完全被排泄掉，水位有可能下降不到要求降低的位置。若此因素存在，采用这一方案来防治地下水病，对遗址古采坑实行"干"保护，可能在初期还应赋于其它人工排水措施。

2、本设计中的第二方案，优点是一次性投资少，施工难度不大，不足之处是经常性管理工作量大，排水井孔使用过程中还要定期进行洗孔清淤。若大理岩体的渗透性能较弱，可能还要增加一些排水井孔，相应投资也有增加。

3、经上述两方案比较结果，两者均存在有不理想之处，不是最佳防治地下水病害的方案。为此，建议在西侧露天边坡处的标高31米地段，分别向Ⅰ号和Ⅱ、Ⅲ号遗址点施工疏水平硐，在地面按一定间距施工直通式放水孔与疏水平硐连通，加地面进行防雨水入渗铺盖措施，这种防治工程措施对疏排遗址地下水较为有利，且投资要大大低于修筑地下连续防渗墙方案。

－13－

湖北大冶铜绿山古铜矿遗址围岩及坑木电渗注浆保护工程方案(草案)

程昌炳　　　　　　　陈中行

(中科院武汉岩土力学研究所)　(湖北省博物馆)

一九九二年十二月

电渗注浆工程预算

以遗址1号点的400平方米面积加固厚度0.5M计费用

项　目	用　量	单　价	金额(万元)
水玻璃(化学纯)	21.6T	2.0(万元/T)	43.2
凝聚剂	7.2T	1.0(万元/T)	7.2
蒸馏水	72T	0.1(万元/T)	7.2
电费	60万度	0.25元/度	15
电极材料费	500米	20元/米	1.0
电极材料加工费			3
电缆线			1
设备费(直流电源等)			5
配电房	1间		0.5
简易工作间			0.5
设计费			5
施工劳务费			20
运输费			1
不可预见费			10
合计			119.6

铜录山古铜矿遗址给排水治理工程方案

根据国家文物局（91）文物字第1020号文《关于大冶铜绿山古铜矿遗址科研课题与环境地质监测计划的意见》的批复精神，由中国地质大学、鄂东南地质大队、黄石博物馆组成了"铜绿山古铜矿遗址地下水的病害成因及防治对策研究"课题组。一九九一年元月至一九九二年十月，课题组对古铜矿遗址及周边区段进行了水文地质调查及水文地质勘探。从所获得的资料分析，铜绿山遗址地下水的补给来源主要来自大气降雨。此外，还来自于以下几个方面：

1、生活所废水无排水工程设施，致使这部分废水全部向地下渗透，成为地下水的补给源之一。

2、现有供水水池位置选择不当，加之质量低劣，管理不善，致使出现严重的溢水和漏水，并经过遗址向地下渗透。

3、铜绿山矿的生产用水，有部分管道经过遗址保护区。这部分管道也有漏水现象，并通过遗址向地下渗透。

以上三方面人为因素形成的水量，向地下渗透后，对埋藏于地下的古矿井造成直接威胁，是遗址区地下水病害的成因之一。为保护铜绿山遗址下部的古矿井遗存，必须对上述水源进行治理，切断人为因素对地下水的补给。

其治理方案分别为：

一、需修建一条长３００ｍ，净断面为 400×400 cm 的排水沟，将生活用废水向遗址东部排除。

二、将现有水池废除，另建一座高30m，蓄水量为50吨的水塔，以保证遗址博物馆的消防用水和生活用水。

三、铜绿山矿生产用水的渗漏问题，拟请铜绿山矿将管道改道，避开遗址保护区。

根据以上治理方案，并参照有关的工程预算标准及原材料价格的上涨因素，其工程所需费用

1、生活用废水的排水工程约需五万元。

2、供水水塔及管道系统工程约需十五万元。

两项工程合计二十万元。

黄石市博物馆

一九九二年十二月二十四日

附：1、生活用废水排水工程示意图。

2、供水系统示意图。

大冶铜绿山古矿冶遗址

水塔工程概算书

工程编号：92—20

湖北省黄石市建材研究设计所

一九九二年十二月二十五日

建设单位：黄石市博物馆

设计单位：黄石市建材研究设计所

所　　长：余　松　涛

总　　工：谭　斯　文

项目负责人：梅　宁

编制人员：梅宁、曹举峰、陆才贵、周妮莎、袁玉娟

一、概况：

　　大冶铜绿山古矿冶遗址属于国家一级保护文物，因受地表水的侵蚀以及原有水池渗水影响，因而改变了地下水水质，对矿井木结构产生锓蚀。黄石博物馆要求兴建30米高50吨水塔以改变水池渗水及管理人员饮水问题。

二、工艺流程图：

出水系统 —————— 水塔 —————— 进水系统 —————— 泵站
300米　　　　　　　　　　　　150米

三、水塔立面图：见附表

四、投资总额估算表

单位：万元

序 号	名 称	费 用
1	送水系统150米	0.8
2	出水系统300米	2.7
3	控制部分	0.5
4	30米高50吨水塔	15
5	设计费	0.5
6	不可预计费	0.5

投资总计20万元。

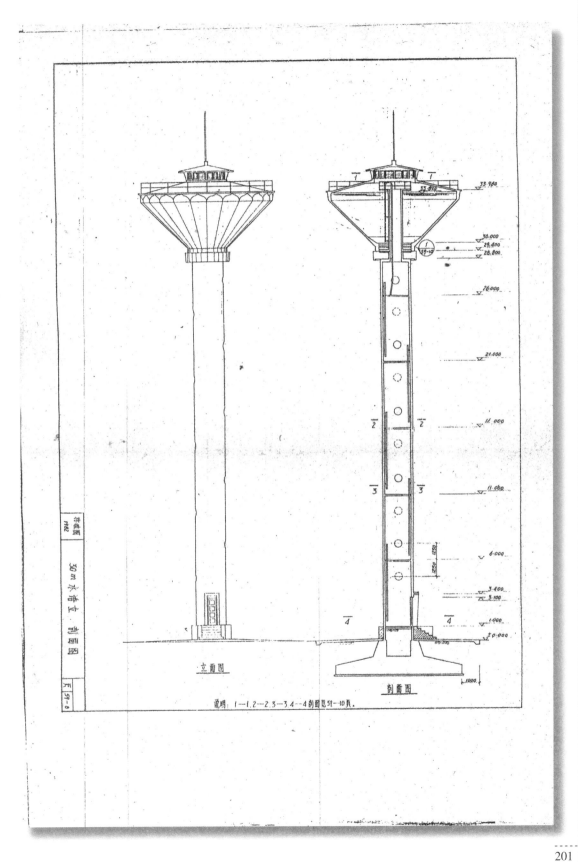

立面图

剖面图

说明：1—1,2--2,3--3,4--4 剖面见 59-10页。

《湖北大冶铜绿山
古铜矿遗址保护
前期研究》之一

湖北大冶铜绿山古铜矿遗址区
地下水病害成因及防治对策的研究

课题总负责：陈中行

科学顾问：　杨裕云

课题负责：　方　云

参加人员：　刘佑荣

　　　　　　施林森

　　　　　　胡永炎

一、前言

铜绿山古铜矿遗址区位于湖北省大冶县城西南3公里处（图一）。该遗址发现于
１９７３年，经考古发掘，清理出西周至汉代千余年间不同结构、不同支护方法的竖井、
斜井和盲井。铜绿山古铜矿遗址内涵十分丰富，是迄今我国发现的时代最久远、延续开
采时间最长、保存最完整的一处古铜矿遗址。该遗址的发现和发掘，揭示了我国青铜文
化的独立起源，为研究我国矿冶技术发展史提供了一批珍贵的实物资料。铜绿山古铜矿
遗址是建国以来的重大考古发现之一。１９８２年列为国家重点文物保护单位，１９８９
年向联合国教科文组织推荐列入《世界文化遗产目录》。

铜绿山古铜矿遗址是赋存在特定地质环境中的文化遗址。遗址之所以能在几千年中
完好地保存下来，主要是由于遗址长期保存于一种封闭缺氧的地质环境中。近代采矿工
程的影响已导致古矿遗址区地下水的天然平衡状态被破坏。古矿坑水与其赋存的环境之
间由原来的平衡状态转变为非平衡状态，如不采取有效的保护措施，坑水将逐渐遭到破
坏。

根据矿山提供的资料，矿区内基岩的地下水位已大幅度下降，目前古矿遗址的下限
已高于基岩地下水位达４０米以上。基岩地下水的波动已不影响古矿遗址的保存。但存
在于岩体顶部中、强风化带中的风化裂隙含水层使遗址区内部分坑木位于地下水位之上，
部分位于地下水位之下。该层地下水的波动将对地下水位以上至近地表处的古坑木造成
危害。因此，查明古矿遗址区内浅层地下水的分布规律，径流排泄方向及对古矿遗址的
危害，提出防治对策是铜绿山古铜矿遗址区原地保护的首要任务。

为落实１９９１年国务院关于古铜矿遗址原地保护的批复，受湖北省文化厅和湖北
省博物馆的委托，我们于１９９２年8月至１０月对铜绿山古矿遗址区进行了综合地质、
水文地质和工程地质勘测。其目的是查明遗址区水文地质条件，重点查明遗址区地下水
病害成因和浅层地下水的水位动态变化，提出防治对策以及进行防治设计所需的有关参
数，为防治工程设计提供水文地
质依据。其完成下述工作：

1．收集有关的地质、水文
地质和环境监测资料。

2．进行1：１０００的水文地
质测绘和1：５００的工程地质测
绘，编制1：１０００的水文地质图。

3．测量岩体渗水裂隙，模
拟渗水裂隙连通网络，查明主渗
透方向。

4．进行现场渗透试验和室
内各向异性渗透试验。

5．测定钻孔的水位动态变
化，确定遗址区内浅层地下水的

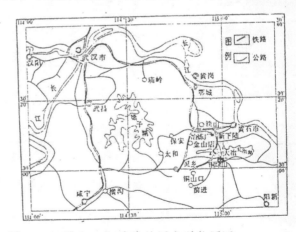

图1　铜绿山古铜矿遗址区交通位置图
1：１５０００００

分布规律。

6. 取样进行室内试验，查明遗址区岩土层的物理、水理和力学性质。

7. 采集地表水和地下水的水样，进行水化学分析。

通过上述的室内外综合研究，基本上查明了铜绿山古矿遗址区的地下水病害成因和浅层地下水的分布规律，提出了防治对策。本文是在此基础上编写而成的。

二、古矿遗址区的水文地质环境

（一）水文气象

本区气候温暖潮湿，雨量充沛，四季分明，为典型的亚热带大陆性气候。

年平均降雨量为1387.24mm，最大年降雨量为2391.5mm，最小年降雨量为676.9mm，降雨季节分配不均，3—8月降雨最多，占全年的降雨量的67～85.2%，日降雨量最大为261.1mm，最长连续降雨天数为20天。

年平均气温为17℃，最冷为一月，平均气温为3.9℃，最热为7月，平均气温为29.2℃。历年极端最高气温为40.3℃，极端最低气温为-10.6℃。

年平均相对湿度为77%，年平均水面蒸发量为1520mm。

图2为铜绿山古铜矿遗址区降雨、气温和相对湿度随时间变化曲线。据91年5月至92年9月的资料统计，年降雨量1456.8mm，蒸发量1421.7mm，平均气温20.3℃，年平均相对湿度73%。

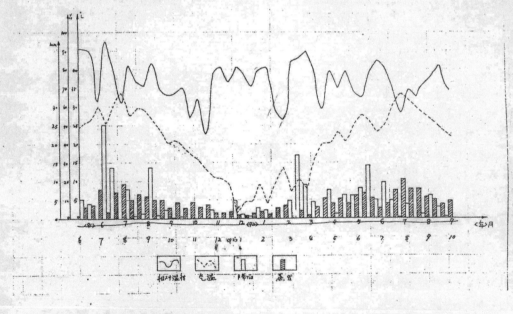

图2　铜绿山古铜矿遗址区降雨、气温和相对湿度随时间变化曲线

2

（二）地形地貌

铜绿山七号矿体古矿遗址位于铜绿山矿区三、四号矿体东侧剥蚀残丘地段。原始地面标高58.04～92.0米。由于70年代矿山对七号矿体进行剥离和古矿遗址发掘，使地形发生了较大变化。原始地形大部分地段被夷平，仅残存几个孤丘。目前古矿遗址区地面标高变化在50.0～72.05米之间。区内分布有数个孤立的人工堆土和基岩小山包。其中最高点为三角架山顶，标高72.05米。矽卡岩山标高71.74米，两个大理岩山包标高61.2米。人工堆矿顶部标高61.4米。遗址区西侧紧邻露天采坑，目前坑底标高-22米，与遗址区平均标高相差75米以上。遗址区东侧呈缓坡延伸至大冶湖，湖区地形标高为15～19米。南、北两侧为丘陵岗地。

（三）地层岩性

古矿遗址区岩层比较单一，以石英正长闪长玢岩为主，区内大理岩受侵入岩包围，呈包裹体状产出，与三、四号矿体顶底板大理岩之间没有联系。七号矿体产于岩浆岩与大理岩接触部位，矿体倾向东。根据古矿遗址地段出露的岩石，按其成因类型、次生蚀变情况、岩性特征等，将古矿遗址区内出露的岩石划分为六个工程地质岩组。

1. 中、强风化石英正长闪长玢岩

岩石经风化而退色变白，呈碎块状，多数仍保持原岩的结构构造，但原有的矿物大都已风化蚀变为蒙脱石、伊利石、高岭石等粘土矿物。局部地段存在遇水膨胀现象。此岩组的工程地质性质较差，为较软弱岩组。岩块单轴抗压强度为19-85MPa。主要分布在新鲜玢岩岩体之上至地表。强风化带一般厚度约20米，中风化带一般厚度为10～20米，但沿构造破碎带、蚀变带和接触带厚度变大，如在与大理岩接触带处，厚度可达40～50米。

2. 新鲜石英正长闪长玢岩

灰色至深灰色，斑状构造，主要成分为石英、长石和角闪石，岩石坚硬，抗变形性能好，岩块单轴抗压强度为160～200MPa，为坚硬岩组，工程地质性质好。分布于中、强风化石英正长闪长玢岩之下。

3. 矿体

主要包括磁铁矿，含铁较高的铜矿及与矿体相伴生的石榴子石矽卡岩和部分矿化大理岩。岩块的强度变化大。石榴子石矽卡岩单轴抗压强度为123.2MPa，含铜大理岩为96～143MPa，磁铁矿为42.9～147.6MPa。这种岩块单轴抗压强度的变化是由于岩块中微裂隙发育程度差异及矿物成分差异所致。

4. 大理岩

出露古矿遗址地表，被矽卡岩包围呈包裹体状，沿接触带及层间已发生溶蚀，形成岩溶裂隙，溶洞率为2.16%。岩块单轴抗压强度为67.8～98.5MPa。根据大理岩在遗址区的分布规律可分为：

I号遗址点大理岩，零星出露于展厅西侧，形成孤立的小山包，大部分隐伏或埋藏于土体和侵入岩之下，隐伏区位于展厅西侧。

II、III号遗址点大理岩，零星出露于II号遗址点西侧，形成一个孤立的小山包，大

3

部分隐伏或埋藏于Ⅱ、Ⅲ号老窿之下。

5. 矽卡岩

呈带状分布于大理岩或矿体与玢岩之间，厚度10～30米不等。遇水易软化。常发育有剪切带或劈理带。岩石多呈灰绿、浅灰黄或暗绿色。具柱粒变晶结构及细至中粗鳞片变晶结构，角砾状构造。局部含有交代残余原岩角砾。主要矿物成分为透辉石、金云母，其次为石榴子石、透闪石、绿帘石、斜长石、方柱石、尖晶石等。岩块单轴抗压强度为7.6～76.5MPa。工程地质性状不良。

6. 钠长斑岩脉

钠长斑岩为后期脉岩，呈岩墙状切穿各岩组。灰白、灰黄色。块状构造。斑状结构。主要矿物为钠长石和绢云母，岩石较破碎。遗址区内有三条钠长斑岩脉分布于展厅的东侧。

7. 第四系松散堆积层

在遗址区内表层普遍堆积有一层第四系堆积物。根据其成因类型可划分为四种类型：

（1）老窿土

多呈褐黑及灰绿色，成分较复杂，以粉质粘土为主，夹有磁铁矿和各类岩石的碎屑。老窿土结构松散，湿呈可塑状，渗透性较差。老窿土构成古坑木的围岩，其工程性质对遗址区的保护有直接影响。老窿土局部分布于大理岩闪长岩的接触部位，分别充填于Ⅰ、Ⅱ和Ⅲ号老窿的采坑之中，分布厚度最大达16.30米。

（2）残坡积土

深褐红色或褐黄色粉质亚粘土夹碎石。造岩矿物大多已风化成粘土矿物，局部残留有原岩的结构构造。厚度为0～5米。主要分布于遗址区外围山坡地带。

（3）人工堆矿

杂色细砾土夹人工堆积矿石和碎石。矿石和碎石的块径大小不一，碎石之间为亚粘土充填。分布于展厅东侧，形成一个高6米的平台。

（4）人工填土

杂色粉质亚粘土夹碎石，结构较松散，不同粒径的风化碎屑和亚粘土混杂在一起。渗透性较好。由于70年代对7号矿体的露天剥离和对古矿遗址进行发掘，使区内大范围内存在一定厚度的人工填土，一般厚0～2.3米，最厚可达3米。

（四）地质构造

古矿遗址区位于铜绿山——马叫背斜的东翼。由于岩体入侵，使区内大理岩呈单斜构造，走向NW335°～340°，倾向NE，倾角70°～80°。

古矿遗址地段的基岩构造以断裂为主。根据矿山资料，平面上7～13线范围，深度上−185米以上的基岩中，发育有十余条规模大于100米的破裂构造。表明古矿遗址地段的岩体较破碎，完整性较差。

遗址区内近地表的岩体受强裂风化作用，使地表的断裂迹象不甚清楚，仅在Ⅱ号遗址点西侧的大理岩山包处见有断裂破碎带的形迹，经勘探查明，遗址区内规模较大的断裂构造有两条，编号为F_1和F_{11}。F_1断裂走向NW310°，通过Ⅰ、Ⅱ号遗址的中间部位，延伸长度为百余米，为一断裂破碎带。该破碎带将Ⅰ、Ⅱ号遗址点的大理岩错开。

4

F_{11}断裂通过Ⅱ号遗址北侧。走向NE50°～70°，倾向SE，倾角70°～85°，局部直立。延伸长度约2500米，区内可见宽4～5米的破碎角砾岩带。影响带宽度大于10米。向下有逐渐尖灭的趋势，为一扭性断层。F_1和F_{11}两条断裂在大理岩山附近交汇。

除上述两条断裂外，在展厅东侧还分布有三条走向NW310°，长35～45米、宽约2米的钠长斑岩脉。

（五）岩体结构特征

古矿遗址区由于基岩中断裂较发育，加上几条大的钠长斑岩脉的穿插，使岩体较破碎。遗址地段的岩体受多组断裂破碎带的交切，形成了特定的岩体结构。这种特定的岩体结构，决定了岩体的渗透性能和主渗透方向，决定了岩体的强度和变形性质。本文通过在遗址区西侧岩体边坡露头上进行结构面的实测统计和收集矿山资料。建立了表征结构面位置的各种几何参数的概率模型。然后运用蒙特卡洛模拟原理和方法，采用计算机模拟结构面网络的交切图像。进而求得岩体的结构参数，为评价和估算岩体的渗透性能和主渗透方向，以及岩体的工程性质提供依据。

根据实测统计和模拟分析结果。可以得出如下结论：

1．遗址区地段节理较发育。根据节理走向可分为五组：①走向NNW345°～359°，倾向NEE，倾角70°～85°；②走向NWW270°～288°，倾向NNE或SSW，倾角68°～90°；③走向NNE10°～25°，倾向SEE或NWW，倾角大于75°；④走向NEE60°～80°，倾向SSE，倾角75°～80°；⑤走向NE40°～55°，倾向SE，倾角75°～80°。以上五组节理面极点在等密线图上密集程度不高。图3为古矿遗址区的结构面极点等密度图。除上述五组节理外，局部地段还发育有走向NE30°，倾向NW，倾角30°的缓倾角节理。

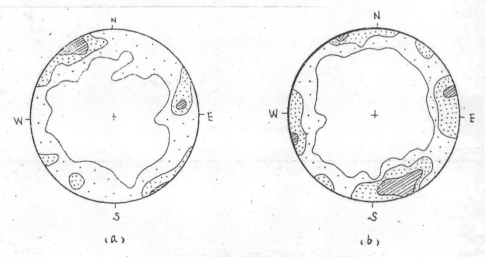

图3　遗址区岩体结构面极点等密度图

（a）遗址区西侧露天边坡　（b）-185米巷道

（a）

112°

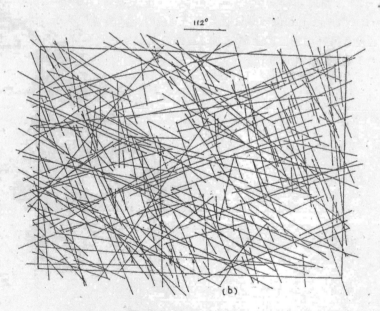

（b）

图4　遗址区岩体结构面渗透连通网络
（a）平面渗透网络　（b）112°方向剖面渗透网络

6

2．古矿遗址区的可能渗透通道为 NWW 向和 NNE 向。图 4（a）给出了古矿遗址区的平面模拟渗透连通网络图，图中结构面的优势方位为 NWW 向和 NNE 向。由于遗址区西侧紧邻露天深采坑，因此，地下水的总的渗透方向是由遗址区往西渗流。

3．在垂直于露天边坡的 112°方向剖面上（图 4（b）），陡倾角裂隙延伸长度较短，倾向与坡向相反。缓倾角裂隙的延伸长度较大，可分为两组。一组倾向与坡向相同，一组倾向与坡向相反。陡倾角裂隙和缓倾斜裂隙相交切，构成了剖面上的渗透连通网络。

4．结构面密度随方位变化的统计资料表明 NW 向裂隙的密度较大。剖面上陡倾斜裂隙的密度较大，缓倾斜裂隙的密度较小（图 5）。

5．不同块径的 RQD 值统计资料表明（图 6），岩体的完整性较差。平面上仅块径为 0.1 米的 RQD 值较高，块径为 0.3 米以上的 RQD 值均极低。岩体的完整性呈各向异性。平面上 NW 向岩体完整性较好，NE 向岩体完整性较差。剖面上近垂直方向岩体完整性较好，近水平方向岩体完整性较差。

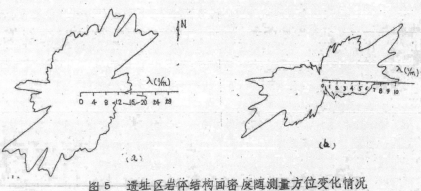

图 5　遗址区岩体结构面密度随测量方位变化情况
（a）平面　　（b）112°方向剖面

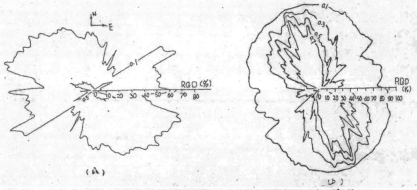

图 6　遗址区岩体不同块径 RQD 值随方位变化情况
（a）平面　　（b）112°方向剖面

7

模拟结果表明，古矿遗址区岩体在多组结构面交切下，岩体较破碎，整体性差。

岩体及其所包含的结构面的力学参数是进行地下水病害防治工程设计的重要参数。应用现有的测试设备和方法得到的岩石力学参数与工程岩体的实际性状有很大差别。因此，把岩石力学参数应用于防治工程设计时，应考虑岩石（块）与岩体（地质体）性状的差别而进行工程处理，以得到比较接近实际的工程岩体力学参数。表1给出了各类岩体的力学性质指标。

（六）含水岩组及渗透性

根据遗址区内含水岩组的岩性和透水性可分为：

1. 大理岩岩溶裂隙含水体。呈捕房体状产出于露天坑边坡顶部，Ⅰ号遗址点大理岩体部分出露地表，大部隐伏于展厅西侧。钻孔揭露垂直厚度为65.99米，钻进过程中遇有洞高0.3～1.0米的溶洞和溶隙，洞内充满泥砂及碎石。Ⅱ、Ⅲ号遗址点大理岩部分出露地表，大部隐伏于土体和侵入岩之下。钻孔揭露厚度为19.03～65.29米。由于大理岩部分出露地表，接受大气降水补给。因此，它是区内的主要含水岩体。大理岩的渗透性较好，根据大冶有色金属公司的水文地质勘探试验成果，渗透系数最高可达 2.31×10^{-3} cm/s，一般值为 2.31×10^{-4}～5.79×10^{-4} cm/s。

2. 矿体裂隙含水体。分布局限于坡顶附近的七号矿体和未来陡边坡脚的Ⅱ号矿体。矿体经后期构造作用变得较为破碎，含水性和透水性较好。七号矿体出露地表，接受大气降水补给，构成含水体。渗透系数为 1.62×10^{-5}～4.23×10^{-3} cm/s。

3. 石英正长闪长玢岩风化裂隙含水体

主要分布在玢岩上部至地表附近。厚度为10～40米。玢岩岩体由于断裂作用和岩脉穿插，岩体中的节理裂隙较为发育。由于风化作用，使原有的构造裂隙扩展，并形成一些新的风化裂隙，形成了网状裂隙系统，成为地下水的贮存空间，构成了风化裂隙含水体。近地表的强风化带，由于风化蚀变作用，裂隙大都被粘土矿物充填，高岭石和蒙脱石含量较高，故含水性和透水性降低。渗透系数为 7.76×10^{-5}～3.92×10^{-4} cm/s。

4. 矽卡岩裂隙含水体

矽卡岩常与矿体相伴生，分布在三个遗址点附近和气象站东侧。岩体较破碎，构成裂隙含水体，含水性和透水性较弱。渗透系数为 5.79×10^{-5} cm/s。

5. 新鲜石英正长闪长玢岩相对隔水体

位于风化裂隙含水体之下。岩体坚硬致密，岩石孔隙度低，渗透系数极低，为 2.31×10^{-7}～1.13×10^{-6} cm/s。可视为相对隔水体。

6. 第四系松散堆积层孔隙含水体

在古矿遗址区地表广泛出露的第四系堆积物，根据成因类型和分布位置的不同，其含水性和渗透性也有所差异。人工堆积矿体和人工填土均位于地下水位之上，为不含水的透水层，渗透性较好。区内的残坡积层也位于地下水位之上，不含水，渗透性较低，遗址区东侧缓坡上的残坡积层含水。老窿充填土大部位于地下水位之下，成份复杂，渗透性与充填物成份有关。一般渗透系数为 1.98×10^{-6}～4.72×10^{-5} cm/s，局

8

表1　　各类岩体、岩石的力学性质指标

岩石类型	容重 (γ)	岩石							岩体			
		抗压强度 δc(MPa)	抗拉强度 δτ(MPa)	剪切强度 C(MPa)	剪切强度 φ(°)	弹性模量E (10⁴MPa)	泊松比 (μ)	δcm (MPa)	Em (10⁴MPa)	Cm (MPa)	φm (°)
风化闪长玢岩	2.56	19—80		7	35—40	0.8—2	0.3	12.66	0.22	0.12	20
新鲜闪长玢岩	2.7	189.77—199.21	8.95	9.2—42	52—68	6.43—7.57	0.19—0.26	69.29	1.06	0.25	30
砂卡岩	2.8	35.63	2.1	12	47	2.93	0.27	8.05	0.28	0.18	22
矿石	3.9	42.9—147.6						34.06	0.84	0.24	28
大理岩	2.65	79.46	4.9	19	44	7.07	0.2	26.18	0.63	0.21	26

部为 3.33×10^{-4} cm／s。

表2给出了各类含水体的渗透系数，表3给出了遗址区不同岩性地表试坑渗透试验的成果。由表2和表3可知，区内除大理岩体外，其他各类岩体的渗透性都很低，透水性也很不均一。室内试验得出的垂直渗透系数和水平渗透系数很接近，表明风化裂隙含水体的渗透性不存在明显的各向异性。地表试坑渗水试验的结果表明：无论是岩体风化表层，还是第四系松散堆积物，渗透性均较好，为地表入渗提供了良好的条件。室内试验还表明，从地表往下一定深度内的强风化带中，渗透系数随深度有所不同，近地表处土层的渗透系数为 $10^{-3} \sim 10^{-4}$ cm／s，往下减小至 $10^{-4} \sim 10^{-5}$ cm／s，至 -4 米以下渗透系数为 $10^{-5} \sim 10^{-6}$ cm／s。

表2　　　　　各类含水体的渗透系数

含水体类型　渗透性	范围值（cm／s）	均值（cm／s）	渗透性等级
残坡积层	$3.33 \times 10^{-5} \sim 5.72 \times 10^{-5}$	4.53×10^{-5}	弱透水
老硐充填物	垂直 $1.98 \times 10^{-6} \sim 3.33 \times 10^{-4}$ 水平 $2.47 \times 10^{-6} \sim 1.17 \times 10^{-5}$	3.08×10^{-5} 3.29×10^{-6}	弱透水
大理岩岩溶裂隙含水体	$2.31 \times 10^{-4} \sim 2.31 \times 10^{-3}$	1.27×10^{-3}	中等透水
矿体裂隙含水体	$1.62 \times 10^{-5} \sim 4.23 \times 10^{-5}$	1.57×10^{-5}	中等—弱透水
玢岩风化裂隙含水体	垂直 $9.66 \times 10^{-5} \sim 3.92 \times 10^{-4}$ 水平 $7.76 \times 10^{-5} \sim 1.01 \times 10^{-4}$	2.30×10^{-4} 8.93×10^{-5}	中等—弱透水
矽卡岩裂隙含水体	$1.16 \times 10^{-6} \sim 5.79 \times 10^{-6}$	3.47×10^{-6}	微透水
新鲜玢岩相对隔水体	$2.31 \times 10^{-7} \sim 1.16 \times 10^{-6}$	6.94×10^{-7}	极微透水

表3　　古矿遗址区地表试坑渗水试验成果表

岩性　渗透性	范围值（cm／s）	平均值（cm／s）	渗透性等级
残坡积层	$1.68 \times 10^{-5} \sim 7.87 \times 10^{-4}$		中等—弱透水
人工堆积矿体	$2.27 \times 10^{-4} \sim 2.34 \times 10^{-4}$	2.31×10^{-4}	中等透水
人工填土	$1.05 \times 10^{-4} \sim 2.06 \times 10^{-3}$	4.9×10^{-4}	中等透水
玢岩风化层	$3.11 \times 10^{-4} \sim 1.67 \times 10^{-3}$	9.89×10^{-4}	中等透水
矽卡岩风化层	6.58×10^{-4}	6.58×10^{-4}	中等透水

10

在下降过程中，若遇降雨则水位略有回升，曲线上呈现小的峰值，如7月20日～7月25日期间，9月5日～9月15日期间，因遇降雨使水位回升，开始回升的时间略滞后于降雨1～2天。其他钻孔也有类似的情况。说明地下水位的波动主要受大气降水的影响。

根据1992年10月6日十个钻孔的水位进行分析，Ⅲ号遗址北部SHC$_4$钻孔的地下水位最高，标高为51.88米，往东南、西南、和北边三个方向地下水位均有所下降，说明Ⅲ号遗址点至东侧水塘一带为地下分水岭所在部位地下水的径流与排泄以该处为中心向四周流动，一部分通过地势低洼处以下降泉的形式排泄出区外，一部分以潜流的形式排向大冶湖，另外还有一部分沿渗透裂隙网络下渗至岩体深部。Ⅰ号遗址点四周的地下水位以展厅东南的SHJ$_1$钻孔水位最高，标高为49.89米，往西和往北地下水位下降，说明有地下水流经Ⅰ号遗址点后，再排出区外。

根据矿山资料，由于地下开采活动，遗址区范围的基岩地下水位已大幅度下降，基岩地下水与浅层地下水之间有一新鲜闪岩相对隔水层，两层水之间仅通过局部发育的断裂破碎带和节理密集带存在微弱的水力联系。因此，基岩地下水的波动已不影响古矿遗址的保存。

（八）古矿遗址区水文地质结构概化模型

根据古矿遗址区的地层岩性、岩体含水性和透水性等，可将该区概化为三层水文地质结构模型，如图8所示。上部由大理岩和七号矿体及风化闪长玢岩构成统一的浅层地下水含水层。在这个含水层中不同岩性、不同部位其含水性和透水性有所差异，大理岩岩溶裂隙含水体的含水性和透水性最好，矿体裂隙含水体含水性和透水性较好，风化闪长玢岩的含水性和透水性存在垂直分带差异。近地表处透水性较好，大气降水有较好的入渗条件。强风化带由于富含

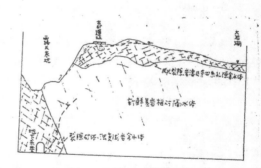

图8　遗址区水文地质结构模型概化

蒙脱石和高岭石等粘土矿物，透水性很差，强风化带含水层的渗透系数由上往下逐渐减小。而中风化闪长玢岩风化裂隙含水体的含水性和透水性略强于强风化带。中部为新鲜闪岩相对隔水层，其含水性和透水性均极差，岩体本身不含水，也不透水。但该相对隔水体中存在局部的含水或透水裂隙，构成上部含水体和下部含水体之间的通道，使上下两个含水层之间存在微弱的水力联系。下部由三号矿体及围岩蚀变带构成深部裂隙含水体。根据水位观测资料，浅层含水体的地下水位较高，水位埋深为3～9米，深层含水体的地下水位较低，水位埋深一般在50～100米以下。因此，深层含水体的地下水位波动将不影响古矿遗址区的保存。地下水病害防治的重点应为赋存于古矿遗址区的浅层地

14

下水。

深层含水体的补给来源，除浅层含水体通过裂隙和构造破碎带补给外，还接受来自青山河的远程补给。而浅层含水体地貌上为一孤立残丘，主要接受大气降水补给，为一潜水含水体。由于汇水面积小，浅层地下水的补给条件较差，浅层含水体的水量不大，总入渗补给量约13立方米/天。古矿遗址区矽卡岩山和三角架山之间的Ⅲ号遗址点至池塘一带为浅层含水体的地下分水岭。而古矿遗址区西侧采坑和东侧大冶湖为该区的排泄区。浅层地下水由地下分水岭所在部位向四周径流。一部分以下降泉的形式排出区外，一部分以潜流的形式排向大冶湖，还有一部分通过裂隙和断裂破碎带补给深部含水体。上述表明遗址区为一具有补给径流排泄系统的相对独立的水文地质单元。目前区内的补给与排泄基本均衡，只要不采动大理岩和七号矿体含水体，遗址区将保持目前的三层水文地质结构模型。

（九）基本结论

综上所述可得如下结论：

1. 古矿遗址区可概化为三层水文地质结构模型。上部为大理岩、七号矿体和风化玢岩组成的浅层含水体，中部为新鲜玢岩相对隔水体，下部为三号矿体及其围岩蚀变带深部含水体。

2. 深部含水体的地下水位波动不影响古矿遗址区的保存，治理的重点应为浅层地下水。

3. 遗址区地下水位埋深为1.48～9.68米。浅层地下水位随季节而波动，目前观察的波动幅度大于2米。

4. Ⅲ号遗址点至东侧水塘一带所在部位为地下水分水岭，地下水以此为中心大致呈放射状向四周迳流。Ⅰ号遗址点位于地下分水岭北西侧，地下水由东南向西北流经该遗址点。

5. 遗址区地表普遍存在透水性较强的第四系松散堆积层，而强风化岩浆岩及老窿充填物透水性较差。地下水补给源以大气降水入渗补给为主，补给与排泄基本平衡。

湖 北 大 冶 铜 绿 山
古铜矿遗址水文地质勘查总结报告

湖北省鄂东南勘察工程处

一九九二年十一月

湖北大冶铜绿山

古铜矿遗址水文地质勘查总结报告

报告提交单位：湖北省鄂东南勘察工程处

报 告 编 写：肖建刚、施林森

报 告 审 查：施林森

制 图 制 表：金玉山、郭德中、方仁明、张小兰

清　　　绘：郭安珍

打　　　印：计算机

经　　　理：肖建刚

总 工 程 师：张永达

报告提交时间：一九九六年七月

目　录

附图附表目录

一、勘查工作概况

（一）勘查工作任务来源和目的与任务

1.任务来源

大冶铜绿山Ⅶ号矿体古铜矿遗址是我国西周末期与春秋时期古代人采集铜矿的遗址。从目前已发掘的Ⅰ号遗址表明，巷道支护先进合理、排水设施完善，遗物中有提升、照明、洗矿、采装等生产工艺遗具和材料，证明了我们的祖先当时已成功解决了一系列重大采矿技术问题，这是中国劳动人民对世界采矿技术重大贡献的佐证，有极其重大的文物价值。1992年8月21日国务院已批复将Ⅶ号矿体古铜矿遗址采用原地保护方案。1991年11月5—7日，湖北省文化厅组织了各方面专家学者，在东湖宾馆讨论和确定了古铜矿遗址原地保护应开展前期研究课题。与会专家认为：为了满足和适应其它有关保护技术课题研究和选择有效的防止地下水害对古矿遗址坑木、围岩影响措施的需要，有必要进行遗址区目前水文地质特征及地下水动态变化的勘查及观测。黄石市博物馆根据东湖会议精神，确定由水文地质课题研究组提供勘查设计，将Ⅶ号矿体三个古铜矿遗址水文地质勘查工程施工委托湖北省鄂东南勘察工程处实施。

2.目的与任务

进行遗址区水文地质勘查的目的是：查明遗址区浅层地下水分布规律，建立水文地质模型，为防治古铜矿遗址区地下水病害所采取治理措施提供地质依据。具体任务如下：

（1）通过钻探揭露、水位测定，确定遗址区是否存在浅层地下水及其所属类型。

（2）通过对浅部土体天然含水率系统测定和水位的了解，确定三个遗址区周边的人工填土、第四系松散层及侵入岩风化层中地下水对古遗址区的补给情况，为评价浅部地下水对遗址的危害提供依据资料。

（3）通过对基岩地下水测定，了解西侧矿坑长期疏干排水后，对遗址区地下水的影响，为评价基岩地下水对遗址坑木、围岩的影响程度提供依据。

（4）通过钻孔取心观察，进一步控制各遗址的边界和古坑木的保存现状。

（5）进行土样采取和室内实验，掌握遗址区土体和坑木围岩的物理力学性质及其名称。

（二）场地条件及设计工作量

1.场地条件

勘查区为残丘地形，Ⅶ号矿体赋存部位地势最高，地面依此向四周倾斜。70年代矿山进行开拓时，大部分地段被夷平，目前残存地形仅在Ⅲ号遗址南侧。场地地质环境因受矿山开采破坏较为严重，在其西侧有凹陷露天采坑存在，与勘查区相对高差在70米以上，但矿山开拓并未造成勘查区出现地面沉降、开裂、塌陷等现象。勘查区及其周边地带除残留几个大理岩小丘外，另有氧化矿堆、报废车辆停放和Ⅰ号遗址展视厅及管理人员住房等分布。勘查场地大部分为强风化侵入岩所展布，并有3条规模不大的断裂破碎带。总的来看勘查地段地势平坦，地层不十分复杂，施工条件较好。

2.设计勘查工作量

古铜矿遗址的水文地质勘查设计的主要工作量有：施工钻孔10个，总进尺160m。按钻孔施工目的不同，设计钻孔分两大类：其一，地下水位动态长观孔，数量3个，孔深20—50m，进尺90m；其二，天然含水率测定孔，数量7个，每孔揭露深度10m，总进尺

— 1 —

70m。此外，还要求上述钻孔在土层钻进中，按 0.5m 间距采集天然含水率测定样 90—100 个，在动态长观孔中，取土体物理力学性质试样 6 组。上述两类钻孔分别要求测定初见水位和终孔稳定水位。

（三）勘查方法、工作时间及完成主要工作量

1.方法

古铜矿遗址区在本次勘查之前，已进行 4 次不同性质的勘察、勘探工作：分别是矿床勘探，矿山开发勘探，古遗址考古勘探和露天采场边坡勘察，各类勘探工程点分布位置见附图 1。因此，勘查区地质工作程度较高，遗址区地质环境条件亦基本清楚。根据设计要求，结合勘查区地表有厚度不一松散层覆盖，遗址区垂向水文地质结构和水位埋深不太清楚的具体情况，本次勘查主要采用钻孔揭露，建立地下水位长观孔、水位测定和样品涧试等手段和方法来实施。

2.工作时间

本次水文地质勘查于 1992 年 6 月 12 日开始进入施工场地，现场钻探施工至 1992 年 10 月 4 日结束。随后转入室内资料综合整理和总结报告编制，于 11 月底提交结果，历时近半年。

3.完成主要工作量

本次勘查工作，鄂东南勘察工作处是承担钻探施工、样品采集和观测装置的安装，完成各项工作量见表 1。

表1　完成实物工作量统计表

工作量 项目 工程号	进尺（m）	天然含水率 测定样（个）	原状土样 （组）	古坑木样 （块）	下滤管长度 （m）
SHJ₁	50.15				45.0
SHJ₂	20.00	16	4		20.0
SHJ₃	20.35	17	4	3	20.35
SHC₁	10.00	20			
SHC₂	10.00	20			
SHC₃	10.00	10			
SHC₄	14.00	28	2	3	
SHC₅	10.00	20			
SHC₆	10.00	20			
SHC₇	12.10	16			11.00
合　计	166.50	167	10	6	96.35

由表 1 可看出，本次钻探进尺、样品数和地下水位动态长期观测孔数均超过设计工作量，这是由于勘查工程揭露地层发生变化和工作需要所致。另外，野外钻探施工周期较长，这是受气象条件的限制和钻探施工要求特殊所致，即施工初期连续阴天，不能进行采样而被迫停止施工多天，在土层钻进时限制回次进尺和要求采用干点，也影响了钻进速度。

— 2 —

二、勘查工程质量评述和取得主要成果

（一）勘查工程的布置

本期水文地质勘查钻孔孔位大部分按设计平面图布设。即：Ⅰ号遗址点展视厅四个不同方位各布设一个勘查孔，其中北、西和南东方向的三个孔为天然含水率测定孔；Ⅱ、Ⅲ号遗址按设计应布置5个钻孔，其中位于两遗址的北、南东东、南西和北偏西孔为土层天然含水率测定孔，兼作古遗址边界控制孔。Ⅲ号遗址中部布置了一个浅层水位长观孔。在两遗址之间布置一深部地下水位长观孔，设计孔位在原地质勘探的13线上。施工开始后，钻孔孔位作了部分调整，将原Ⅱ号遗址西侧的 SHC₇ 天然含水率测孔移至Ⅰ号遗址展视厅东侧排水盲沟内侧，并改为浅层地下水位长观孔。将 SHJ₃ 孔位南移，布在气象站的东南部位。各勘查孔实际平面位置见附图1。

（二）勘查钻孔的质量评述

本次勘查工程施工质量优劣程度的判别均根据勘查设计书中的施工技术要求中的有关标准来作衡量。现按下列三个方面进行评述。

1. 钻探施工

设计书对钻孔施工作了倾角、孔径、岩心采取率、回次进尺、冲洗液使用、孔深校正弯曲度测定和观测管安装等七个方面的技术要求。现分述如下：

（1）本期勘查所施工钻孔全部采用直孔钻进，符合设计要求。

（2）钻孔口径：SHJ₁ 终孔口径为91mm，SHJ₂、SHJ₃ 和 SHC₇ 三孔终孔口径由110—130mm，其它六孔终孔口径均为91mm。该孔径不仅满足了设计要求，而且又保证了观测管及其周围砾料下入孔内和原状土状采集的需要。

（3）岩心采取率：取心率是衡量钻孔施工质量的一个重要指标。本期施工的10个钻孔共遇性质不同的岩土层7种，累计揭露不同岩性43段，各种岩层岩心采取率情况见表2。由表2可看出绝大部分岩土层的岩心采取率符合设计要求，只有风化侵入岩和大理岩个别孔段偏低，但未出现回次采取率为零的回次。

表2 钻孔岩心采取率综合统计表

名　称　目	揭露段数（个）	采取率变化区间（%）	平均采取率（%）	不合格率	
				段数（个）	百分比（%）
人工填土	9	100	100	0	0.0
粉质粘土	7	100	100	0	0.0
老窑充填物	4	70—100	84.4	0	0.0
矿　体	6	72—100	83.6	0	0.0
矽　卡　岩	2	93—97	95.5	0	0.0
大　理　岩	5	43—92	85.9	1	20.0
强高岭石化侵入岩	10	55—100	88	1	10.0

（4）回次进尺和冲洗液使用：为保证按规定间距采集天然含水层测定样，在松软土层钻进中，回次进尺严格限制在0.5m内，并全部采用干占，且雨天停止钻进（详见钻孔柱状图）。于基岩部位钻进时，回次进尺均未超过2m，冲洗液为清水。

— 3 —

（5）观测管安装：本次共施工四个地下水位动态长观孔。各孔观测管下述深度及安装情况为：SHJ₁终孔后，下入 1.5 寸水管至 45m 处，下部有长 21.53m 穿孔滤管，孔壁与滤管之间投有砾径 3—5mm 的砾石；SHJ₂、SHJ₃全孔下入 91mm 穿孔缠网滤管作观测管，管壁外投有砾石；SHC₄孔终孔后下入 1.5 寸水管至 11.0m，下部 6m 为穿孔滤管，管与孔壁间投有细砾石。上述四孔从孔口至 2m 深处均用素水泥封填，这起到了阻隔了人工填土中地下水向孔内灌入的作用。孔口设有置圈和保护装置，因此，安装位置合乎要求。

（6）弯曲度测定。由于钻孔口径较大，影响测斜仪器的施测精度，故本项工作未作。由于本次施工钻孔深度不大，同时在下观测管过程比较顺利，表明钻孔弯曲度不大，对水位观测无影响。

2.采样测试

由于样品测试任务由其它单位承担，故本报告只评述采样质量情况。本次勘查要求采集土层天然含水率和物理力学性质两种试样。施工过程中，天然含水率按 0.5m 间距采取，不仅在土层中采取了这类试样，而且还采取了部分强风化侵入岩中样品，累计试样 167 个。物理力学性质试样主要在 SHJ₃、SHC₄、SHJ₂三孔中采集。采样层位有老窑充填物和强高岭石化石英正长闪长玢岩。共取样 10 组（各孔采样位置见钻孔柱状图）。

3.野外地质技术要求

钻探施工过程中，地质技术人员做到了逐日跟班观察记录、按回次进行描述，记录内容基本符合要求。岩土定名及其界线深度划分与前期勘查成果对比，无异常情况出现。同时采集样品及时，保管妥善。

综上所述，本次勘查工程的施工中，除个别技术要求未测定和少量指标未达到设计要求外，绝大部分质量指标满足或超过了设计规定的指标，故工程质量较佳。

（三）取得主要工作成果

通过本期勘查工程的揭露、样品采集与测试、水位观测，对古遗址的地质背景、垂向水文地质结构、地下水赋存状况和古坑木、围岩的物理力学性质有了进一步掌握和了解，为评价遗址区水文地质条件和制订地下水害的防治方案提供了可靠的地质及水文地质依据。现将各钻孔取得的主要成果简述如下：

1.I号遗址区

（1）SHC₁：位于遗址展厅北侧，孔深 10m（孔口坐标见钻孔柱状图，下同）。孔深 0.0—1.0m 为人工填土，1.0—5.50m 为可塑至硬塑状粉质粘土，5.5—10.0m 为强高岭石化石英正长闪长玢岩，岩体松软，风化裂隙发育，但大部分呈闭合状。初见水位 8.0m，终孔水位 8.29m，水位标高 45.55m，目前水位回升到 7.15m，标高 46.69m。5.50m 以上天然含水率（详见表 3，下同）变化在 22.34—43.82% 之间；以下由 6.99—39.00%，风化侵入岩含水率低于其上部土体。

（2）SHC₂：位于遗址西侧，终孔孔深 10.0m。0.0—1.0m 为人工填土，下部为强风化侵入岩，岩体性状同 SHC₁。初见水位 3.80m，终孔水位 4.20m，至 11 月份，水位降至 6.62m，相应标高 47.01m。人工填土含水率 25.34—25.35%，风化侵入岩变化范围为 3.58—20.56%，且由浅入深含水率有降低之势。

（3）SHC₃：位于遗址的东南方向，孔深 10.0m。上部 1.0m 为粉质粘土夹碎石组成的人工填土，天然含水率 10.96—18.13%。1.0m 以下为强高岭石化和粘土化的石英正长闪长玢岩，5.0m 以上含水率由 3.32—7.79%，终孔水位埋深 4.60m，10 月 4 日时水位深度 4.50m，相应水位标高 49.27m。

表3 天然含水率统计表

天然含水率(%)\采取深度(m)\孔号	SHJ$_2$	SHJ$_3$	SHC$_1$	SHC$_2$	SHC$_3$	SHC$_4$	SHC$_5$	SHC$_6$	SHC$_7$
0.5	1.44	11.41	22.34	25.34	10.96	16.60	15.60	25.54	
1.00	19.73	10.33	31.76	25.35	18.13	18.18	23.17	18.60	
1.50	14.34	6.80	24.06	17.05	6.48	18.71	15.01	22.43	
2.00	13.27	7.35	27.85	18.07	6.05	29.85	11.94	23.07	
2.50	15.99	28.00	25.46	13.52	7.99	37.82	27.79	10.97	
3.00	11.00	24.43	34.99	12.73	6.46	47.80	49.08	9.45	
3.20		10.50							
3.50	1.25	10.87	43.82	12.38	7.72	44.33	27.99	9.83	
3.55		41.57							
4.00	12.28	25.81	38.02	15.98	3.32	44.55	42.01	14.17	1.78
4.50	5.70	22.25	33.61	16.18	5.77		23.44	20.64	7.45
5.00	5.30	20.51	26.37	9.77	3.63	34.22	48.59	14.45	10.28
5.50	15.62	23.34	30.60	22.45		31.98	46.96	12.42	19.17
6.00	8.07	22.41	16.75	20.56		41.89	20.00	22.52	25.28
6.50	11.81	56.34	6.99	13.30		43.25	32.67	12.33	10.14
7.00	13.02	20.29	11.68	7.49		34.33	37.39	10.44	12.09
7.50	13.43	22.76	11.17	16.18		38.84	33.68	6.38	17.54
8.00	13.84	22.92	25.90	6.03		43.43	26.82	11.01	12.82
8.50		23.89	12.28	5.64		33.70	33.32	9.93	10.37
9.00			39.00	4.90			27.64	9.67	10.89
9.50			12.59	3.58		35.52	33.41	5.98	14.38
10.00			28.86	7.63		38.68	23.41	5.20	4.15
10.50						27.77			
11.00						30.83			
11.50						37.13			
12.00						15.95			
12.50						24.12			
13.00						22.65			
13.50						24.49			
14.00						24.96			

※ SHC$_1$ 中含水率 22.34 的采样深度为 0.4m，SHC$_3$ 中含水率 10.96 的采样深度为 0.7m。

（4）SHJ$_2$：水位长期观测孔，孔深 20m，位于展厅东侧小陡坎之上。孔深 0.8—1.6m 为人工填土，天然含水率 1.44—19.73%。1.60—5.80m 为强高岭石石英正长闪长玢岩，

5.80—6.30m 是磁铁矿矿石，6.30—8.60m 为磁铁矿化粘土化侵入岩，上述岩层含水率变化在 5.30—15.62% 之间，大部分孔段在 10% 以上。8.60—13.60m 为矽卡岩化大理岩，磁铁矿石（原岩是大理岩）。裂隙岩溶较发育，孔深 9.30—9.40m 为宽大裂隙，11.65—11.95m 遇未充填溶洞。13.60m 以下依次置矽卡岩、磁铁矿石，矽卡岩化大理岩。裂隙岩溶作用较弱。终孔水位埋深 8.87m，11 月 4 日水位埋深 9.68m，相应标高 44.98m。

(5) SHC_7：水位长期观测孔，位于 I 号遗址展厅东侧排水盲沟内侧。终孔孔深 12.10m。0.45m 以上为人工填土，0.45—2.20m 为粉质粘土，2.20—3.95m 为含铜磁铁矿矿石，3.95m 以下为古矿坑充填物，充填物性质为棕褐、褐灰色粉质粘土夹块径 0.4—4.0cm 的含铜磁铁矿碎块，含水率由 4.15—25.28%。终孔水位 7.80m，11 月 4 日水位 8.46m，相应标高 45.14m。

2. I、III 号遗址中间部位

SHJ_1：位于气象站南侧，终孔孔深 50.15m。开孔至孔深 3.05m 为强高岭石化石英正长闪长岩，3.05—4.55m 为透辉石矽卡岩，以下为风化侵入岩；据岩心观察，11.60m 为弱含水段，以下为隔水层。终孔水位埋深 4.60m，11 月 4 日水位 7.01m，相应标高 48.57m。

3. II、III 号遗址区

(1) SHC_4：位于 III 号遗址的西侧北端，孔深 14.0m。本孔人工填土厚 0.90m。0.90—2.0m 为粉质粘土夹含铜磁铁矿碎块，含水率由 16.60—29.85%。2.0—9.40m 是古采坑充填物，岩性为杂色粉质粘土夹褐铁矿、绿帘石碎块，粘性上呈可塑至软塑状，在孔深 2.10—4.60m，7.0—9.30m 见较多保存完整的古坑木。天然含水率由 20.0—47.80%，此层地下水位以下含水率增高明显。9.40—12.90m 为粉质粘土夹矽卡岩碎块，以下是强高岭石化侵入岩，初见水位 1.50m，11 月 4 日水位 3.40m，相应标高 50.80m。

(2) SHC_5：位于 III 号遗址东侧边界附近，终孔孔深 10.0m。开孔至 1.75m 为人工填土，以下全部是粉质粘土，天然含水率由 15.01—49.08%。终孔水位埋深 3.60m，10 月 8 日水位 5.00m，相应标高 50.27m。

(3) SHC_6：位于 II、III 号遗址接合部的南端。孔深为 10m。0.0—2.30m 为软至可塑状粉质粘土，天然含水率 18.60—25.54%，以下均为强高岭石化石英正长闪长岩，裂隙不发育。初见水位 1.30m，终孔水位 0.90m，8 月 22 日水位 1.45m，相应标高 50.37m。

(4) SHJ_3：地下水位动态长期观测孔。位于 III 号遗址区中心部位，终孔孔深 20.35m。本孔揭露地层较复杂，其中 0.0—0.45m 为人工填土，0.45—1.30m 为粉质粘土夹岩石碎块，1.30—2.35m 为黄铜矿化磁铁矿矿石，以上孔段天然含水率在 6.80—11.41% 之间。2.35—8.85m 为古采坑充填物，岩性为杂色粉质粘土，磁铁矿、粘土化含金云母透辉石化侵入岩碎块组成，2.35—4.30m 见较亮好的古坑木。天然含水率多数处在 22.41—56.36% 之间。8.85—10.50m 为磁铁矿矿石，10.50—11.40m 为粉质粘土，以下是透辉石化大理岩。初见水位 2.30m，终孔水位 5.26m，11 月 4 日水位 6.76m，相应标高 50.05m。

三、遗址水文地质特征

(一) 地形地貌

遗址区位于丘陵残丘地带，原地面标高介于 58.04—92.00m 之间，地势中部高，四周低。由于采矿，原始地形大部分地段被夷平，仅残存几个孤丘，现地面标高为 50.00—72.05m。遗址西侧为铜绿山北露天采场，目前坑底标高为 22.0m，东侧紧临大冶湖湖盆低地，标高 16.0—20.0m，南北两侧为岗状地形。

（二）地质构造

勘查区位于铜绿山一马叫北东东向背斜的东翼，由于岩浆的入侵，使区内大理岩体呈单斜状产出。遗址区内断裂构造不太发育，规模较大的有两条，均位于本区的西部，编号为 F_1 和 F_{11}（见附图1）。F_{11} 通过Ⅱ号遗址北侧，全长约 2.51Km，走向北东 50—70 度，倾向南东，倾角 70—85 度，局部直立，运动方向南东盘向北东平移，影响带宽度 10—80m，向下有尖灭之势，区内见有宽 4—5m 角砾岩带，为一扭性断裂。F_1 通过Ⅰ、Ⅱ号遗址的中间部位，表现为破碎带，断距不大，为一小型平移断裂，伴有垂直运移，其将Ⅰ、Ⅱ号遗址点的大理岩体错开。

遗址区附近岩体节理裂隙发育，在 F_1 和 F_{11} 断裂之间露采边坡处统计结果：共有五组节理发育，走向分别为 345—359 度、270—288 度、10—25 度、60—80 度和 40—50 度，节理倾角介于 68—90 度之间。由于两断裂之间扇形地段节理裂隙十分发育结果，使该处侵入岩中裂隙发育段厚度加大，成为一个"霰"状裂隙网络系统。

除断裂和节理裂隙外，在遗址点东侧还见有三条走向北西，长 35—45m、宽 2m 左右的钠长斑岩脉。

（三）各遗址点地质环境条件

根据以往积累资料，结合本次勘查工程揭露成果，铜绿山古铜矿老窿均赋存在大理岩与石英正长闪长斑岩接触带部位，相当于Ⅶ号矿体上部矿体的氧化次生富集带。Ⅰ与Ⅱ、Ⅲ号遗址间有宽 10—65m（指大理岩体间）的侵入岩阻隔，Ⅱ、Ⅲ号遗址间亦被侵入岩脉所分割。

Ⅰ号遗址老窿底板是大理岩，顶板是侵入岩（见 A—A′、B—B′ 水文地质剖面图）。沿接触部位矽卡岩不发育，顶板无规模矿体，仅见一些粉状氧化含铜磁铁矿矿石。老窿充填物为粉质粘土夹褐铁矿碎块，残留矿柱中见有黑色至棕褐色粉状或土状铜矿石。

Ⅱ号老窿遗迹底板为大理岩和铜铁矿体，顶板是侵入岩，矽卡岩也不发育（见 C—C′、D—D′ 水文地质剖面），充填物为黑色粘土。

Ⅲ号遗址老窿底板组成较复杂，有铜铁矿体、磁铁矿矿体、矽卡岩、大理岩和侵入岩，顶板直伏于松散土层之下（矿山开挖后），侧壁由侵入岩、矽卡岩组成（见 C—C′、D—D′ 及 E—E′ 水文地质剖面图）。老窿充填物为高岭石、蒙脱石、绿脱石等粘土矿物组成的粘性土夹矿石碎块构成，呈褐黑、铜绿、褐灰色，并可见到孔雀石颗粒，古坑木较密集。

（四）含水层与隔水层

依含水介质的岩性、含水空隙形态及规模的不同，遗址区内分布有下列含水层。

1.大理岩溶蚀裂隙含水层（RX）

遗址区大理岩走向北西 335—340 度，倾向南东，倾角大于 60 度。由于受岩浆侵入时侵吞和分割，呈捕虏体状。分别为：

Ⅰ号遗址点大理岩体：水平投影形态呈近东西向的纺锤状，长约 100m，宽 25—35m（见附图1）。除在展厅西侧小孤包有零星出露外，大部分隐伏或埋藏在土体和侵入岩之下，隐伏区位于展厅西侧。CK770揭露垂厚65.99m，EZK13、SHJ₁通有两高0.3—1.0m的溶洞。旱季地下水位标高由41.33—44.98m。

Ⅱ号遗址点大理岩体：水平投影平面形态呈北西南东向的不规则多边形，东西长约100m，南北宽35—60m，CK256揭露厚度50m。除在遗址点西侧小弧包有出露外，余者均隐伏在土体和埋藏在侵入岩之下，隐伏区处在D—D′剖面线以西地段（见附图1）。

Ⅲ号遗址大理岩体：位于E—E′剖面线以东地段，水平投影形态呈萝卜状，钻孔揭露厚度由19.03—65.29m，均埋藏在其它岩层之下，旱季地下水位标高50.05m。

遗址区缺少大理岩富水性及渗透性的试验资料，根据西侧Ⅲ、Ⅳ号矿体地段试验成果，单位涌水量0.9961/s·m，渗透系数1.9992m/d。遗址区内本含水介质的含水空隙以溶蚀裂隙为主。

2.石英正长闪长玢岩风化裂隙含水层（FX）

本含水介质在遗址区内分布广泛，含水部位位于其浅部，厚10—30m不等。含水空间为微细的风化裂隙网络，但由于其间有粘土矿物充填，富水性和渗透性均不强。室内试样测试结果，垂直渗透系数由0.0835—0.3387m/d，水平渗透系数为0.0670—0.0873m/d，试坑渗水试验结果，渗透系数为0.2687m/d。本含水层在1号遗区地下水位标高45.55—49.27m，Ⅲ号遗址区地下水位标高在50m以上。

本含水层下部还存在有裂隙含水介质，但分布不连续，主要见之于Ⅰ号遗址西北侧和Ⅱ号遗址区F₁和F₁₁交汇点西侧扇状地带，前者厚由15—95m，由东向西厚度加大，在铜绿山矿北露天东侧边坡地段呈"蚕"状下凹，下限标高达负70m；后者受两断裂的影响，厚度大而相对稳定，但也具由东向西裂隙发育深度加大的特点，厚40—85m，下限标高由负30—负85m。由于上述裂隙发育段侵入岩受风化和蚀变程度较轻，因而其富水性和渗透性略强于其上部风化裂隙发育段。遗址区西侧由于存在此含水段，其将起着遗址区地下水向露天采场运移的局部通道作用。

3.矽卡岩矿体裂隙含水层（LX）

本含水层分布范围较局限，仅在三个遗址及其附近和气象站以东地段见及，且互相不连通，富水性及渗透性均较弱。

4.松散堆积物孔隙含水层（KX）

此类含水介质在遗址区含四种成因的土体，即残坡积碎石粘土、老窑充填物、人工弃渣和人工填土，后两者下限处在地下水位之上，故属于透水不含水层。

（1）残坡积碎石粘土：由于矿山开挖的原因，本层在遗区分布范围不大，大都处在遗址区外围地带，厚度小于10m。岩性为褐黄至砖红色粉质粘土夹碎石。试坑渗水试验结果，渗透系数介于0.0145—0.6770m/d之间。

（2）老窑充填物：主要由粘土夹岩矿石碎块、碎屑组成。其渗透性能取决于岩性及土中含有物的数量。Ⅲ号遗址内室内试验结果：垂直渗透系数由0.0017—0.4579m/d；水平渗透系数为0.0021—0.2488m/d。

（3）人工弃渣：仅分布在Ⅰ号遗址的东侧，由亚粘土夹块径不同的氧化矿物组成。试坑渗水试验结果，渗透系数为0.1779m/d。

（4）人工填土：本层分布范围相对较广，主要由粉质粘土和碎石组成。遗址区钻孔揭露厚度0.45—2.45m，试坑渗水的渗透系数0.1771m/d。

5.隔水层

遗址区除大理岩外，其它岩层的渗透性能均较弱，但起相对隔水作用的岩层是未经风化的新鲜石英正长闪长玢岩，处在地下深处。其与弱透水弱风化侵入岩起着阻隔遗址区地下水西简Ⅲ、Ⅳ号矿体地段地下水产生密切水力联系的作用。

（五）地下水循环交替条件

本区处在南方多雨地区，无疑降水是本区地下水的主要补给源，根据铜绿山矿床勘探阶段地下水动态观测资料，雨季地下水位比旱季高出2—3m，这个事实可证实这一点。本次勘查期间，气候反常，从7月中旬至11月上旬，天气连续干旱。由于补给不足，使地下水位处于连续下降状态，各孔水位下降幅度见表4。虽勘查期间遗址区地下水位呈下降势态，但在期间两次阴雨天气时，一些钻孔水位也出现回升或保持不变的情况。如9月6—9日4天小雨，SHC$_2$、SHC$_4$、SHC$_5$三孔水位回升明显，又如10月4—7日下雨，SHJ$_1$、SHC$_5$、SHJ$_3$三孔水位保持不变，详见附表2。这种现象进一步说明降水与否是影响地下水位升降的一个主要因素。因遗址区地表和浅部为透水性能弱的岩土体分布，因而降水的入渗条件不佳，根据中国地质大学（武汉）现场实测结果，入渗系数仅0.007。遗址区地下水除降水入渗这一补给源外，还有遗址管理人员生活用水的就地排放及供水管道的漏水等局部补给源，总的来看，遗址范围内地下水的补给条件不佳。

表4 各勘查孔水位变化统计表

项目 孔号	观测起止时间（月·日）	层位	水位埋深（m） 起	止	变化幅度（m）
SHJ$_1$	10.6—11.4	风化玢岩	5.69	7.01	1.32
SHJ$_2$	10.6—11.4	大理岩	8.75	9.68	0.93
SHJ$_3$	10.6—11.4	大理岩	5.90	6.76	0.86
SHC$_7$	10.26—11.4	老窑土	7.78	8.46	0.68
SHC$_1$	7.11—8.18	风化玢岩	7.35	7.15	−0.20
SHC$_2$	7.11—10.23	风化玢岩	4.15	6.62	2.49
SHC$_4$	7.24—11.4	老窑土	1.15	3.40	2.25
SHC$_5$	8.8—10.7	粉质粘土	2.90	5.00	2.10
SHC$_6$	7.24—8.21	风化玢岩	0.95	1.45	0.50

遗址区原始地下水的逐流与排泄，是以Ⅳ号矿体赋存地为中心，向四周运移，通过地势低注处的泉点或呈片状流泄出地表，这次根据中国地质大学在遗址区及周围进行水文地质测绘结果，目前遗址周边地带仍有泉点和湿地分布，表明地下水的逐流和排泄部位及方式，未因西侧矿坑疏干排水发生而彻底的变化。就三遗址而言，由于各自的地质环境条件、距露天采坑远近及人为工程活动情况不同，其逐流排泄条件也有所不同，兹分叙如下：

1号遗址：由于遗址四周修建有深4.90m的排水官沟，因而官沟以上的人工填土孔隙水和风化裂隙水集于官沟之中，汇集于西北侧集水井中，通过水泵排出地表，勘查期间排泄量为 2.90m³/d。目前该遗址区各勘查工程的地下水位有如下规律，即揭露风化珍岩的钻孔水位标高由 46.69—49.27m，且靠近大理岩体钻孔水位较远离处为低，揭露大理岩钻孔水位均比风化珍岩低，标高由 41.33—44.98m，地下水面东北高，南西低。上述现象一方面说明该遗址周边风化珍岩地下水有向大理岩体补给之可能；另一方面向该遗址大理岩捕虏体其西南侧与 F_1 断裂相接触，而该断裂又西延至Ⅲ，Ⅳ号矿体地段。因而大理岩中地下水因受西测矿坑排水的影响，将沿此断裂带有利部位向露天采坑运移，造成水位东高西低的局面。但该断裂西延部位穿切于侵入岩中，加上大理岩西侧受侵入岩封隔和下部又有隔水岩体的顶托，这种水文地质结构，是使该遗址地下水不能完全被其西侧矿坑排水所疏干，仍保持较高地下水位的原因所在。目前该遗址区地下水位比原始水位低 4—12m（原始水位标高 48—53m）。根据测绘资料，该遗址区地下水西侧排泄点位于 F_1、F_{11} 断层之间，标高负 7m 的露天采场边坡地段，排泄量 0.86—8.64m³/d。

Ⅱ号遗址：由于该遗址内目前无水位控制孔，对该处地下水位变化尚欠清楚，但其所处水文地质环境与Ⅰ号遗址相类似，西侧亦有断裂通过，且又有侵入岩封隔。因此，Ⅱ号遗址内地下水亦将受到矿坑排水影响，向西侧运移，通过边坡地段泉点泄出地表。但水位也致于发生大幅度的下降。

Ⅲ号遗址：目前该遗址区地下水位标高在 50.05—50.80m 之间，未出现明显倾斜面。从地质环境条件来分析，该遗址的大理岩体周边均受到风化珍岩和新鲜侵入岩所围限，且 F_1 和 F_{11} 两断裂又未通过此遗址区，因而处在相对封闭的水文地质环境介质之中，这从该区地下水位标高和原始水位相较未出现明显变化可得到证实。因此，地下水面主要受气象因素的影响，呈季节性变动，蒸发将是该遗址区地下水的主要排泄方式。

（六）水文地质结构模型

综上所述，遗址区内主要含水层为大理岩，均呈捕虏体产出，相互之间水力联系程度甚弱。但其与风化珍岩裂隙含水介质间无隔水层存在，实质上两者可构成一个统一含水体，仅是透水性和富水程度上存有差异。分布在地表的人工堆积物处在地下水位以上，是属于透水不含水层，地下深度为隔水珍岩所顶托。因此可将遗址区垂向上视为三层水文地质结构的模型，即上层为透水层，中部由大理岩、风化侵入岩组成的裂隙、溶隙带水含水体，下部为隔水层。水平方向上仅在断裂及影响带部位可与外侧产生不密切的水力联系外，其它部位与外界沟通甚弱。因而遗址区是属一个有独立补透排系统的水文地质小单元，遗址处在地下水分水岭附近。

四、结论与建议

（一）本期勘查工程施工过程中，对各项施工技术均严格按设计书的要求执行，各项质量指标满足或超过了设计要求的标准，故工程质量较好，所获得的资料成果可靠。

（二）通过勘查工程的揭露、采样测试、水位观测和结合对以往资料分析引用，进一步查明了勘查区含水层数量、分布与埋藏条件、地下水类型、地下水位变化和地下水循环交替特征，并进一步控制了古采坑边界和充填物性质及古坑木保存现状，达到了预期的目的。

（三）Ⅱ号遗址地段，本次勘查未有工程进行控制，这对掌握该遗址内的地下水位及地下水运动方向的判别是一不足之处。建议今后布置 1—2 两线孔进行控制，以便监测该遗址点水位动态。

（四）据有关专家认为：地下水害对古遗址保存的影响，主要是地下水位升降变化，使古坑土处在干湿交替状态而使坑木遭受腐蚀，因而降低地下水位和控制水位升降幅度是古遗址长期保存的关键因素。根据遗址所在的水文地质环境特征和可利用因素，建议采取疏排、拦截、铺盖等综合措施来防治地下水害，兹分叙如下：

1.疏排地下水降低遗址区水位：这项措施是根据各遗址区大理岩体渗透性较好，但分布范围有限，易被疏干的特点而采取的。因这种四周被弱透水岩层围限的大理岩体，在抽汲其间地下水时，易形成近似同步等幅下降的漏斗，这就给可以利用少量的井点抽水，来达整体疏干、使遗址区大理岩地下水位普遍下降的目的。另外，大理岩水位的下降，使其和弱透水的侵入岩地下水间的水力坡降加大，增加渗透速度也可使风化岩石中的水位不断的下降。随着基岩地下水位的下降，使老窿充填物中毛细带位置降低，来逐渐使其间含水率降低。同时，井点排水还可根据观测孔水位情况，启闭抽水设备来控制地下水位升降。根据各遗址点大理岩的分布及埋藏条件，Ⅰ号遗址区的井位可布在展视厅的西南侧，Ⅱ、Ⅲ号遗址井位可分别布置在CK256和CK742两孔附近。或者根据铜绿山矿露采边坡加固巷道的位置来布置排水孔，这样可以减少排水设备。

2.修建排水盲沟，拦截上部透水层和浅部风化裂隙水进入遗址区。这项防水措施在Ⅰ号遗址点已收到较好效果。根据地形条件和风化裂隙水的可能运动方向，Ⅱ、Ⅲ号遗址排水盲沟可设置在其南部和东侧，深度5m左右。

3.防止雨水入渗。这项措施目前主要用于Ⅱ、Ⅲ号遗址点，范围由排水盲沟到整个遗址分布区。

《湖北大冶铜绿山
古铜矿遗址保护
前期研究》之二

湖北大冶铜绿山古铜矿遗址
围岩及坑木电渗注浆保护研究

课题总负责：陈中行
课题负责： 陈中行
　　　　　程昌炳
参加人员： 徐昌伟
　　　　　周松峦
　　　　　康哲良

铜绿山古铜矿遗址围岩
及坑木电渗注浆保护研究

　　湖北省大冶县铜绿山古铜矿遗址，经国务院批准原地保护。为了贯彻这一指示精神，我们对该遗址中的围岩和坑木（实指围岩中的所有木构件，在此统简称为坑木），进行了电渗注浆实验研究，得到了理想的结果：不但可使包裹坑木的围岩（土）强度增加，而且可使埋入围岩中的坑木增加si的含量，这样就增加了坑木的防腐和耐火性能。我们认为本实验研究可以作为该遗址原地保护方案选择的实验依据，现具体介绍如下：

一、实验研究方案的选择

　　为本实验研究选择实验方案，实质上是为将来相应的保护工程选择工程方案，为工程设计、施工提供必要的实验依据。

　　首先要明确，本古矿遗址保护好坏的标志。我们认为在无滑坡和不均匀沉陷等宏观地质灾害出现的情况下，坑木的好坏就是遗址好坏的标志，离开了坑木就谈不上遗址，特别是古矿井遗址。所以我们要选择的遗址保护方案，必须是使坑木得到保护的方案，也就是使坑木耐腐和耐火的方案。

　　常识和教科书均告诉我们木材、织物浸过水玻璃后，可以防腐且不易着火[1]。 因此我们选定用水玻璃对遗址的坑木进行处理应是有效的。但该遗址中的坑木均被围岩（土）包裹，不允许自其中取出处理，我们选择在围岩（土）中进行电渗和电渗注浆的办法，使加固液（防腐液）通过围岩（土）进入坑木中，达到坑木防腐、耐火的日的，同时也使得围岩（土）的强度增加，这是一举两得的事。

二、电渗与电渗注浆实验方法

取洪山粘土风干、碾细、过0.5mm筛，入25×25×25cm的木盒中夯实，浸泡水并饱和，埋入饱水的古坑木片若干，插入φ7的薄壁金属管作电极（管壁φ2孔均布），成排布置。先电渗排水，在耗电12.8瓦-时下，排水322毫升。然后继续通电下，分次注入水玻璃（浓度约35Be）计381毫升，聚凝剂（浓度48%）206毫升。在直流电作用下（保持适当的电位降）直至电流强度急剧降低时结束实验（在电渗注浆过程中阴极水仍在排出，计约95.5毫升）。实验结束后，我们检测了土的力学特性和土中古坑木的含si量，具体数据见三。

为了进一步验证上述实验结果的可靠性，我们在遗址的1号点西北角取上同样大小的土样一块，作同样的实验。不过由于该土样长期处于风干过程，饱和度约为79%，故在电渗排水阶段，几乎无水排出。电注浆液浓度25Be，体积2升，聚凝剂（浓度12%）2升，在直流电作用下，见阴极有水排出时，结束实验（显然我们通电还不充分，这是由于赶实验进度）。实验的效果见三。

三、实验效果

1. 围岩（土）的加固效应

围岩（土）电渗和电渗注浆前后的有关物性指标和强度指标列于表1中

表1、围岩（土）电渗和电渗注浆前后的物性和强度对照表

土别	矿物成分	电渗前						电渗后	电渗注浆后				
		含水量W (%)	湿容重γ (g/cm³)	饱和度 (%)	凝聚力C (kg/cm²)	摩擦角φ (度)	q_u (kg/cm²)	W %	W	γ	C	φ	q_u
洪山	伊利石、多水高岭石、石英	40.6	1.84	100	0.1	12.5	0.31	32.9	30.3	1.86	0.29	12.5	0.90
1号遗址	高岭石、石英针铁矿	36.2	1.70 至 1.89	79	0.56	16.7	2.08		51.3 38.1 15.1		0.69 0.72 0.93	16.7 23.0 23.0	2.56 3.56 4.60

注：表中 q_u 为无侧限抗压强度，其值由 C、φ 计算得来，非实验直接测定； 其余数据均由实验直接测定。

由表一可见，洪山土经电注浆后强度提高近2倍。1号遗址的土样，即便是在含水量为51.3%大大高于原始含水量36.2%时，强度仍提高了。当它的含水量降至38.1%，略大于原始含水量36.2%时，强度增加71%。自然状态下，遗址中的围岩（土）的含水量还会因挥发而减少，最终估计在5%左右，为了定量了解一下此时的强度，采用外推法估计，即以表1中的 q_u 对w作图，见图1。

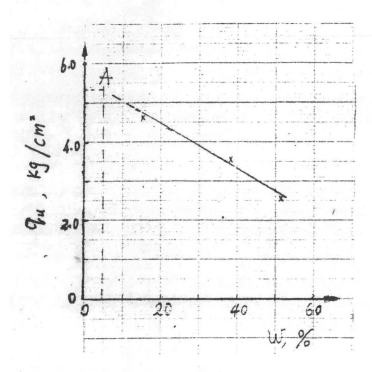

图1、1号遗址土样电注浆后 q_u 与W的关系

图1中曲线外推至A点所对应的 q_u 值5.35 Kg/cm^2 ，即为最终含水量5%时的强度，它较电注浆前提高1.6倍。

为了弄清围岩在电注浆后强度提高的原因，我们以洪山土为例进行了较深入的研究，测定了它们在电注浆前后si元素面分布密度、si能谱分析、游离si的化学分析和电子显微镜扫描分析等，其结果分别见图2、表2、表3、图3。

a 电注浆前   b 电注浆后

图2、洪山土电注浆前后si（Kα）面分布

表2、洪山土电渗电注浆前后si含量（能谱分析结果）

电注浆前	电注浆后
51.20%	53.65%

-5-

表3、洪山土电注浆前、后游离SiO_2含量

	电注浆前	电注浆后
含量，%	1.92	2.83
含量比	1	1.47

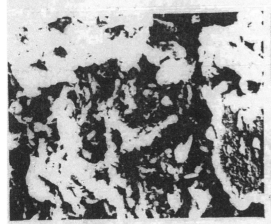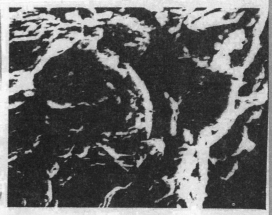

a　电注浆前　　１５００×　　　b　电注浆后　　　　１５００×

图3、洪山土电注浆前后电子显微镜扫描照片

　　从以上的测试数据和图表可见，围岩（土）在电渗注浆后Si的含量明显增加，加强了土的Si质胶结作用，所以强度得以提高。再者从图3的电镜照片也可看到，电注浆前，土体孔隙很多，颗粒间

以点--点接触为主，注浆后颗粒多以边--边和面--面接触为主，增加了密实度，因此强度提高也是理所当然的。

2、围岩（土）中古坑木在电渗注浆后含水量

表4列出了围岩（土）中古坑木在电渗和电渗注浆前后含水量的变化。可以看出古坑木埋入土中，经电渗和电渗注浆处理后，含水量普遍降低，但降低的程度是有差异的。首先是古坑木脱水与它

表4、古坑木电渗和电渗注浆前后含水量对照表

古坑木类别	起始含水量W (%)	电渗注浆后含水量W%		
		阴极区	中间区	阳极区
埋入洪山土中	1198.0	523.5	402.7	185.3
埋入1#遗址中	354.6		286.9	

本身在直流电场中的位置有关，在阳极区的脱水最多，中间区次之，阴极区最少。其次是与所耗电能多少有关，耗电多，脱水也多。

可以认为，电渗是使埋入围岩（土）中的古坑木脱水的良好方法。

3、围岩（土）中古坑木在电渗注浆后的含si量

为了查清埋入围岩（土）中的古坑木在电渗注浆后si含量的变化，我们也通过能谱仪测了si的面分布，si的含量和利用电子显微镜扫描拍照，分别见图4、图5、表5、图6和图7。

-7-

a　电渗注浆前　　　　　　　b　电渗注浆后

图4、埋入洪山土中古坑木电渗注浆前后si（Kα）面分布

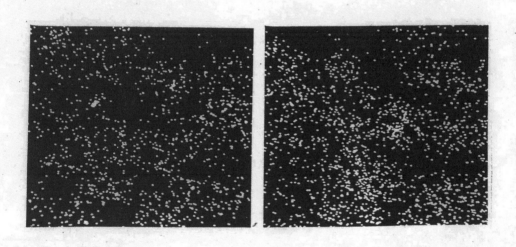

a　电渗注浆前　　　　　　　b　电渗注浆后

图5、埋入1号遗址土中古坑木电渗注浆前后si（Kα）面分布

-8-

表5、埋入洪山土中古坑木电渗注浆前后si含量（能谱分析结果）

电渗注浆前	电渗注浆后 si%		
si%	正极区	中间区	负极区
20.86	25.14	27.88	27.27

图4、5表明古坑木在电渗注浆后si（Kα）面分布密度增加，说明si含量增加了，从表5的分析结果也证明了这一点。

古坑木电渗注浆前后的微观形貌见图6、7。

a 电渗注浆前，顺树杆方向，1500×　b 电渗注浆后，顺树杆方向，1500×

图6、洪山土中古坑木电渗注浆前后的扫描电镜照片

-9-

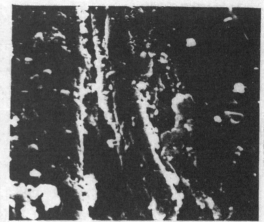

a　电渗注浆前，垂直树杆方向,1500×　　b　电渗注浆后，垂直树杆方向1500 ×

图7、1号遗址土中古坑木电渗注浆前后的扫描电镜照片

　　从图6、7可见古坑木在电渗注浆后，孔隙中出现许多非纤维类物质颗粒，无疑这是电渗注浆后的产物，经我们在能谱仪上点扫描某颗粒，得图8的结果。它告诉我们，这些颗粒的成分为si、cl、ca等。

－１０－

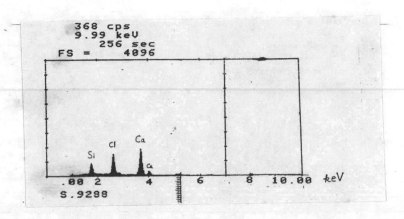

图8、古坑木电渗注浆后某颗粒点扫能谱图

以上检测均说明围岩（土）中的古坑木在电渗注浆后si的含量是增加无疑。

4、围岩（土）被电渗注浆后的PH值

洪山土在电注浆后，用笔式PH计测得PH值为7.3--7.7，近于中性略偏碱，对坑木是无害的环境。

5、电注浆后围岩（土）的颜色

电渗注浆后，围岩（土）的颜色，特别是表层的颜色是不允许有明显改变的，这是保护文物不可忽视的原则，庆幸的是我们做到了这一点，见图9，从彩色照片上可以看出电注浆后颜色无异样。

图9、1号遗址土样电注浆后颜色照片

－11－

四、对遗址围岩（土）和坑木保护工程的建议和经费

鉴于上述研究，我们认为对遗址的围岩和坑木保护用电渗和电渗注浆法是可行的，现将整个工程费用概算提出，供参考。

以1号点（遗址）４００米^2，加固深度0.5米计：

药品费	电 费	蒸溜水费	设备材料费	设计费	劳务费	其 它
30.4万	15 万	7.2万	11 万	5 万	20万	11万

总计119.6 万元。

结 语

通过本实验研究，可以认为电渗和电渗注浆法不仅可以使围岩（土）得到加固，同时也使得埋入其中的坑木增加si的含量，达到抗腐和耐火的目的。而且电渗注浆后土体处于近中性而略偏碱的状态，对坑木无碍，土体的颜色也无异样，因此本方法对保护该遗址的围岩和坑木是可行的。另外本方法有工艺简单，无付作用，无环境污染等优点，是别的方法难于取代的，对其它遗址保护也有应用作用。

参改文献：

(1) 《无机化学》编写组，《无机化学》下册，人民教育出版社，１９７８年，P193。

－１２－

《湖北大冶铜绿山
古铜矿遗址保护
前期研究》之三

湖北大冶铜绿山古铜矿遗址
有害微生物的防治研究

课题总负责：陈中行

课题负责： 周保权

参加人员： 石　鹤

　　　　　　王世敏

目录

一．概况

铜绿山古铜矿遗址是我国迄今发现的保存年代久远、规模最大的一处采矿遗址，是全国重点文物保护单位。

遗址处于标高十53.8米平面以下，于１９８０年6月发掘出土。面积为４３０平方米，含巷道３４条、井６３个、水槽8条。其中木构件有立柱、背板、水槽、井框等，经鉴定其树种分别为青冈、牡荆、化香和豆梨。

遗址围岩的主要矿物成分是蒙脱石、高岭石、绿泥石、针状矿等。围岩的含水量较高，饱和度大，接近饱和状态。围岩属于中塑性以上粘土，渗透系数小，持水能力强；围岩的ＰＨ微酸接近中性。

遗址是赋存于特定地质环境中的文化遗存，它之所以能在几千年中完好地保存下来，是为为遗址埋藏于特定的地质环境之中，遗址被渗透系数极小，透气性极差的粘土所充填，形成了一个封闭缺氧的环境。水和空气在围岩内竞争空隙，前者可以驱逐后者，因此只有溶解于水中的氧存在，而这些氧不久即被微生物所消耗，围岩迅速变成缺氧环境。因而对好氧微生物的生长繁殖起着高度的抑制作用。而厌氧微生物由于缺乏完整的纤维素酶，难以找到所需的营养基质，因此不会对遗址造成危害。

矿山剥离，遗址发掘出土后，遗址直接与大气接触，加上一些难免的扰动，使遗址的封闭缺氧环境遭到很大破坏，而大冶地区雨量充沛、气温高、空气湿度大，使遗址内的木构件面临严重的威胁。因此，采取有力措施，防治有害生物的侵蚀，抢救和保护珍贵文物，已成为刻不容缓的工作。

-１-

二、遗址的有害生物侵蚀状况

为了搞好遗址的保护工作、制定出切实可行的保护方案，必须充分了解遗址的有害生物侵蚀状况。

（一）围岩表层的状况

遗址表层围岩直接与大气接触，很适宜有害生物生长，尤其在霉雨季节，有害生物成片生长蔓延。围岩表层生长的有害生物较复杂，主要是苔藓类植物和霉菌。这些有害生物呈绿、兰、白、黑等各种颜色，破坏了遗址的外观，更为严重的是对坑木和整个遗址的长期保存造成了极大的威胁。

（二）古坑木保存情况

按古坑木在遗址的位置可分为四个层次：

1、地表以上，已暴露在空气中的部分。这部分坑木由于自然或人工脱水，目前含水量较稳定，呈干燥状态，保存完好，基本无腐烂。

2、地际线部分。这部分坑木处于围岩与大气交界处，氧气充足，湿度随季节变化而波动，是微生物生长最活跃的区域，坑木的破坏也较严重。部分坑木边材中纤维素已被分解，仅心材部分尚未腐烂。坑木的强度小、空隙多，急需加固、修复。

3、地面以下0.1米－－2米的部分。这部分坑木保存情况比较复杂。遗址内的现存围岩有四种类型：(1)原始状态；(2)古矿井的充填物；(3)遗址发掘后扰动过的围岩；(4)修复材料。由于水和空气在这四种类型的围岩中的渗透性有较大差　别。所以古坑木的保存情况也有较大差别，其中已扰动的地方坑木有明显的腐烂。总的来说，这一区域是一个非常危险的区域，必须采取防腐措施。

－ 2 －

4、遗址地面负2米以下的部分。除极少数部分的人为扰动外，这一区域的围岩基本上属于第一、二种类型，基本上是缺氧环境，古坑木的保存是完好的。从多次打钻带出的坑木看，木质致密、强度高、含水率高，木纤维破坏很少。这一区域内的坑木只要环境条件不变，是安全的。

上述各区域坑木的保存情况是我们经过长期观察并结合钻探、发掘和必要的检验工作得到的，与理论推断也是相一致的。

（三）、古坑木埋藏深度与含菌量

为了弄清不同埋藏深度的古坑木中的微生物生长状况，我们先后做了七个不同埋藏深度的古坑木的含菌量检验，从另一个角度弄清古坑木的保存情况。其检查结果见表1。

表1

样号	取样方式	埋藏深度	周围围岩类型	含菌量	备注
(1)	发掘	10 cm	已扰动	含菌量10^4/g	
(2)	发掘	58 cm	已扰动	含菌量10^7/g	培养后
(3)	发掘	150 cm	回填竖井	含菌量10^4/g	
(4)	发掘	68 cm	回填与原土边缘	含菌量10^3/g	
(5)	发掘	119 cm	未扰动	含菌量10^2/g	
(6)	发掘	175 cm	未扰动	含菌量10^1/g	
(7)	钻探	300 cm	未扰动	含菌量10^0/g	

从表可看出，所有已扰动的围岩中的古坑木微生物含量是很高的。也就是说坑木已出现腐烂。而埋藏在第一、二种类型围岩内的

-3-

坑木，微生物含量则较低，且越深越低，坑木的保存状况也越深越好。3米以下基本上是无菌的。3号样虽然比4号样埋藏得深，但由于处于回填土中，故比4号样保存状况差些。

（四）、遗址中存在的微生物种类

为了弄清古坑木腐烂的原因和有针对性地选择防腐剂，采取有效的防腐措施，必须对遗址内现存的微生物种类和数量进行分析。为此，我们请中国科学院武汉病毒研究所进行了取样、分析和鉴定，其分析报告见附件1。从分析报告可知：

1、遗址上层（地表－15cm以上）平均微生物总量为950750个/克。

2、遗址上层平均细菌含量为887000个/克。

3、遗址上层平均真菌含量为12500个/克。

4、遗址上层平均放线菌含量为51250个/克。

5、遗址内现存检出的细菌种类有芽孢杆菌、假单孢菌、气单孢菌、产碱杆菌。我们在查阅了检验的原始记录后，了解到其中芽孢杆菌和假单孢菌所占比例较高，而这两类微生物也正是能产生纤维素酶的微生物之一。

6、遗址内现存已检出的真菌（主要是霉菌）种类有短密青霉、葡梗霉属、帚霉属、淡紫青霉、拟青霉属、黑曲霉，其中青霉、曲霉占有很高的比例，这两类真菌也是最常见的纤维素酶产生菌。

从以上几点看，虽然围岩中的含菌量较之一般农用土壤来说少得多，但就其种类和数量而言，对遗址古坑木的威胁是非常大的，必须尽快采取有效措施防止有害生物对古坑木的侵蚀、破坏。

三、围岩表层有害生物的防治措施与效果

遗址围岩表层有害生物的大量生长最直观地影响了遗址的外观，同时对围岩及坑木内部微生物的生长起着极人的促进作用。为此，我们在反复试验的基础上，制订了初步治理方案，于１９９１年５月实施，至今已一年半了，在此期间经历了两个高温高湿季节。实践证明，该方法是可行的，效果是较理想的。

（一）小面积试验

我们在遗址内地面上经过五组、三十七次对比试验，找出了适宜于遗址的消杀药剂配方。通过较长时间的观察制订了初步治理方案。其具体试验情况见附件２。

（二）大面积治理

我们在小面积试验的基础上，配合改变遗址的部分环境条件，如：ＰＨ值、围岩含水率等，对整个遗址围岩表面进行了消杀药剂的喷涂。为了便于观察，喷涂药剂时留了一个直径为300ｍｍ 的园圈未作任何处理而作为对照。

（三）防治效果

消杀工作进行后，效果较理想。第二天整个围岩表面的有害生物基本上被杀灭干净，未作处理的对照部分虽然受周围环境的影响，长势有所减弱，但直到今天仍然明显有苔藓类植物和霉菌生长。一年半来，除对照外的整个遗址地面一直能保持处理后的状况，用肉眼观察，完全无有害生物生长。为了从微观上弄清处理后的效果，我们对围岩表层土处理前后的微生物含量进行了检验，其结果为：总含菌量由 10^5 个/ｇ下降到 10^1 个/ｇ。

四、古坑木保护所需防腐剂的筛选

防腐效果好，适宜于遗址使用的防腐剂的筛选是用防腐剂法保护古坑木的关键工作。为此，我们用四种方法先后对二十余种防腐剂进行了筛选，同时还对部分防腐剂的固化率、吸收量、抗流失性进行了研究。目前已初步掌握了十种防腐剂的特点以及防腐效果。这也为遗址有害生物的防治方案的制定打下了基础。

（一）药物平板试验

在营养丰富的培养基里分别加入不同浓度的各种待选防腐剂，制成平板；另设一组不加防腐剂的对照，然后将已出现腐烂的古坑木中的混合微生物接到平板上，无菌恒温培养。根据各组平板上微生物的生长情况，可确定各种防腐剂的最低杀菌浓度。我们用此法对２０种药品进行了试验，结果见表２。

（二）樟木边材单板试验

按照铁道部防腐剂毒效的鉴定方法－－室内培养基木块法进行。标准木块经防腐剂浸泡后与未经浸泡的对照木块一起放在已长满菌的培养基上恒温恒湿培养２８天，然后通过木块重量的减少情况鉴别防腐剂的防腐效果。我们选择了十种防腐剂进行了比较试验，同时进行了吸收量、固化率试验，其结果见表３（其中木材重量损失率结果由于时间关系未出来）。

表2

编号	防腐剂名称	防腐剂浓度及微生物是否生长									
		10%	5%	1%	0.4%	0.2%	0.1%	0.05%	0.03%	0.01%	0.001%
A	五氯酚钠	-	-	-	-	-	-	-	-	-	+
B	多菌灵	-	-	+							
C	NMF	-	-	-	-	-	-	-	-	-	+
D	喹啉酮	-		+							
E	二丁锡	+	+	+							
F	百菌清						-	←	-	-	+
G	CCA（黄）			-			+				
H	氯酚						-				
I	CCB（黄）						+		+		+
J	硼砂						+				
K	KF						+		+		+
L	FCrA酚						-				+
M	黄博1号						-			+	
N	黄博2号									+	
O	黄博3号						-			+	
P	黄博4号									+	
Q	CCA（鹰）						+			+	
R	木宝						+			+	
S	CCA（武）						+			+	
T	BM		-	+			+			+	
	A＋B						+				
	A＋C										
	C＋E			-			+				
	B＋C						+				
	A＋E						+				
	B＋E			+							
	C＋D										

表3

药品名称（8%）	平均吸收量	平均固化率	重量损失率
黄博1号	49.45（kg/m³）	8.32%	
黄博2号	39.43	8.31%	
黄博3号	17.93	2.53%	
B M	51.58	1.19%	
CCA（武汉）	13.52	9.62%	
CCA（鹰潭）	17.53	9.62%	
五氯酚钠	40.57	8.63%	
木宝	32.38	14.37%	
黄博4号	27.46	4.58%	
NMF	40.36	3.54%	

（三）古坑木含菌量法试验

已开始腐烂的坑木的含菌量是相当高的，将同一块坑木制成小木片放入防腐剂中浸泡或喷涂防腐剂，同时设一组不接触防腐剂的坑木片作为对照，然后将这些木片的含菌量检出，与对照组比较，便可算出各种防腐剂在坑木中对有害微生物的致死率。我们用十种防腐剂进行了试验，其结果见表4。由于试验所需的古坑木的来源困难，故此项试验只进行了两次。

表4

药品名称	浓度	处理方式	10^{-1}	10^{-2}	10^{-3}	10^{-4}	10^{-5}
五氯酚钠	1%	喷涂	+	+	+	+	+
NMF	1%	喷涂	+	+	+	+	+
百菌清	1%	喷涂	+	+	+	+	+
喹啉酮	1%	喷涂	+	+		+	+
苯酚	1%	喷涂	+	+	+	+	+
CCA（黄）	20%	浸泡	+	+	10^1	无	无
氯酚盐	20%	浸泡	+	10^1	无	无	无
CCB（黄）	20%	浸泡	+	+	10^1	无	无
Na	30%	浸泡	+	+	10^1	无	无
KF	30%	浸泡	10^1	10^0	无	无	无
对照			+	+	+	10^1	10^0

关于这方面的工作，还有一些试验要做。仅从表4可看出以下几点：

　　1、用喷涂的方法比浸泡的方法处理坑木的效果差得多。

　　2、从几种无机盐类防腐剂的浸泡处理效果看，其致死量在90%--99%，效果还是较好的。但在遗址现场是难以达到这种效果的。能达到怎样的效果，还得做现场试验。

　　（四）古坑木重量法试验

　　参照铁道部的方法，用古坑木代替榉木单板进行试验。同时进行防腐剂在古坑木中的吸收量、固化率、抗流失性试验。其试验结果见表5。

表5

药品名称	平均吸收量	平均固化率	重量损失率	抗流失性
五氯酚钠	53.24 (kg/m³)	12.82 (%)	4.39 (%)	72.1 (%)
CCA（武）	15.17	9.5	2.27	89.88
BM（8%）	48.63	5.44	3.0	46.55
BM（12%）	79.87	6.83	2.16	40.91
百菌清	45.43		1.83	
空白对照			12.17	

－10－

这方面的试验还只刚开始做，数据较少， 加上古坑木的树种不同、坑木的木构件的用途不同、保存状况不同，其吸收量、固化率、损失率及抗流失性有很大差别。表5的数据只能说明我们对古坑木这方面的特性有了一点了解。今后要设计一个能真实、全面地反映遗址古坑木对各种防腐剂适用性的试验方案。以使我们能真正选出适宜遗址的防腐药品。

（五）几种防腐剂的PH、颜色和毒性

几种主要防腐剂的有关理化性质见表6。

表6

	黄博1号	黄博2号	黄博3号	黄博4号	BM	CCA(鹰)	CCA(武)	五氯酚钠	木宝	NMF
PH	10	8	7	6	10	3	3	8	8	6
颜色	浅黄	无色	灰	浅黄	棕	浅棕	浅棕	微灰	无色	灰白
毒性	中毒	中毒	中毒	中毒	低毒	中毒	中毒	中毒	低毒	低毒

（六）结果分析

能过以上五个方面的试验，可看出以下几点：

1、药品五氯酚钠、黄博3号等对侵蚀古坑木的微生物杀灭效果较强，防腐效果较好。其防腐效果依次为：五氯酚钠、黄博3号、黄博4号、黄博2号、黄博1号、木宝、CCA（鹰）、CCA（武）、NMF、BM。

2、从防腐剂的自身特点看，在木材中的吸收量依次为：BM、黄博1号、五氯酚钠、NMF、黄博2号、木宝、黄博4号、黄博3号、CCA（鹰）、CCA（武）。

在木材中的固化率依次为：木宝、CCA、五氯酚钠、黄博1号、黄博2号、黄博4号、NMF、黄博3号、BM。

以上防腐剂在古坑木中的吸收量和固化率大体上与以上顺序相同，但也有些出入。具体情况见表5。

3、从防腐剂的颜色、PH、毒性等方面看，较适合遗址的防腐剂为：黄博2号、黄博3号、黄博4号、五氯酚钠、木宝、NMF。

4、综合以上各点，可初步选择木宝、五氯酚钠、黄博2号、黄博4号等4种防腐剂作为遗址的防霉杀菌药物。

五、保护方案

根据我们的试验结果，五氯酚钠、木宝、黄博2号、黄博4号较适合于在遗址使用，这几种防腐剂各有所长，具体说明如下：

1、五氯酚钠：其优点是防腐效果好，吸收量、固化率较高，PH接近中性、颜色也较适宜；缺点是毒性较高。

2、木宝：其优点是固化率高、毒性低、无色、PH接近中性；其缺点是防腐效果一般、吸收量一般。

3、黄博2号：其优点是无色、PH接近中性、防腐效果较好；其缺点是吸收量和固化率一般、毒性较高。

4、黄博4号：其优点是防腐效果较理想、PH接近中性、颜色较浅；缺点是吸收量、固化率较低、毒性较高。

（二）防腐方法的选择

使用的防腐剂确定以后，用什么方法使防腐剂到位是一个必须解决的问题。目前适宜于遗址使用的有以下几种方法，请各位领导、专家决策。

方法一：用木材防护机在压力作用下，通过排孔把防腐剂注入到坑木里去。这种方法的优点是：有专门的设备，保护坑木直接、迅速。缺点是：对坑木四周的围岩破坏大、工作次数多，且对已出现腐烂的坑木来说，难以承受钻孔注入时的冲击力。

方法二："毒土法"，即在遗址内－2米以上的范围内，用打孔渗透的方法，使整个遗址上部成为一层有害生物无法生长的"毒土"。这种方法在埋藏地下通讯电缆等方面已有使用，且效果较好。该方法的优点是：操作较简单，对遗址内坑木、围岩影响小，可重复进行。缺点是：由于遗址内围岩的渗透系数小，防腐剂的渗透速度和半径小，孔的密度必然大，防腐剂作用迟缓。且用量大。

方法三：逐根干燥喷涂法。用红外干燥法使每根坑木干燥，然后在坑木的外表喷涂防腐剂，使坑木吸收，达到防腐的目的。该方法的优点是：防腐剂使用量较小，对坑木本身无影响，很适合暴露在外的坑木。其缺点是：对围岩破坏大，工作量大，且效果不会很理想。

六、尚须完善的工作

由于时间紧、任务重，加上试验手段较差，很多试验尚未完成。因此必须尽快完成以下几项工作：

（一）、防腐剂有关理化性质的测定：包括对古坑木理化性质的影响。

－13－

（二）、防腐方法的模拟试验。做到对各种方法的效果，防腐剂的适应性、使用量、及工作中出现的问题和解决办法有充分的了解。

（三）、用防腐剂法保护坑木与整个遗址保护方案中其它措施的关系。如：与加固的联系、与围岩脱水的联系、与治水之间的关系等。

（四）、防腐剂防腐效果的重复试验。包括浸泡测含菌量法、古坑木重量法等。

－14－

中国科学院武汉病毒研究所

附件：一　黄石铜绿山铜矿遗址微生物分析报告．

　　黄石铜绿山铜矿遗址距今已有二千多年历史，于1981年发掘．现列为国家级重点文物保护单位．为了弄清各种物理、化学因素对铜矿遗址的影响，现就该遗址尚存的微生物种类和数量进行采样分析．

　　一．采样时间与地点．

　　时间：　　1991年7月13日

　　地点：　　a．巷1（巷壁坑木背后的土．木混合物）

　　　　　　　b．3号井（深10cm处土．木混合物）

　　　　　　　c．12号井表层（有铜绿色复合物）

　　　　　　　d．30号井（深10～15cm处）

　　　　　　　e．37号井（深10～18cm处）

　　　　　　　f．38号井（表层土．木．竹的混合物）

　　将以上的 e．f．样品合併为⑴；　b．d 样品合併为⑵；

c号样子⑶；　　a号样子⑷．

　　即编号：　⑴37号井和38号井样的混合物

　　　　　　　⑵3号井和30号井样的混合物

地址：武昌小洪山　　　电话：811641　　　17015110　　第 1 页

中国科学院武汉病毒研究所

  (3). 12号井表层

  (4) 卷1样的混合物

二. 检测内容与方法

  (1) 每一个编号样品的微生物计数。分别采用细菌、真菌(霉菌)和放线菌的特定培养基、平板稀释法计数。鉴定时，平板培养基接种后，将平板倒转放入恒温箱内培养2-5天（细菌30~37℃，真菌25~28℃，放线菌28℃）。观察菌落形态、颜色、有无菌丝等，并将单个菌落转移至分离各需微生物的培养基上，用接种环挑取单纯在培养基上的微生物，经划线培养，直至出现菌落是稳定的纯种后，才供鉴定实验用。

  (2) 细菌鉴定方法：参照"一般细菌常用鉴定方法"

  （中国科学院微生物所细菌分类组编）

  (3) 真菌鉴定方法：参照：① "工业真菌学纲要"

  （斯密士著）；② 菌种保藏手册（中科院微生物所编）；③ 真菌的形态和分类（魏景超著）

  (4) 放线菌的鉴定：参照："土壤微生物实验法"

  （[日] 土壤微生物研究会编 ）

地址：武昌小洪山 电话：811641 17015110 第 2 页

中国科学院武汉病毒研究所

三. 结果：

各种编号样品的微生物数量，用平板稀释法，计数
结果如下表：

单位（个数/克样品）

样品号 \ 微生物种类	细菌总数	真菌总数	放线菌总数
(1)	3 400000	4000	93000
(2)	23000	8000	26 000
(3)	9 0000	32000	57000
(4)	35 000	6000	29 00

各种样品中所测得的微生物种类：

（1）号样品的细菌种类有：Bacillus（芽孢杆菌）

真菌种类有：penicillum Brevi-compaccum
（短密青霉）

stemphylium sp.（匍梗霉属）

放线菌种类有：streptomyces（链霉菌属）

streptosporangium（孢囊链霉菌）

（2）号样品的细菌种类有：

Bacillus （芽孢杆菌）

Pseudomonas（假单孢菌）

地址：武昌小洪山　　　电话：811641　　　17015110　　　第 3 页

中国科学院武汉病毒研究所

Aeromanas （气单胞菌）

Alcaligenes （产碱杆菌）

真菌种类有：　Scopulariopsis sp. （帚霉属）

penicillum lilacinum （淡紫青霉）

放线菌有：　streptomyces （链霉菌属）

Micromonsopora （小单胞菌属）

(3) 号样品的细菌种类有：

Pseudomonas （假单胞菌）

真菌种类有：paccilomyces sp （拟青霉属）

Asptrgilus neger （黑曲霉）

放线菌有：streptomyces （链霉菌属）

(4) 号样品的细菌种类有：

Bacillus （芽胞杆菌）

真菌种类有： ——

放线菌种类有：streptomyces （链霉菌属）

Micrmonsopora （小单胞菌属）

以上微生物分析，是左铜矿造址挖掘台、弃多

图3 PCP-Na号等菌台取样分析结果. 微生物数

地址：武昌小洪山　　　电话：811641　　　17015110　　　第 4 页

中国科学院武汉病毒研究所

量和种类，都较正常土壤条件下的多少。

中科院武汉病毒所
1992.10.24

古铜矿遗址围岩表层有害生物的防治
（附件二）

一、消杀药品选择

在对围岩表面有害生物的清除防治方面，我们选择了以下类型的药品进行实验。

1、酚类：这类药品的作用主要是：(1)使细胞内蛋白质变性；(2)损伤细胞壁；(3)改变细胞质膜的透性。

2、BCM：这是一种广谱抗菌药物，对许多农作物病害有较好的防治作用，对霉菌等有害生物的作用与醋酸、汞相同。

3、氯和氯化物：这类化合物加到水中时即形成次氯酸，次氯分解成HCl和新生态氧，能够和有害生物的细胞结合，从而杀死它们。

4、瑞枯霉：是一种复合抗菌药物，农业上常用于抗霉菌疾病。

5、拿捕净：即2－【1－（2氧胺基）】丁基—S－【2－（2硫基）丙基】－3－羟基－2－环乙烯－1－酮是一种效果较理想的除草剂。

6、三溴水杨酸酰胺：一种常用的防腐药品，有机溴化合物。

7、氯酚类：这类化合物集中了酚类和氯化物的优点，不易分解，在土壤内能保持较长时间。

8、NMF－1防霉剂：一种新型的防霉药品，对于多类微生物，特别是霉菌有较好的消杀和抑制作用。

二、试验步骤

·1·

在遗址围岩表面划出直径约30㎝的若干小区进行试验，与周围进行对比观察，为了试验方便，我们将上述药物顺序编号为A—H，将加喷NaOH 编号为I，进行了药品的比较、药物浓度、调整PH与药物配合、药品复配、 复配药品与调整PH配合等五种试验。

（三）试验结果

以上五个方面的试验结果依次见表1－5。

表一

八种药品单独试验

试验区号	药品	杀灭霉菌效果	杀灭苔藓效果
一	A	不清	较差
二	A	不清	较差
三	A	较好	一般
四	B	不清	较差
五	B	不清	一般
六	C	不清	好
七	C	好	好
八	C	较好	好
九	D	较好	好
十	E	一般	一般
十一	E	较好	较差
十二	F	不清	较差
十三	F	较差	较差
十四	G	不清	不清
十五	H	好	好

.2.

表二

药物浓度试验

试验区号	药品	浓度	杀灭霉菌效果	杀灭苔藓效果
十六	D	20%	不清	好
十七	D	20%	较好	较好
十八	D	10%	不清	较好
十九	D	10%	一般	较好
二十	D	5%	不清	一般
二十一	D	5%	不清	一般

表三

调整PH与药物配合试验

试验区号	药品	浓度	杀灭霉菌效果	杀灭苔藓效果
二十二	I	20%	不清	较好
二十三	I+D		较好	好
二十四	I+C		好	好
二十五	I+C	10%	不清	好
二十六	I+D	10%	较好	好
二十七	I+D		不清	好
二十八	I+H		好	好
二十九	I+D	20%	好	好

.3.

表四

药品复配试验

试验区号	药品	浓度	杀灭霉菌效果	杀灭苔藓效果
三十	A+F		不清	较差
三十一	C+D		很好	很好
三十二	D+H		很好	很好
三十三	C+H		很好	很好
三十四	A+D		好	较好

表五

复配药品与调整PH配合试验

试验区号	药品	杀灭霉菌效果	杀灭苔藓效果
三十五	I+C+II	很好	很好
三十六	I+C+D	很好	很好
三十七	I+D+H	很好	很好

注：①不清：部分试验对霉菌的杀灭效果不清，是因为观察结果时，试验区附近的霉菌也明显减少，试验区内外差别不明显。

②较差：效果不明显。

③一般：有一定抑制作用。

④较好：有抑制作用，且有一定杀灭作用。

⑤好：有明显杀灭作用。

⑥很好：有极强的杀灭作用。

·4·

（四）分析与说明

以上试验有几点需说明一下：

1、浓度试验只选做一种药品，是因为在效果较好的药品中，此药品较便宜、易购，使用方便，适宜于做大面积试验。

2、在以上试验中，对于效果的观察主要采用现场观察、对比分析的方法。

通过以上３７次５个方面的试验，取得了第一手资料，现将结果分析如下：

1、凡是有药品C、D、H的试验区，除少数不清外，对霉菌和苔藓类植物的杀灭效果都较好，而其它药品的效果则较差。说明药品C、D、H较适合于围岩表层有害生物的清除和防治。

2、从D药品的浓度试验看，浓度高杀灭效果好。但１０％与２０％区别不明显，故大面积试验选１０％较适宜。

3、C、D、H等药品与调整PH措施相结合，对有害生物的杀灭作用有所增强，但不是很明显。这是因为PH的调整主要是改度环境条件，从而抑制有害生物的生长。

4、C、D、H等药品的复配试验都能将有害生物全部杀死，所以也难分出优劣，对其效果要经过较长时间的观察，才能确定其保持期。考虑到C挥发性较强，在围岩内残存时期相对较短，加之购买不方便，因此大面积试验选择了D与H的复配。

5、考虑到调整PH有利于长期抑制有害生物的生长，因此在远离坑木的围岩空地上大面积试验时，采取了调整PH的措施。

.5.

结　语

　　转眼间，铜绿山古铜矿遗址从发现至今已有四十多年，回首过去，我们不应忘记这段往事，如果没有铜绿山矿领导和干部职工高度的文物保护意识，就不会有铜绿山古铜矿遗址的发现；如果没有原冶金部国家文物局领导的远见卓识，就不可能在国家建设急需矿产资源的情况下，为了保留一处古矿遗址而舍弃一个矿体不予开采；如果没有生产部门的大力支持和配合，就不可能有中国第一座古铜矿遗址博物馆；如果没有地方各级政府的重视和国务院的英明决策，铜绿山古铜矿遗址就不可能实现原地保护。作为铜绿山矿区的开发者和建设者，以及从事矿山生产工程的设计者和科研单位的专家学者，他们和文物部门的工作人员一起，为铜绿山古铜矿遗址的保护尽职尽责，殚精竭力，使铜绿山古铜矿这一人类的瑰宝得到了有效保护与合理利用。

　　在纪念中国考古学诞生 100 周年的时候，我们将这一段历史汇编成册，目的是让人们记住保护中华优秀文化的重要性。在本书的编辑过程中，原湖北省文化厅副巡视员、铜绿山古铜矿遗址布展顾问吴宏堂先生进行了认真修改，大冶市政协委员、铜绿山古铜矿遗址管委会馆藏科科长柯秋芬同志和科员冯雷同志承担了文稿的打印、校对、图片附件配备等工作。书中照片分别由原黄石市博物馆潘红耘和铜绿山矿柯志鹏等提供，在此一并表示感谢。